15 rokov eura na Slovensku a jeho ďalšie perspektívy

Ľubomír Čunderlík – Viliam Poništ
(eds.)

2024

NÁRODNÁ BANKA SLOVENSKA
EUROSYSTÉM

PRÁVNICKÁ FAKULTA
Univerzita Komenského v Bratislave

Vzor citácie (odporúčaný): ČUNDERLÍK, Ľ. - PONIŠT, V. (eds.) 15 rokov eura na Slovensku a jeho ďalšie perspektívy. Bratislava: Národná banka Slovenska, 2024, 177 s. ISBN 978-80-8043-262-1.

Zostavovatelia

prof. JUDr. Ľubomír Čunderlík, PhD., Právnická fakulta Univerzity Komenského v Bratislave
Mgr. Viliam Poništ, PhD., Národná banka Slovenska
2024
Prvé vydanie

Recenzenti:

doc. JUDr. Tomáš Sejkora, Ph.D.
prof. JUDr. Mgr. Jana Šimonová, PhD.

Vydavateľ

Národná banka Slovenska a Právnická fakulta Univerzity Komenského v Bratislave 2024.

Publikácia neprešla jazykovou úpravou.

ISBN (tlačená verzia) 978-80-8043-262-1
ISBN (e-verzia) 978-80-8043-263-8

Obsah

Predhovor I

Zavedenie novej meny je v každej krajine veľkou a náročnou udalosťou. Slovensko za krátky čas svojej existencie robilo túto „operáciu" až dvakrát. Každé zavedenie novej meny malo iný charakter a inak ovplyvnilo činnosti, ktoré s tým súviseli.

Rozdelenie pôvodnej československej koruny na českú a slovenskú korunu bolo z účtovného aj legislatívneho hľadiska jednoduché, nakoľko rozdelenie prebiehalo v pomere 1:1. Zložitejšie to bolo po technickej stránke, nakoľko ku dňu vzniku slovenskej koruny neboli vytlačené ani slovenské bankovky ani slovenské mince, tak prebehla historicky málo používaná metóda kolkovania bankoviek. Ešte zložitejšie to však bolo s vybudovaním dôveryhodnej menovej politiky, nakoľko dôvera v novú menu v deň jej zavedenia nebola veľmi veľká a menová politika novej centrálnej banky – Národnej banky Slovenska sa iba formovala. No podarilo sa. Slovenská koruna a menová politika Národnej banky Slovenska sa už krátko po ich vzniku tešili veľkej dôvere. Napriek tomu prišlo krátko nato k výmene slovenskej koruny za jednotnú európsku menu euro.

Tento krok bol logický. Slovensko sa stalo v roku 2004 členom Európskej únie a pri odsúhlasení Zmluvy o pristúpení k EÚ sme zároveň schválili i to, že ak splníme podmienky, prijmeme spoločnú menu euro. Slovensko sa rozhodlo prijať euro čo najskôr po vstupe do EÚ a urobilo všetko pre to, aby naplnilo všetky kritériá – tzv. Maastrichtské kritériá – ako podmienku pre prijatie spoločnej meny. Využilo tak dobré ekonomické prostredie, ktoré podporené významnými ekonomickými reformami, umožnilo splniť všetky kritériá už štyri roky po vstupe do EÚ a o necelých 5 rokov po vstupe už na Slovensku obiehalo euro. Slovensko tak mohlo využiť výhody spoločnej meny s jeho hlavnými ekonomickými partnermi a vzhľadom na vysokú otvorenosť ekonomiky Slovenska sa od tohto kroku očakávali pozitívne efekty na ekonomický rozvoj, ako aj na prílev zahraničných investícií.

Prijatie eura malo úplne iný ekonomický a legislatívny dopad. Po náročných prípravách a aj rokovaniach s Európskou komisiou a Európskou centrálnou bankou prvým významným krokom, ktorý potvrdzoval náš seriózny záujem prijať spoločnú menu, bol vstup do európskeho systému výmenných kurzov – ERMII v novembri 2005. Tam sme museli preukázať schopnosť udržať kurz slovenskej koruny voči euro v rozmedzí +- 15% po obdobie dvoch rokov. Týmto sme preukázali kurzovú stabilitu a po splnení ďalších podmienok sme 1.1.2009 mohli slávnostne vymeniť slovenskú korunu za euro. Druhým viditeľným krokom k prijatiu eura bolo rozhodnutie o slovenskej strane euromincí. Banková rada Národnej banky Slovenska vybrala v novembri 2005 - 10 výtvarných návrhov na slovenskú stranu euromincí, o ktorých prebiehala verejná anketa. Do ankety prišlo 140 653 hlasov. Na prvom mieste sa umiestnil dvojkríž na trojvrší, na druhom Kriváň a na treťom Bratislavský hrad. Tieto 3 námety odsúhlasila následne i Banková rada NBS a dostali sa tak na euromince. V tomto období sa už aj verejnosť začala aktívne zaujímať o prijatie eura.

Najdôležitejším míľnikom však bola „zelená" zavedeniu eura na Slovensku a Rozhodnutie Rady EÚ z 8.7.2008 o stanovení konverzného kurzu s hodnotou 1€= 30,1260 SKK.

Technické prípravy všetkých subjektov na Slovensku trvali dlhšie obdobie, najdlhšie v bankovom sektore, kde sa dotýkal skoro všetkých aplikácií a činnosti. Banky nielenže museli byť pripravené samy na konverziu, ale vykonávali konverziu za svojich klientov a zároveň distribuovali eurobankovky a euromince všetkým klientom, teda aj obyvateľstvu. Zároveň boli aj významným komunikačným kanálom. Posledný rok pred prijatím eura, ale hlavne posledný polrok po stanovení konverzného kurzu bola zintenzívnená komunikácia voči obyvateľstvu, aby sa pripravilo na novú menu, na prepočítavanie cien a na nové bankovky a mince.

Dôvera obyvateľstva a podnikateľskej sféry v euro bola a stále je veľmi vysoká, takže sa neopakovala situácia z roku 1993 so slovenskou korunou. Podobne nebolo treba budovať ani novú menovú politiku, iba sa presunula zodpovednosť za stabilitu meny z Národnej banky Slovenska na Európsku centrálnu banku. Čo bolo však komplikovanejšie oproti zavedeniu slovenskej koruny, bol účtovný a legislatívny dopad vzhľadom na stanovený výmenný kurz, ako aj odbúranie strachu obyvateľstva z prepočítavania mien a možného dopadu na infláciu.

Ak vychádzame z obdobia, kedy vláda SR odsúhlasila Stratégiu prijatia eura - september roku 2004 a deň prijatia eura na Slovensku 1.1.2009, tak všetky činnosti od rokovaní cez samotnú prípravu a reálne zavedenie novej meny trvali vyše 4 roky. Samotný vznik stratégie prijatia eura iniciovala Národná banka Slovenska a jej prípravu zastrešovala spolu s Ministerstvom financií SR.

Proces prijatia eura na Slovensku prebehol hladko, obavy z nárastu inflácie z dôvodu zavedenia eura sa nepotvrdili a dôvera Slovákov v euro je stále vysoká a drží sa stabilne na 70%. Ešte vyššiu dôveru si drží euro v podnikateľskej sfére. Všetky tieto skutočnosti iba potvrdzujú, že zavedenie eura na Slovensku bolo dobrým krokom.

Elena Kohútiková
bývalá viceguvernérka NBS

Predhovor II

Menová (hospodárska a menová) únia sa začala tvoriť ešte koncom 80. rokov 20. storočia, t.j. v čase keď platidlom na našom území bola československá koruna. Kým bolo euro ako fyzická mena zavedené (rok 2002), tak sme už v rámci vlastnej štátnosti platili takmer 10 rokov vlastnou slovenskou menou. Prípravy na zavedenie spoločnej meny trvali podstatne dlhšie ako spomínané zavedenie našej samotnej meny – slovenskej koruny v roku 1993. Slovensko sa zaviazalo prijať euro, rovnako ako aj ďalších 9 krajín, ktoré vstúpili do Európskej únie 1. mája 2004.

Po splnení nevyhnutných ekonomických kritérií bolo potrebné prijať nadväzne príslušnú legislatívu, na ktorej prípravu bolo podstatne viac času ako tomu bolo v prípade zavedenia slovenskej koruny. Legislatíva upravujúca menovú konverziu, ktorá nepochybne bola kritickým komponentom prijatia eura na Slovensku, bola navrhnutá na zabezpečenie hladkého, transparentného a právne podloženého prechodu zo slovenskej koruny na euro. Tento komplexný právny rámec riešil niekoľko kľúčových oblastí menovej transformácie. Primárnym legislatívnym aktom upravujúcim konverziu bol zákon č. 659/2007 Z. z. o zavedení meny euro v Slovenskej republike a o zmene a doplnení niektorých zákonov.

Legislatíva predstavovala inovatívny právny prístup, ktorý vyžadoval bezprecedentnú koordináciu naprieč rôznymi orgánmi Slovenskej republiky, najviac Národnej banky Slovenska a Ministerstva financií Slovenskej republiky. Prijatie spoločnej meny oslavovalo úspech, mohlo sa stať aj vzorom a inšpiráciou pre úspešné prijatie eura v iných členských štátoch, pričom preukázalo starostlivo naplánovaný právny prechod, ktorý minimalizoval ekonomické narušenie.

Prijatím eura Slovenská republika síce stratila suverenitu v menovej oblasti (a ďalej na nej participuje v rámci eurosystému), no zaradila sa medzi krajiny eurozóny, ktoré platia spoločnou menou, čo posilňuje hospodársku súťaž, či cenovú a hospodársku stabilitu. Euro je symbolom európskej identity. V deň prijatia spoločnej meny sa spoločenský a ani právny vývoj v tejto oblasti nijako nezastavil a aj dnes čelíme viacerým výzvam, ktoré sa však zvládajú lepšie, keďže nie sme na to sami. Predkladaný zborník prác sa nevenuje stroho opisom toho, čo bolo alebo je, ale prináša aj aktuálne témy a náhľad toho, čo môžeme čakať do budúcnosti. Stručne a eufemisticky: prezentuje úspešný príbeh toho, čo bolo a je, s víziou toho, čo bude.

Editori

Úvod

V rukách držíte zborník odborných prác „15 rokov eura na Slovensku a jeho ďalšie perspektívy", ktorý vznikol na pripomenutie si tohto míľnika. Euro bolo na Slovensku zavedené 1. januára 2009 a znamenalo pre krajinu prechod od národnej meny - slovenskej koruny - k spoločnej európskej mene. Tento krok bol výsledkom dlhodobých príprav a komplexných zmien v legislatíve, ktoré umožnili plynulý prechod na novú menu.

Prijatím novej meny, samozrejme, právny, ekonomický, či spoločenský vývoj nijako neskončil, práve naopak. Za posledných 15 rokov sa Slovensko muselo vyrovnávať s mnohými výzvami a príležitosťami, ktoré so sebou euro prinieslo. Medzi tieto výzvy patrili krízy v eurozóne, adaptácia na zmeny v európskej menovej politike, ale aj zabezpečenie stabilnej právnej a ekonomickej infraštruktúry, ktorá by podporovala konkurencieschopnosť a prosperitu krajiny. Na druhej strane, spoločná mena Slovensku poskytla prístup k výhodám, ako sú stabilnejšie podmienky na zahraničné investície, jednoduchší obchod v rámci eurozóny a zvýšená dôvera medzinárodných partnerov.

Toto obdobie bolo nielen symbolom úspešnej menovej integrácie krajiny do eurozóny, ale aj obdobím významných zmien v právnej, ekonomickej a spoločenskej sfére. Príspevky zoradené v zborníku reflektujú a analyzujú skúsenosti a vývoj, ktoré Slovensko zažilo počas uplynulých pätnástich rokov ako súčasť eurozóny. Zároveň sa snaží poskytnúť pohľad do budúcnosti, skúmať nové výzvy a príležitosti, ktoré pred nami stoja. Príspevky, ktoré sú súčasťou tohto zborníka, sú dielom odborníkov z právnej a ekonomickej sféry, ktorí sa podrobne venovali rôznym aspektom menovej politiky, právneho rámca a každodenného fungovania eura. Tieto príspevky poskytujú pohľad na pozitíva aj výzvy spojené s členstvom v eurozóne, od úprav legislatívy po implementáciu regulačných mechanizmov.

Zborník nie je len retrospektívou, ale aj platformou pre diskusiu o ďalšom smerovaní menového systému. Autori analyzujú otázky digitalizácie meny, jej možný prechod na digitálne formy a dopady nových technológií na finančný sektor. Tieto úvahy odrážajú snahu poskytnúť čitateľovi komplexný obraz o tom, ako sa menový systém môže prispôsobiť meniacim sa podmienkam a potrebám modernej spoločnosti.

Okrem odborných analýz sa zborník venuje aj praktickým otázkam a skúsenostiam z bežného života, ako je zaokrúhľovanie cien, či otázky hotovostného a bezhotovostného styku. Týmto spôsobom sa čitateľom ponúka nielen faktografické zhrnutie, ale aj širší pohľad na euro ako súčasť každodenného života. Verím, že tento zborník bude cenným zdrojom poznatkov pre právnikov, odborníkov na menovú politiku a všetkých, ktorí sa zaujímajú o hlbšie pochopenie dopadov eura na slovenské právo a spoločnosť.

Zborník môže prispieť k prehlbovaniu poznatkov a stimuluje ďalší výskum a odbornú diskusiu o postavení a budúcnosti eura na Slovensku. Je dôležité, aby sme pri príležitosti tohto výročia nielen zhodnotili uplynulé roky, ale aj premýšľali o tom, čo môžeme očakávať v budúcnosti. Príspevky obsiahnuté v tomto zborníku nám môžu poskytnúť inšpiráciu a odborné podnety aj pre budúce výzvy a príležitosti.

RNDr. Dušan Jurčák
člen Bankovej rady NBS a výkonný riaditeľ
úseku platobných systémov a peňažnej
hotovosti

I. časť
Hotovosť

Zaokrúhľovanie cien v eurách pri platbe v hotovosti

Rounding of cash payments in euro

Mgr. Dominik Baco[1]
Národná banka Slovenska
prof. JUDr. Ľubomír Čunderlík, PhD.
Právnická fakulta Univerzity Komenského v Bratislave

Abstrakt

Autori sa zaoberajú inštitútom zaokrúhľovania cien v eurách pri platbe v hotovosti. Autori sa vo svojom príspevku najprv vracajú do roku 2003, kedy bola v SR zrušená platnosť 10 a 20 halierových mincí. Po vstupe do eurozóny už Slovenská republika nemala možnosť platnosť mincí s najmenšou nominálnou hodnotou jednostranne zrušiť. V niektorých členských štátoch eurozóny sa však rozšírila legislatíva, v zmysle ktorej sa pristúpilo k tzv. zaokrúhľovaniu cien pri platbách v hotovosti. Autori sa preto v príspevku venujú stanoviskám ECB k návrhom právnych predpisov, ktorými sa zaokrúhľovanie cien v jednotlivých členských štátoch zaviedlo, a to vrátane novely slovenského zákona o cenách z roku 2021. Napokon sa autori zamýšľajú nad budúcnosťou tohto inštitútu v kontexte navrhovaného nariadenia o eurobankovkách a eurominciach ako zákonnom platidle.

Kľúčové slová

Haliere, eurocenty, zaokrúhľovanie, zákon o cenách, stanoviská ECB

Abstract

Authors discuss the legal institution of rounding of cash payments in euro. Firstly, authors deal with year 2003 suspension of 10 and 20 halier coins (which represented two smallest denomination units of slovenská koruna). After entering the euro area, the Slovak Republic had no more such a possibility to unilaterally suspend the coins representing smallest denominations. However, in some euro area Member States, a legislation on rounding of cash payments in euro was adopted. Therefore, authors deal with the ECB opinions on the draft legislative proposals introducing the rounding rules in those Member States, including the Slovak draft law of 2021. Lastly, authors discuss the institution's future within the context of draft regulation on the legal tender of euro banknotes and coins

---

[1] Tento príspevok obsahuje osobné názory a postoje autora a nemožno ich stotožňovať s oficiálnymi postojmi a názormi NBS.

Keywords

Halier (former unit of Slovenská koruna), eurocents, rounding, Slovak Act on prices, ECB opinions

1. Úvod

V súčasnosti možno zaznamenať viacero iniciatív zameraných na posilnenie hotovosti. Na úrovni eurozóny k takýmto iniciatívam patrí zverejnenie návrhu nariadenia o eurobankovkách a eurominciach ako zákonnom platidle zo strany Európskej komisie.[2] Veci chcela napomôcť aj NR SR, a to či už vložením nového článku 39a do Ústavy SR[3], či vypustením horného limitu pre zákaz platieb v hotovosti vo výške 5 000 eur medzi podnikateľmi a zavedením všeobecného limitu 15 000 eur.[4] Zároveň si však nemožno nevšimnúť, že hoci sa tieto iniciatívy týkajú tak bankoviek ako aj mincí (resp. týkajú sa hotovosti všeobecne), mince, zvlášť tie s najmenšou nominálnou hodnotou, sa predsa len u obyvateľstva tešia menšej obľube.[5] Či už z dôvodov zamedzenia legalizácie príjmov trestnej činnosti či daňových únikov existujú na úrovni EÚ i na vnútroštátnej úrovni právne akty či právne predpisy, ktoré obmedzujú platby v hotovosti nad určitú výšku.[6]

---

[2] Text návrhu nariadenia možno nájsť tu: https://eur-lex.europa.eu/legal-content/EN/TXT/?uri=CELEX%3A52023PC0364. ECB sa k nemu v rámci svojej kompetencie vydávať stanoviská v k návrhom právnych aktov v tejto oblasti na základe čl. 133 ZFEÚ vyjadrila tu: https://eur-lex.europa.eu/legal-content/EN/TXT/?uri=celex%3A52023AB0031. ECB návrh nariadenia v zásade veľmi privítala.

[3] Ide o ústavný zákon č. 241/2023 Z. z., ktorý možno nájsť tu: https://www.slov-lex.sk/pravne-predpisy/SK/ZZ/2023/241/20230701. ECB k tomuto ústavnému zákonu vydala pomerne kritické stanovisko na základe čl. 127 ods. 4 ZFEÚ, ktoré možno nájsť tu: https://eur-lex.europa.eu/legal-content/SK/TXT/PDF/?uri=CELEX:52024AB0001&qid=1723027861091. Kritika ECB však nespočívala v tom, že by nesúhlasila s posilnením postavenia hotovosti ako takým. Naopak, ECB patrí dlhodobo k veľkým zástancom hotovosti. Kritika ECB spočívala v tom, že posilnenie postavenia hotovosti je kompetenciou EÚ a nie členského štátu. Spomínanému ústavnému zákonu i stanovisku ECB sa bližšie venuje V. Poništ vo svojom príspevku v Justičnej reve s názvom Ústavné „práva na hotovosť" – ako ďalej?, uvedenom v zozname použitej literatúry.

[4] Stalo sa tak v zákone č. 211/2023 Z. z., ktorým sa novelizoval zákon č. 394/2012 Z. z. o obmedzení platieb v hotovosti.

[5] Zhrnutie dvoch prieskumov tzv. eurobarometra (z rokov 2012 a 2019) možno nájsť v kapitole 2 dokumentu s názvom „Problematika 1 a 2 centových euromincí s možným obmedzením ich používania zavedením zaokrúhľovania", zverejnenom na webe NBS a uvedenom v zozname použitej literatúry,

[6] Na úrovni EÚ je takýmto ustanovením napr. čl. 80 nariadenia (EÚ) 2024/1624 (o predchádzaní využívaniu finančného systému na účely prania špinavých peňazí alebo financovania terorizmu), ktorý zaviedol horný limit pre platby v hotovosti v prospech obchodníkov vo výške 10 000 eur. A hoci sme už spomínali, že slovenský zákonodarca postavenie hotovosti v novele zákona č. 394/2012 Z. z. posilnil, samotná existencia tohto zákona je na AML legislatíve nezávislá a používanie hotovosti obmedzuje najmä z dôvodu zamedzenia daňových únikov, čo vyplýva z jeho pôvodnej dôvodovej správy dostupnej na https://www.nrsr.sk/web/Default.aspx?sid=zakony/zakon&MasterID=4184. Upozorniť však treba v tejto súvislosti tiež na niečo iné. Zavedenie všeobecného limitu vo výške 15 000 eur by malo v prípadoch vymedzených nariadením (EÚ) 2024/1624 ustúpiť tomuto nariadeniu. Pozri napríklad komentár k čl. 7 ods. 2 ústavy uvedenom v zozname použitej literatúry.

Určitú rezervovanosť len vo vzťahu k minciam však naznačuje aj platný čl. 11 nariadenia (ES) č. 974/98 o zavedení eura, keď sa v jeho poslednej vete ustanovuje, že až na určité výnimky v zmysle práva EÚ[7] či blanketne aj podľa vnútroštátneho práva nikto nie je povinný pri jednej platbe prijať „viac ako 50 (kusov) mincí". Sám slovenský zákonodarca zašiel v snahe znížiť množstvo 1 a 2 centových mincí v obehu ešte ďalej, keď v zákone č. 457/2021 Z. z. novelizoval § 3 ods. 4 zákona č. 18/1996 Zb. o cenách (ďalej len „zákon o cenách") s účinnosťou od 1. júla 2022 preformuloval existujúci inštitút zaokrúhľovania cien. V tomto príspevku sa bližšie pozrieme práve na pomerne zaujímavú históriu tohto ustanovenia a inštitútu, i jeho súčasnú aplikáciu. Vnútroštátnu úpravu budeme konfrontovať s úpravou v iných členských štátoch eurozóny a s názormi Komisie a Európskej centrálnej banky (ECB).

2. Zrušenie 10 a 20 halierových mincí a zaokrúhľovanie v SR

Spomínané ustanovenie § 3 ods. 4 sa v zákone o cenách objavilo až po novele zákonom č. 520/2003 Z. z. s účinnosťou od 1. januára 2004. Z rýchleho pohľadu na priebeh legislatívneho procesu[8] sa zdá byť spätne zrejmé, že toto ustanovenie sa do textu príslušnej novely dostalo až v priebehu prerokovania návrhu zákona vo výboroch NR SR. Návrh zákona ako taký bol do NR SR zo strany vlády SR doručený 22.8.2003 a takéto ustanovenie neobsahoval. Dátum prijatia tejto novely (6.11.2003) o niekoľko dní predchádza dátumu prijatia vyhlášky NBS č. 459/2003 Z. z. (14.11.2003). Práve touto vyhláškou, vydanou na základe vtedy platného § 17h písm. e) zákona č. 566/1992 Zb. o Národnej banke Slovenska (ďalej aj len „zákon o NBS") ukončila Národná banka Slovenska (ďalej aj len „NBS") platnosť mincí s nominálnou hodnotou 10 a 20 halierov.

Z uvedeného krátkeho historického exkurzu je zrejmé, že ukončenie platnosti mincí s nominálnou hodnotou 10 a 20 halierov (teda inštitút, pre ktorý sme už v názve tejto

[7] V zmysle práva EÚ je viac ako 50 kusov euromincí povinný prijať tzv. „vydávajúci orgán". V podmienkach SR i viacerých štátov východnej Európy sú emitentami mincí národné centrálne banky, čo je dôsledkom toho, že v čase socialistického hospodárstva bola emisia bankoviek aj mincí úlohou štátnych centrálnych bánk. Po prechode na trhové hospodárstvo bola novým nezávislým národným centrálnym bankám úloha emitenta mincí ponechaná. V štátoch západnej Európy, zvlášť v tých s pokračujúcou monarchistickou tradíciou, však stále platí tradícia siahajúca ešte do čias pred veľkou francúzskou revolúciou spočívajúca v tom, že emisia mincí je kompetenciou monarchu (konajúceho už, pravda, prostredníctvom ministerstva financií) a len emisia bankoviek je kompetenciou národnej centrálnej banky. V socialistickom hospodárstve, ktoré bolo produktom ešte revolučnejších zmien ako veľká francúzska revolúcia teda mohlo dôjsť pomerne jednoducho k sústredeniu emisie mincí (ako typickej činnosti štátu, konajúceho prostredníctvom ministerstva financií) a emisie bankoviek (ako typickej činnosti centrálnej banky) v **štátnej centrálnej banke**, pričom po návrate k trhovému hospodárstvu už nebol dôvod vrátiť sa k pôvodnému modelu. Tento pretrvávajúci rozdiel však viedol k rozličnému účtovaniu euromincí v bilanciách západoeurópskych a východoeurópskych členských štátov eurozóny. V zmysle stanoviska Výboru pre menovú a finančnú štatistiku a štatistiku platobnej bilancie však východoeurópske štáty môžu pokračovať vo svojej praxi účtovať euromince (ako aj nemalé náklady spojené s ich emisiou) v bilancii národných centrálnych bánk, čím sa však o niečo odľahčuje bilancia týchto členských štátov. Stanovisko výboru z 25.9.2018 je k dispozícii tu: https://www.cmfb.org/opinions.

[8] https://www.nrsr.sk/web/Default.aspx?sid=zakony/zakon&MasterID=1098

kapitoly použili menej eufemistický výraz, že ide o zrušenie týchto mincí) bolo na základe zákona o NBS plne v kompetencii NBS. Až počas toho, ako vo vtedajšej NBS toto rozhodnutie dozrievalo však zákonodarca vložil do novely zákona o cenách § 3 ods. 4.[9] V dôvodovej správe zákonodarca deklaroval, že ustanovenie o zaokrúhľovaní v slovenskej legislatíve chýba, hoci k nemu v praxi dochádza.[10] Zákonodarca pritom zamlčal, že s účinnosťou od 1. januára 2003 bolo zaokrúhľovanie upravené v § 74 zákona č. 510/2002 Z. z. zákona o platobnom styku. Dôvodová správa k tomuto konkrétnemu ustanoveniu však hovorí o potrebe legalizácie zaokrúhľovania z dôvodu „neexistencie jednohalierových mincí".[11] Toto praktické odôvodnenie znie vierohodne.

O to viac sme však presvedčení, že skutočným dôvodom pre prijatie ustanovenia § 3 ods. 4 zákona o cenách, najmä však jeho kľúčového prvku spočívajúcom v zaokrúhľovaní nie jednotlivých položiek, ale sumy za celý nákup (teda prvku, ktorý § 74 zákona o platobnom styku neobsahoval) bolo teda najmä rozptýlenie obáv z nárastu jednotkových cien. Inak populárny a praktický krok vedúci k zrušeniu 10 a 20 halierových mincí by sa totiž v okamihu stal nepopulárnym, ak by došlo k skokovému nárastu ceny za, povedzme, kus pečiva, a to napríklad z 1,80 Sk na 2,00 Sk.

„Legalizácia" praxe zaokrúhľovania kúpy vážených tovarov teda podľa nás ako dôvod novely zákona o cenách neobstojí. Nezodpovedanou zostáva tiež napríklad odpoveď na otázku, prečo zákonodarca reagoval len na zaokrúhľovanie pri platbe v hotovosti. Je síce pravda, že platobné karty v čase zrušenia 10 a 20 halierových mincí slúžili skôr na výber hotovosti z bankomatov než na bezhotovostné platby.[12] Napriek tomu sa domnievame, že zavedenie zaokrúhľovania sumy za celý nákup len pre hotovostné platby práve v čase pripravovaného zrušenia 10 a 20 halierových mincí hovorí skôr o kauzalite než o korelácii. Skutočným dôvodom pre prijatie § 3 ods. 4 zákona o cenách bolo teda podľa nás naozaj skôr rozptýlenie prípadných obáv obyvateľstva z nárastu jednotkových cien. Argumentom pre takýto záver je podľa nás tiež to, že zákonodarcom uvádzaná prax zaokrúhľovania kúpy vážených tovarov zostala podľa nás novelou vlastne nedotknutá. Novela totiž hovorila o zaokrúhľovaní sumy za celý nákup, no ceny

---

[9] Ide o spoločnú správu Výboru pre financie, rozpočet a menu zo 14.10.2003. Dostupné po zadaní indikátora parlamentnej tlače (370) a volebného obdobia (3) na https://www.nrsr.sk/dl/Search/Result.

[10] „Týmto doplňujúcim návrhom sa upravuje problematika zaokrúhľovania cien, ktorá doteraz nie je právnymi predpismi regulovaná, hoci vzhľadom na neexistenciu nižších mincí ako 10 halierov už v súčasnosti dochádza v praxi k zaokrúhľovaniu cien, a to napríklad pri rôznych vážených tovaroch (pri ktorých je cena určená na kilogramy a ktoré sa bežne nakupujú aj v gramoch a dekagramoch, prípadne ktorých je cena určená na litre a ktoré sa bežne nakupujú aj v decilitroch), ďalej pri zmenárňach (pri ktorých je kurz určený spravidla na štyri až šesť desatinných miest, hoci hodnotu platných mincí možno vyjadriť len na jedno desatinné miesto). V záujme toho, aby sa pri zaokrúhľovaní cien postupovalo jednotne, navrhuje sa túto problematiku upraviť predloženým doplňujúcim návrhom. Keďže navrhované ustanovenie používa formulácia o „najnižšej platnej minci", tak toto ustanovenie by sa automaticky uplatnilo aj v prípade schválenia zvažovaného zrušenia 10 a 20 halierových mincí a tiež v budúcnosti po prechode na menu euro." Citované zo spomínanej spoločnej správy výborov NR SR.

[11] https://www.nrsr.sk/web/Dynamic/DocumentPreview.aspx?DocID=407494

[12] Pozri kapitolu „Platobný styk" vo vtedajších výročných správach NBS zverejnených na jej webe.

za vážené tovary sa podľa nás naďalej zaokrúhľovali ako samostatné položky, v zmysle § 74 zákona o platobnom styku.[13]

Samotné pravidlo o zaokrúhľovaní bolo v spomínanej novele naformulované z legislatívneho hľadiska pomerne ťažkopádne a vychádzalo z § 74 zákona o platobnom styku, ukazuje sa však, že z praktického hľadiska ide o bezproblémovú a trvácnu formuláciu. Kľúčovými sú tu pojmy „zvyšok, ktorý nemožno zaplatiť platnými bankovkami a mincami" a vzťah tohto zvyšku k „polovici najmenšej platnej mince". Ak teda bolo najmenšou platnou mincou 50 halierov, jej polovicou bolo 25 halierov. A ak bol „zvyšok, ktorý nemožno zaplatiť platnými bankovkami a mincami" menší ako 25 halierov, pri sume 11,24 Sk resp. 11,74 Sk sa zaokrúhľovalo nadol, na najbližšiu celú korunu alebo 50 halierov (teda na 11,00 Sk resp. na 11,50 Sk). Ak sa tento zvyšok rovnal alebo bol vyšší ako 25 halierov, pri sume 11,26 Sk (ale aj 11,25 Sk) resp. 11,76 Sk (ale aj 11,75 Sk) sa zaokrúhľovalo nahor, na najbližších 50 halierov alebo celú korunu (teda na 11,50 Sk, resp. na 12,00 Sk). Najdôležitejším prvkom tejto novely zákona o cenách však bolo, ako sme už uviedli, zaokrúhľovanie „sumy za celý nákup"[14].

3. Zaokrúhľovanie v eurozóne a reakcie naň

Už pri vstupe SR do eurozóny bolo jasné, že pri stanovenom konverznom kurze minimálne minca s nominálnou hodnotou 1 cent (približne 30 halierov) bude mať menšiu hodnotu ako najmenšia vtedy platná halierová minca (50 halierov) a minca s druhou najmenšou nominálnou hodnotou 2 centy (približne 60 halierov) bude hodnotu najmenšej halierovej mince prekračovať len o málo. Pravidlo o zaokrúhľovaní v 3 ods. 4 zákona o cenách však zostalo v platnosti aj po vstupe do eurozóny, ako avizovala spoločná správa výborov NR SR.

3.1 Stanovisko k ECB k zaokrúhľovaniu vo Fínsku

Zároveň sa však už súčasne so vstupom SR do eurozóny v médiách ako určitá kuriozita uvádzal prípad Fínska, o ktorom sa vedelo, že fínske 1 a 2 centové mince sú skôr zberateľskou raritou a že sa v ňom teda ceny zaokrúhľujú. Menej sa už upozorňovalo na okolnosť, že samotná ECB nebola z tohto fínskeho inštitútu nadšená, čo zdôraznila

---

[13] Medzičasom, po nahradení čl. I zákona o platobnom styku zákonom č. 492/2009 Z. z. o platobných službách a o zmene a doplnení niektorých zákonov (s účinnosťou od 1. decembra 2009) už ustanovenie § 74 zákona o platobnom styku nie je platné.

[14] Pre úplnosť uveďme, že pravidlo o zaokrúhľovaní zavedené v § 3 ods. 4 zákona o cenách nebolo novelizované ani v súvislosti s prijatím zákona č. 659/2007 Z. z. o zavedení meny euro v Slovenskej republike a o zmene a doplnení niektorých zákonov (tzv. generálny zákon o zavedení eura), keďže predmetné ustanovenie nehovorilo o konkrétnej mene, ale o „najmenšej platnej minci". Vzťah generálneho zákona o zavedení eura k predmetnému ustanoveniu zákona o cenách bol vyjadrený v § 23 ods. 2 generálneho zákona o zavedení eura tak, že pri prechode na euro sa na zaokrúhľovanie celkových konečných súm nemajú použiť osobitné predpisy, ktoré upravujú zaokrúhľovanie celkových konečných súm niektorých hotovostných peňažných platieb na iné účely.

v stanovisku CON/2002/15[15], k návrhu novely príslušnej fínskej legislatívy (bod 5 stanoviska). ECB neobišla ani skutočnosť, že fínske orgány s ňou pred príslušnú legislatívu z roku 2000 nekonzultovali.[16] V bode 6 stanoviska ECB zdôraznila, že 1 a 2 centové mince sú platidlom v celej eurozóne a naznačila obavy, či sú vo Fínsku akceptované.

K samotnej fínskej novele bola ECB veľmi kritická, keďže zaokrúhľovanie sa malo rozšíriť aj na bezhotovostné platby (bod 4 stanoviska). ECB, odkazujúc na čl. 2 nariadenia (ES) č. 974/98, ktorý hovorí o tom, že jedno euro sa delí na 100 centov, upozornila fínskeho predkladateľa na možný rozpor takéhoto ustanovenia s právom EÚ (bod 7 stanoviska, druhý odsek).

V bode 3 stanoviska ECB zhrnula dôvody, ktoré viedli fínskeho zákonodarcu k prijatiu legislatívy o zaokrúhľovaní ešte pred zavedením eura, ku ktorej ECB konzultovaná pôvodne nebola. Týmito dôvodmi boli nákladová neefektívnosť v súvislosti s výrobou 1 a 2 centových mincí, ktoré výrazne prekračujú nominálnu hodnotu, ako aj následné náklady súvisiace so zaobchádzaním s týmito mincami pre verejný aj súkromný sektor. ECB teda stačilo jednoducho uviesť, že tieto argumenty pre bezhotovostné platby jednoducho neplatia (bod 7 stanoviska, prvý odsek).

3.2 Odporúčanie Komisie

Bez toho, aby sa v bode 9 odporúčania Komisie 2010/191/EÚ[17] konkretizoval fínsky „podozrivý", všeobecne sa v ňom zdôrazňovalo, že členské štáty eurozóny by mali od podobných nových vnútroštátnych pravidiel pre zaokrúhľovanie upustiť. Zároveň sa v tomto bode objavuje popri argumente o tom, že zaokrúhľovanie spochybňuje status
1 a 2 centových mincí aj argument, ktorý v stanovisku ECB k fínskej novele nevyskytoval. Nový argument proti zaokrúhľovaniu znie, že by mohlo predstavovať skrytý poplatok za platbu v hotovosti.

Vzhľadom na neutralitu zaokrúhľovania je však tento argument sporný. Zaokrúhľovanie by síce mohlo predstavovať skrytý poplatok za platbu v hotovosti, avšak len pri zaokrúhľovaní nahor. Netreba tiež súčasne zabúdať na to, že pri zaokrúhľovaní nadol je skrytým poplatkom akoby zaťažená práve bezhotovostná platba.

3.3 Nariadenie (EÚ) č. 651/2012

[15] https://eur-lex.europa.eu/legal-content/SK/TXT/?uri=CELEX:52002AB0015

[16] V súvislosti s povinnosťou konzultovať návrhy právnych predpisov s ECB si dovoľujeme dať do pozornosti príspevok jedného z autorov tohto článku, uvedený v zozname použitej literatúry.

[17] https://eur-lex.europa.eu/eli/reco/2010/191/oj?locale=sk

Na spomínaný bod odporúčania nepriamo reagovalo aj úplne nové nariadenie (EÚ) č. 651/2012 o vydávaní euromincí[18], hoci len vo svojej recitálovej časti. Účelom tohto nariadenia bolo síce najmä unifikovať pravidlá pre vydávanie pamätných a zberateľských (euro)mincí, keďže nariadenie (ES) č. 974/98 túto problematiku vôbec neupravovalo. V záujme komplexného riešenia problematiky vydávania euromincí sa však v recitáli 7 tohto nového nariadenia oficiálne pripustilo, že vydávanie 1 a 2 centových euromincí je nákladné a u verejnosti aj neobľúbené, a preto by Komisia „mala vypracovať posúdenie vplyvu v súvislosti s ďalším vydávaním jedno- a dvojcentových mincí". Zákonodarca EÚ tak v recitáli takto implicitne členským štátom akoby súčasne odkázal, že je právomocou EÚ (a nie členských štátov) určovať nominálne hodnoty euromincí.

3.4 Stanoviská ECB k zaokrúhľovaniu v Belgicku

Napriek uvedenému odporúčaniu Komisie, i nariadeniu EÚ, k ďalšej vnútroštátnej iniciatíve v oblasti zaokrúhľovania došlo na konci roka 2013 v Belgicku, k čomu sa ECB vyjadrila v stanovisku CON/2014/6.[19] K zmene týchto pravidiel došlo v Belgicku v roku 2018, k čomu sa ECB vyjadrila v stanovisku CON/2018/41.[20] Belgický model vykazoval viaceré rozdiely oproti slovenskému modelu pri zaokrúhľovaní, známemu z obdobia zrušenia 10 a 20 halierových mincí, i oproti fínskemu modelu.

V prvom rade zaujme už len to, že zatiaľ čo slovenský a fínsky model boli obligatórne, belgický model bol navrhnutý ako fakultatívny. Zákon dával obchodníkom možnosť rozhodnúť sa pre zaokrúhľovanie na najbližších 5 centov, a v nadväznosti na toto rozhodnutie im ukladal povinnosť označiť svoju prevádzku textom v zmysle zákona (bod 1.1 stanoviska).

V druhom rade zaujme tiež to, že zatiaľ čo slovenské a fínske obligatórne modely sa netýkali bezhotovostných platieb, belgický model akoby počítal s princípom „všetko alebo nič". Ak sa už obchodník rozhodol pre fakultatívne zaokrúhľovanie, malo sa týkať aj bezhotovostných platieb (bod 1.1 stanoviska).

Až ďalší belgický model z roku 2018 zaviedol obligatórne zaokrúhľovanie pri platbách v hotovosti a fakultatívne zaokrúhľovanie pri bezhotovostných platbách (body 1.4 a 1.5 druhého „belgického" stanoviska). Spoločné pre obe stanoviská ECB bolo, že ECB v nich vyjadrila preferenciu pre to, aby sa pravidlá pre zaokrúhľovanie prijímali radšej harmonizovane, na úrovni EÚ (body 2.4 oboch stanovísk). Určitú odlišnosť mala ECB k otázke zachovania statusu zákonného platidla pre 1 a 2 centové mince (v bode 2.6 prvého stanoviska bola ECB varovnejšia než v bode 2.5 druhého stanoviska).

[18] https://eur-lex.europa.eu/eli/reg/2012/651/oj

[19] https://eur-lex.europa.eu/legal-content/EN/TXT/?uri=CELEX:52014AB0006

[20] https://eur-lex.europa.eu/legal-content/HR/TXT/?uri=CELEX:52018AB0041

3.5 Zaokrúhľovanie v ďalších štátoch

Akoby mimochodom spomenula ECB v prvom „belgickom" stanovisku, že k zaokrúhľovaniu došlo v roku 2004 aj v Holandsku. Špecifikom holandskej iniciatívy však je, že sa tak nestalo na základe legislatívy (preto ani nemusela byť ECB v tejto veci konzultovaná), ale na základe celoštátneho odporúčania. Toto odporúčanie však vzniklo predsa len z podnetu špecifického verejnoprávneho subjektu, tzv. sociálneho fóra pre platobný systém, združujúceho organizácie obchodníkov, spotrebiteľov, komerčné banky a národnú centrálnu banku (bod 2.2 prvého „belgického" stanoviska).

Podobným spôsobom ako v Holandsku, teda bez prijatia legislatívy, došlo v roku 2015 k plošnému zaokrúhľovaniu aj v Írsku.[21] Od roku 2018 došlo k aplikácii pravidiel pre zaokrúhľovanie aj v Taliansku, hoci prijatie tejto legislatívy sa v predchádzajúcom roku odohralo pomerne náhle a bez toho, aby ECB k nej stihla vydať oficiálne stanovisko. Napokon sa v roku 2021 pridalo s legislatívou v oblasti zaokrúhľovania Slovensko, ku ktorému sa ECB vyjadrila v stanovisku CON/2021/14.[22]

4. Novela zákona o cenách a jej aplikácia

Slovenský zákonodarca sa na zaokrúhľovanie na najbližších 5 centov po legislatívnej stránke zdal byť pripravený veľmi dobre.[23] K dispozícii mal § 3 ods. 4 zákona o cenách, ktorý stačilo novelizovať. Stačilo len opustiť doterajší koncept „zvyšku, ktorý nemožno zaplatiť platnými mincami". Slovenskému zákonodarcovi bolo totiž veľmi dobre jasné, že 1 a 2 centové mince zostávajú platnými mincami, jednoznačne to vyplýva z práva EÚ a ECB to pripomína aj vo svojich stanoviskách. V nadväznosti na existujúce stanoviská ECB slovenským orgánom bolo takisto jasné, že v priebehu legislatívneho procesu sa tiež budú musieť obrátiť na ECB so žiadosťou o konzultáciu. Tak ako v prípade zrušenia 10 a 20 halierových mincí a s tým nepriamo súvisiaceho zavedenia zaokrúhľovania, aj v tomto prípade existovali obavy obyvateľstva z nárastu jednotkových cien. Tieto obavy však vyvracali deklarované štúdie kvantitatívnych dopadov na domácnosti v dôsledku simulovaných obchodov zo strany NBS. [24] Dôvod ekonomickej efektivity

---

[21] O írskom príklade sa zmieňuje už spomínaný dokument NBS v pozn. pod čiarou č. 3, a to na str. 10.

[22] https://eur-lex.europa.eu/legal-content/EN/TXT/?uri=CELEX:52021AB0014

[23] Návrh zákona je k dispozícii tu: https://www.slov-lex.sk/legislativne-procesy/SK/LP/2021/14

[24] Podľa rozhovoru s riaditeľom odboru výskumu NBS v roku 2021 mala „strata zo zaokrúhľovania" pre typickú domácnosť v SR predstavovať za jeden mesiac zanedbateľnú sumu približne pol eurocentu. Pozri rozhovor v televíznej stanici TA3 „Drobné mince zmiznú z peňaženiek", 3.11.2021, https://www.ta3.com/ekonomika. Uvedené tvrdenie vychádza zo záveru analytického komentára NBS: Zaobídeme sa bez 1 a 2- centových mincí?, ktorý je dostupný na webe NBS uvedenom v zozname použitej literatúry.
Dôvody, prečo spotrebiteľské ceny nemali rásť, sú uvádzané „trochu" popularizačne (aj odkazom na bezproblémové zrušenie 10 a 20 halierových mincí) na stránke NBS, v informáciách pre verejnosť

vychádzal zo skutočnosti, že z obehu sa nevracia 60% jednocentových a 40% dvojcentových euromincí.[25]

4.1 Aktualizácia konceptu v § 3 ods. 4

Namiesto konceptu „zvyšku ceny, ktorý nemožno zaplatiť platnými mincami" teda bolo treba v novele § 3 ods. 4 zákona o cenách jednoznačne uviesť, že cena platená v hotovosti sa zaokrúhľuje na 5 centov. Na to, či sa cena zaokrúhľuje nadol, alebo nahor však už bolo možné použiť osvedčený, hoci ťažkopádny koncept „polovice najmenšej platnej mince", ktorý však pri rešpektovaní platnosti 1 a 2 centových mincí musel byť preformulovaný na koncept „polovice hodnoty 5 eurocentov".[26] Zvyšok nezaokrúhlenej ceny, ktorý je nižší ako 2,5 centa sa zaokrúhľuje nadol a zvyšok nezaokrúhlenej ceny, ktorý je rovný alebo vyšší ako 2,5 centa sa zaokrúhľuje nahor. Suma 11,12 eur sa teda zaokrúhli nadol na 11,10 eur, keďže nezaokrúhlený zvyšok 2 centy je menší ako 2,5 centa. Suma 11,14 eur sa zaokrúhli nahor na 11,15 eur, keďže nezaokrúhlený zvyšok 4 centy je vyšší ako 2,5 centa.

Vo svojom stanovisku CON/2021/14[27] k návrhu novely zákona o cenách ECB síce zopakovala, že pravidlá pre zaokrúhľovanie by najradšej videla prijaté harmonizovane, na úrovni EÚ (bod 2.3 stanoviska). Slovenské orgány však do argumentácie v prospech znižovania objemu 1 a 2 centových mincí v obehu priniesli aj environmentálny argument (bod 1.2 stanoviska), ktorý ECB svojsky a odkazom na vlastnú hotovostnú stratégiu ocenila (2.5 stanoviska).

ECB nikde vo svojom stanovisku neproblematizovala jeden aspekt slovenskej novely, ktorým sa táto úprava odlišuje od belgickej. Podľa belgickej úpravy sa totiž síce nepravdepodobné, no teoreticky možné ceny v rozpätí od 1 do 4 centov nezaokrúhľujú, podľa slovenskej úpravy sa však všetky tieto ceny zaokrúhlia nahor, na 5 centov.

4.2 Aplikácia zaokrúhľovania

Pokiaľ ide o aplikáciu zaokrúhľovania, aj pri letmom vyhľadávaní na internete sa možno stretnúť s tým, že v niekoľkých prípadoch si predajcovia zaokrúhľovanie naozaj vysvetlili tak, že 1 a 2 centové mince nemusia prijať. Tieto mince však zostávajú zákonným platidlom, a prijať by ich nemuseli, len ak by im ich pri jednej platbe bolo

z 23. 6. 2022, Fakty k zaokrúhľovaniu konečnej sumy nákupov v hotovosti po 1.7.2022 pri 1- a 2-centových minciach.

[25] Údaj (za rok 2019) z kapitoly 3.2 Nízka miera návratnosti 1 a 2 centových euromincí v dokumente NBS „Problematika 1 a 2 centových euromincí s možným obmedzením ich používania zavedením zaokrúhľovania", dostupnom na webe NBS uvedenom v zozname použitej literatúry.

[26] Z kapitoly 3.7 dokumentu „Problematika 1 a 2 centových euromincí s možným obmedzením ich používania zavedením zaokrúhľovania" vyplýva, že uvažovať by sa dalo aj o modeli zaokrúhľovania vždy nadol, v iných členských štátoch k nemu však nedochádza.

[27] https://eur-lex.europa.eu/legal-content/EN/ALL/?uri=CELEX%3A52021AB0014

ponúknutých viac ako 50 kusov, v zmysle už spomínaného čl. 11 nariadenia (ES) č. 974/98. Obavy ECB z toho, že zaokrúhľovanie by mohlo viesť k nerešpektovaniu statusu 1 a 2 centových mincí ako zákonných platidiel sa tak skutočne naplnili, týkalo sa to však pár jednotlivých prípadov a o masový jav teda nejde. Na tomto mieste však upozorníme na dva ďalšie fenomény, ktoré so sebou aplikácia zaokrúhľovania prináša. Sú nimi negatívna pôsobnosť zákona o cenách a určité nejasnosti okolo výslednej ceny a sumy, ktorú treba zaplatiť.

4.2.1 Negatívna pôsobnosť zákona o cenách

Formulácia o negatívnej pôsobnosti zákona o cenách v § 1 ods. 3 je naozaj rozsiahla.[28] Ustanovenie bolo síce niekoľkokrát novelizované, no už vyhlásené znenie bolo koncipované veľmi široko. Samotné pôvodné odôvodnenie tohto ustanovenia nesľubovalo práve interpretačnú ľahkosť, v zásade však pokladalo zákon o cenách za lex generalis, ktorý sa uplatní len ak naň lex specialis pri rôznych „odmenách", „úhradách" a „platbách" odkáže.[29] Ďalšími novelami bola negatívna pôsobnosť rozširovaná najmä o rôzne druhy verejnej dopravy a ich spresnenia, či už v pravidelnej autobusovej (488/2009 Z. z. a 356/2013 Z. z.), železničnej (513/2009 Z. z) alebo mestskej električkovej a trolejbusovej (332/2023 Z. z.). Že sa podľa § 2 ods. 1 zákona o cenách za cenu podľa tohto zákona stále reziduálne považuje v zmysle pôvodného znenia tohto ustanovenia aj „tarifa", a to aj s pekne aktualizovaným odkazom na zákon o dráhach, však považujeme za mimoriadne zmätočné.[30]

[28] „Zákon sa nevzťahuje na cenné papiere, hazardné hry, na odmeny, úhrady a platby, náhrady pri vyvlastnení, náhrady škôd a nákladov, na poplatky, pokuty, penále, úroky, poistné, základné cestovné a cestovné vybraných skupín cestujúcich za dopravné služby vykonávané na základe zmluvy o službách vo verejnom záujme v pravidelnej autobusovej doprave, základné cestovné a osobitné cestovné za dopravné služby vykonávané na základe zmluvy o dopravných službách vo verejnom záujme v železničnej doprave a mestskej električkovej doprave a trolejbusovej doprave, a medzinárodné tarify v doprave a v oblasti poštových služieb a elektronických komunikačných služieb podľa osobitných predpisov." Na konci ustanovenia sa odkazuje na demonštratívny výpočet rôznych právnych predpisov.

[29] „V odseku 3 je pre úplnosť uvedené i negatívne vymedzenie rozsahu platnosti zákona. Zákon sa nevzťahuje na oblasti, kde sa postupuje podľa iných pravidiel a patria do pôsobnosti iných ako cenových orgánov podľa osobitných právnych predpisov. Pri posudzovaní, či niektoré výkony majú byť ocenené podľa cenových predpisov alebo "odmenené" podľa iných (napr. mzdových) predpisov, je rozhodujúce, či ide o činnosť, za ktorú sa poskytuje platba podľa osobitného právneho predpisu vydaného pre takéto výkony, pokiaľ neobsahuje odkaz na cenové predpisy." Citované podľa https://www.nrsr.sk/dl/Search/Result, po vyplnení indikátora parlamentnej tlače (206) a volebného obdobia (1).

[30] Dôvodová správa k zákonu č. 513/2009 Z. z. o dráhach (v čl. V) sa pritom v rámci novelizačného článku venovaného zákonu o cenách implicitne vysporiadava aj s posledným výskytom slova tarifa v zákone o dráhach, konkrétne v jeho prílohe č. 13. Táto dôvodová správa je k dispozícii tu: https://www.nrsr.sk/web/Dynamic/DocumentPreview.aspx?DocID=332165. Na doplnenie výkladu poukazujeme na to, že zaokrúhľovanie sa týka jednak realizačných cien dohodnutých pri obchode, jednak cien ako výsledkov naoktrojovanej cenovej regulácie, ktoré predstavujú výnimku z cenotvorby ponukou a dopytom. K cenovej regulácii pozri napríklad príspevok A. Vuongovej „Cenová regulace a kontrola" v Zborníku COFOLA – Peníze, měna a právo, uvedený v zozname použitej literatúry.

Odhliadnuc od uvedenej nežiaducej reziduálnosti v prípade železničnej dopravy tak ale možno azda tvrdiť, že ak sa zákon o cenách podľa § 1 ods. 3 nevzťahuje na uvedené druhy dopravy, na platenie cestovného pri týchto druhoch dopravy sa nevzťahuje ani zaokrúhľovanie podľa § 3 ods. 4. Úmysel zákonodarcu znížiť objem 1 a 2 centových mincí v obehu by teda teoreticky mohol byť sťažovaný práve pri takej každodennej činnosti, akou je cestovanie prostriedkami verejnej dopravy. Pravda však je, že obyvateľstvo je pri týchto spôsoboch dopravy motivované využívať iné spôsoby platby (napr. zľavy za platbu tzv. dopravnou kartou). Dopravcovia však o negatívnej pôsobnosti zákona o cenách zrejme vedia a svoje cestovné zámerne upravili tak, aby ceny cestovného nebolo treba zaokrúhľovať, nakoľko do cien cestovného už „zaokrúhlenie" vopred premietnuté je (a ceny cestovného sa končia na 0 alebo 5 centov). Jeden dopravca, ktorý takéto vopred „zaokrúhlené" ceny neponúka však napríklad nedávno ohlásil, že ceny zaokrúhľovať bude.[31] Pre sankcionovanie prvého prístupu zrejme neexistuje dostatočný právny základ (inými slovami, neexistuje právny predpis, ktorý by pri samotnej tvorbe jednotkových cien prikazoval „baťovským" spôsobom využívať hodnoty všetkých platných mincí). A hoci sa zaokrúhľovanie podľa druhého prístupu deje zjavne bez opory v zákone, len v rámci zmluvných vzťahov medzi dopravcom a prepravovanými osobami, sankcionovanie si zrejme nezaslúži s prihliadnutím na masovejšie rozšírenie prvého prístupu a tiež i vzhľadom na neutralitu takéhoto zaokrúhľovania.

4.2.2 Výsledná cena a zaokrúhlená suma

ECB vo svojom stanovisku síce reflektovala, že zaokrúhľovanie sa týka len výslednej ceny (bod 1.1 stanoviska) a obdobne to bolo aj v oboch „belgických" stanoviskách (body 1.1, resp. 1.2), tieto okolnosti však zvlášť neocenila. Vidíme však určitý priestor na precizovanie legislatívy. § 3 ods. 4 hovorí síce, že sa zaokrúhľuje „výsledná cena", z čoho vyplýva, že koncept výslednej ceny sa týka okamihu pred zaokrúhlením. Dôslednejšie však podľa nás treba upraviť oboznámenie platiteľa s touto výslednou cenou. V praxi podľa nás dochádza často k tomu, že zákazník je oboznámený, či už vizuálne alebo ústne až s akousi „výslednou cenou" po zaokrúhlení. Z toho, že (v hotovosti) treba zaplatiť 11,50 eur sa však zákazník nedozvie, či bola výsledná cena pred zaokrúhlením 11,48 eur alebo 11,52 eur. Isteže, zaokrúhľovanie raz nadol, raz nahor by sa z dlhodobého hľadiska mali „neutralizovať"[32], napriek tomu si myslíme, že priestor na precizovanie legislatívy v naznačenom zmysle by bolo vhodné využiť. Implicitne túto problematiku upravuje § 10 zákona č. 431/2002 Z. z. o účtovníctve o náležitostiach účtovného dokladu. Zákazník by však podľa nás mal byť vhodne oboznámený s oboma údajmi, teda s „výslednou cenou" (cenou pred zaokrúhlením),

[31] https://arriva.sk/liorbus/zaokruhlovanie-cien-pri-platbe-v-hotovosti-od-17-3-2024/

[32] Kapitola 4 dokumentu „Problematika 1 a 2 centových euromincí s možným obmedzením ich používania zavedením zaokrúhľovania".

i sumou, ktorú by mal zaplatiť pri platbe v hotovosti.[33] Nie ani tak preto, aby v nadväznosti na tieto dva údaje okamžite prispôsoboval svoje správanie a rozhodoval sa raz pre platbu v hotovosti, raz pre bezhotovostnú platbu, podľa toho, čo je pre neho výhodnejšie. Skôr preto, aby sa mal možnosť o neutralite zaokrúhľovania sám bezprostredne presvedčiť.

5. Vzťah zákona o cenách a spotrebiteľského kódexu

Mechanizmus zaokrúhľovania z novely zákona o cenách sa premietol v rovnakom princípe aj do regulácie ochrany spotrebiteľa, a to pri hotovostnej úhrade platby za produkt pri odstúpení od spotrebiteľskej zmluvy. Keďže z ekonomického hľadiska v zásade môže ísť o totožnú sumu, ktorá zodpovedá pôvodne dohodnutej cene, nie vždy tomu tak je, najmä ak sa z úhrady pôvodnej ceny vykonajú rôzne oprávnené zrážky (napr. v súvislosti s finančnými službami). Legislatívne preto vyplácaná úhrada z titulu odstúpenia od spotrebiteľskej zmluvy nezodpovedá definícii ceny v § 2 ods. 1 zákona o cenách. Do § 4 predchádzajúceho zákona o ochrane spotrebiteľa (zákon. č. 250/2007 Z. z. o ochrane spotrebiteľa a o zmene zákona Slovenskej národnej rady č. 372/1990 Zb. o priestupkoch v znení neskorších predpisov, platný a účinný do 1. júla 2024) preto boli doplnené nové odseky 13 a 14 s účinnosťou jeho novely č. 208/2022 Z. z. od 1. júla 2022. Svojou povahou by mohlo ísť o ustanovenia o platbách a úhradách, ktoré predstavujú výnimku z negatívnej pôsobnosti zákona o cenách, a teda aj jeho nepriamu novelu. Zaujímavým je aj spôsob navrhnutia tejto úpravy, ktorý sa realizoval prostredníctvom poslaneckého návrhu v II. čítaní k vládnemu návrhu zákona, ktorým sa mení a dopĺňa zákon č. 371/2014 Z. z. o riešení krízových situácií na finančnom trhu a o zmene a doplnení niektorých zákonov v znení neskorších predpisov a ktorým sa menia a dopĺňajú niektoré zákony (ako nový novelizačný čl. IV).[34] Rovnaké ustanovenie môžeme nájsť i v § 4 ods. 3 nového zákona o ochrane spotrebiteľa (od 1. júla 2024 zákon č. 108/2024 Z. z.) medzi základnými povinnosťami obchodníka. Zaujímavou je ďalej aplikovateľnosť právnej regulácie zaokrúhľovania na právne vzťahy. Uvedenou novelou zákona o ochrane spotrebiteľa ani novelou zákona o cenách neboli zavedené prechodné ustanovenia, z čoho vyplýva aplikovateľnosť právnej úpravy odo dňa účinnosti oboch noviel na výpočet výslednej sumy pri realizačných cenách, resp. úhradách od 1. júla 2022. V porovnaní s „cenovým" predpisom však úprava zaokrúhľovania v spotrebiteľskom kódexe postihuje aj právne vzťahy ktoré sú

[33] V § 3 ods. 1 i na iných miestach zákona o cenách sa pre označenie zmluvných strán používajú pojmy kupujúci a predávajúci, hoci tieto ustanovenia sa zjavne týkajú aj iných zmluvných typov ako kúpna zmluva. Vhodnejšie by podľa nás bolo, ak by sa predávajúci nazýval „obchodníkom", teda pojmom ktorý v novom zákone o ochrane spotrebiteľa (č. 108/2024 Z. z.) nahradil pojem „dodávateľ" (hoci na účely zákona o cenách by nešlo o obchodníka len v súvislosti so spotrebiteľskou zmluvou). Kupujúci by sa podľa nás mal nazývať „zákazníkom", keďže nemusí ísť len o spotrebiteľa, ale aj o iného „obchodníka" v postavení zákazníka.

[34] Poslanecký návrh bol predložený 4.5. 2022, dostupný v rámci legislatívneho procesu k spomenutému vládnemu návrhu zákona na https://www.nrsr.sk/web/Default.aspx?sid=zakony/zakon&MasterID=8609. Jeho zdôvodnenie bolo pritom veľmi lakonické, s príkladom vrátenia tovaru v rámci reklamácie.

dôsledkom procedúry a ku ktorých uplatneniu došlo aj pred týmto dátumom (napr. odstúpením od zmluvy, uplatnením reklamácie z tovaru, a to s povinnosťou úhrady platby, ktorá vznikla do 30. júna 2022, avšak nebola realizovaná, ako aj pri povinnosti so vznikom po 1. júli 2022). Na druhej strane, spotrebiteľskou úpravou v porovnaní s cenovým predpisom logicky nie sú postihnuté hotovostné platby medzi obchodníkom a osobou inou ako je spotrebiteľ, z čo vyplýva pokrytie užšie okruhu vzťahov len na spotrebiteľské.

6. Zaokrúhľovanie a návrh nariadenia o eurobankovkách a eurominciach ako zákonnom platidle

ECB sa vo svojich stanoviskách opakovane odvolávala na prípadné harmonizované pravidlá pre zaokrúhľovanie, platné v celej eurozóne. Návrh nariadenia Komisie o eurobankovkách a eurominciach však takéto pravidlá neobsahuje. Naopak, návrh nariadenia obsahuje ustanovenie, ktoré by mohlo rôzne vnútroštátne praxe v zaokrúhľovaní ohroziť.

Už sme spomínali argument Komisie z bodu 9 odporúčania 2010/191/EÚ o tom, že zaokrúhľovanie by mohlo predstavovať skrytý poplatok za platbu v hotovosti. Tento argument sme označili za sporný, keďže niektoré platby v hotovosti sú naopak lacnejšie ako bezhotovostné platby. Spomínaný návrh nariadenia Komisie o eurobankovkách a eurominciach však tento argument Komisie preberá do navrhovaného čl. 4 ods. 3.[35] Prijatie návrhu nariadenia s takýmto znením by tak dalo Komisii možnosť testovať súlad de facto či de jure zaokrúhľovania s týmto ustanovením. Z tohto hľadiska je všetko otvorené a odpoveď na túto otázku dá zrejme až aktivita Komisie, ktorá by proti členským štátom mohla začať konanie o porušení podľa čl. 258 ZFEÚ, s možnosťou podať žalobu na Súdny dvor EÚ. V prípade prebiehajúceho vnútroštátneho sporu, na vyriešenie ktorého by bolo potrebné zodpovedať otázku súladu zaokrúhľovania s uvedeným ustanovením nariadenia, by sa na Súdny dvor EÚ mohol obrátiť aj ktorýkoľvek súd v dotknutom členskom štáte.

Na tomto mieste je tiež vhodné poznamenať, že slovenské orgány by nemali pristúpiť k sankcionovaniu spomínaného dopravcu, ktorý pristúpil k neutrálnej praktike zaokrúhľovaniu cien pri platbe v hotovosti, hoci sa na neho zákon o cenách nevzťahuje. Dopravca by potom mohol argumentovať, že v rozpore s čl. 4 ods. 3 pripravovaného nariadenia je aj zaokrúhľovanie podľa § 3 ods. 4 zákona o cenách.

7. Záver

[35] „V súlade s akceptáciou hotovosti v plnej nominálnej hodnote sa peňažná hodnota eurobankoviek a/alebo euromincí ponúkaných na vyrovnanie dlhu rovná sume v eurách uvedenej na bankovkách a/alebo minciach. **Prirážky k vyrovnaniu dlhu eurobankovkami a euromincami sa zakazujú**."

Autori si v príspevku všímajú, že popri rôznych iniciatívach na posilnenie hotovostného styku došlo v SR s účinnosťou od 1. júla 2022 preformulovaním § 3 ods. 4 zákona o cenách k zaokrúhľovaniu na 5 eurocentov. Pôvodné pravidlo, zavedené v roku 2003 upravovalo v nadväznosti na zrušenie 10 a 20 halierových mincí zaokrúhľovanie „celého nákupu" na „najbližšiu platnú mincu" a v platnosti zostalo aj po vstupe SR do eurozóny. Autori si na základe stanovísk ECB k obdobnej legislatíve vo Fínsku a v Belgicku všímajú rôzne spoločné i odlišné prvky zaokrúhľovania na 5 eurocentov v ďalších členských štátoch eurozóny.

Autori prichádzajú s dvoma návrhmi na zmenu zákona o cenách. Vzhľadom na rozširovanie negatívnej pôsobnosti zákona o cenách najmä v oblasti hromadnej prepravy osôb treba podľa autorov z § 2 ods. 1 zákona o cenách vypustiť jeho zmätočnú druhú vetu s odkazom na zákon o dráhach. Po približne dvoch rokoch od aplikácie zaokrúhľovania na 5 eurocentov prichádzajú autori tiež s návrhom na to, aby sa dôslednejšie vymedzilo oboznamovanie platiteľa s „výslednou cenou" pred zaokrúhlením, nie so sumou, ktorú treba zaplatiť v hotovosti po zaokrúhlení.

Napokon si autori všímajú, že do čl. 4 ods. 3 navrhovaného nariadenia o eurobankovkách a eurominciach ako zákonnom platidle Komisia prevzala argument z bodu 9 svojho odporúčania 2010/191/EÚ o skrytých poplatkoch za platbu v hotovosti. Uvedený argument bol v tomto odporúčaní použitý v reakcii na legislatívu vo Fínsku. Aktivita Komisie vo vzťahu k vymáhaniu predmetného ustanovenia nového nariadenia (ak by bolo v takejto podobe prijaté) voči členským štátom, v ktorých je zaokrúhľovanie zavedené, sa však nedá odhadnúť.

Zoznam použitej literatúry

Knihy, zborníky a časopisy:

BACO, D.: Povinnosť konzultovať návrhy právnych predpisov s ECB. In: HESEKOVÁ, S., PONIŠT, V. (eds.): 30 rokov Zákona o Národnej banke Slovenska. Zborník z medzinárodnej právnickej vedeckej konferencie organizovanej Národnou bankou Slovenska a Právnickou fakultou Univerzity Komenského v Bratislave. Bratislava: Národná banka Slovenska, 2023. ISBN 978-80-8043-25-4.

OROSZ, L, SVÁK, J. a kol. Ústava Slovenskej republiky. Komentár. Zväzok I. Bratislava: Wolters Kluwer SR, s. r. o., 2021, 892 s. ISBN 978-80-571-0380-6.

PONIŠT, V. Ústavné „práva na hotovosť" – ako ďalej? In: Justičná revue, 76, 2024, č. 9-7, s. 637-646.

VUONGOVÁ, A.: Cenová regulace a kontrola. In: PAZDEROVÁ, S., JANOVEC, M (eds.): COFOLA 2018, část II. Peníze, měna a právo. Brno: Masarykova univerzita, 2018. ISBN 978-80-210-9006-4.

Internetové zdroje:

Analytický komentár NBS: Zaobídeme sa bez 1 a 2- centových mincí?

Fakty k zaokrúhľovaniu konečnej sumy nákupov v hotovosti po 1.7.2022 pri 1- a 2-centových minciach, Informácie pre verejnosť z 23. 6. 2022.
„Problematika 1 a 2 centových euromincí s možným obmedzením ich používania zavedením zaokrúhľovania.“
Výročné správy NBS.
Stanoviská ECB.
Slovenská legislatíva.
Rozhovor v televíznej stanici TA3 „Drobné mince zmiznú z peňaženiek“, 3.11.2021.

Povinnost akceptace hotovostních plateb v českém a slovenském právním řádu

Obligation to accept cash payments in czech and slovak law

doc. JUDr. Michael Kohajda, Ph.D.,
Mgr. Miloš Málek
Právnická fakulta Univerzity Palackého v Olomouci

Abstrakt

V článku se autoři zabývají aktuálními trendy, kdy spotřebitelé preferují bezhotovostní platby za zboží nebo služby. Touto otázkou se nejprve zabývají z obecného pohledu, následně se pak zaměřují na právo a jemu odpovídající povinnost (popř. na povinnost a jí dopovídajícímu právu) na platbu v hotovosti. Nejprve se věnují situaci v České republice, kdy je právo na hotovostní platbu upraveno jen obecně na omezenou povinnost přijímat tuzemská zákonná platidla. Následně pak krátce obdobné povinnosti podle slovenské právní úpravy, do které bylo právo na platbu v hotovosti výslovně inkorporováno, nicméně dle hodnocení autorů poněkud nedokonale. Závěrem článku pak autoři konstatují svá shrnutí, že v ani jednom ze zkoumaných států není právo na platbu v hotovosti upraveno dostatečně kvalitně.

Kľúčové slová

bezhotovostní platba, hotovostní platba, platební styk, zákonné platidlo

Abstract

In the article, the authors discuss current trends where consumers prefer cashless payments for goods or services. They first deal with this issue from a general perspective, then focus on the right and corresponding obligation (or obligation and corresponding right) to pay in cash. They first address the situation in the Czech Republic, where the right to cash payment is regulated only in general terms to a limited obligation to accept domestic legal tender. They then briefly discuss a similar obligation under Slovak legislation, in which the right to cash payment has been explicitly incorporated, but in the authors' assessment, somewhat imperfectly. Finally, the authors conclude with their summary that the right to cash payment is not sufficiently well regulated in any of the countries examined..

Keywords

cashless payment, cash payment, payment transaction, legal tender

1. Úvod

S dynamickým rozvojem technologií se stále častěji v rámci členských zemí Evropské unie setkáváme s preferencí zákazníků i obchodníků realizovat platby za zboží a služby bezhotovostní metodou. Čím dál více se tak můžeme setkat se situací, kdy obchodník požaduje platbu za své zboží či služby výhradně bezhotovostně a odmítá tak akceptovat při placení hotovost (tedy zákonné bankovky a mince), ať už v měně euro nebo jiné lokální měně.

V tomto ohledu tak vyvstává otázka, zda a případně v jaké formě by měly jednotlivé státy uložit obchodníkům povinnost akceptovat hotovostní platby ve formě bankovek a mincí. Samozřejmě ale současně vyvstává otázka, zda a případně v jaké formě by obchodníci měli mít povinnost akceptovat alespoň některou bezhotovostní formu platby.

Ve Slovenské republice došlo k zakotvení práva na platbu v hotovosti jako ústavního práva v rámci novelizace Ústavy Slovenskej republiky č. 460/1992 Zb. (dále jen „Ústava SK“) s účinností ode dne 1. července 2023.

V České republice již delší dobu probíhají obdobné iniciativy k zavedení práva na hotovostní platbu do ústavního pořádku, zatím ale bez finálního výsledku. Dne 10. listopadu 2023 byl Senátu České republiky předložen návrh na ústavní zakotvení práva na platbu v hotovosti zaevidovaný jako Senátní tisk č. 184. Dle tohoto návrhu by bylo právo na hotovostní platbu zakotveno v ústavním zákoně č. 2/1993 Sb., Listině základních práv a svobod.

V rámci následujících odstavců bychom proto rádi porovnali úpravu případné povinné akceptace hotovostní platby v České republice, jejíž zákonnou měnou je koruna česká, a ve Slovenské republice, která je od 1. ledna 2009 součástí eurozóny, a to jak v ústavní, tak zákonné rovině.

2. Právo akceptovat hotovostní či bezhotovostní platby

Jak je již zmíněno výše, právo na platbu v hotovosti je v rámci odborné veřejnosti často diskutovaným tématem. Toto právo představuje zejména možnost volby formy placení na straně kupujícího, obvykle zúženo jen na postavení spotřebitele, za zboží či služby. Na straně prodávajícího se pak v případě zavedení práva platby v hotovosti jedná o povinnost takový způsob platby umožnit.

Povinnost akceptovat hotovostní platby tak typicky na straně obchodníků představuje do určité míry omezení volnosti ve způsobu nastavení formy platby za poskytované zboží či služby. Z obecného právního pohledu se jedná o omezení smluvní volnosti subjektů závazkového vztahu. V praxi by tak povinnost akceptace hotovostních plateb představovala základní instrument, který by vymezený okruh obchodníků (primárně tedy obchodníků v maloobchodu) měl povinnost v rámci úhrady za poskytnuté zboží či služby umožňovat. Umožnění přijetí plateb v jiných formách, ať již ve formě bezhotovostní platby v jakékoliv podobě či alternativě ve formě kryptoměn, by bylo následně ponecháno svobodnému rozhodnutí toho konkrétního obchodníka.

Vzhledem k tomu, že se zakotvením práva na akceptaci hotovostní platby jednomu subjektu je na straně druhé spojena povinnost takovou platbu umožnit, je zapotřebí vždy posoudit míru a legitimní účel takového zásahu do svobody vůle smluvních stran.

Při vymezení práva akceptace hotovostní platby je tak zapotřebí zohlednit zejména skutečnost, zda při takové úpravě nedochází k nepřiměřenému zásahu do vůle smluvních stran. Takový zásah může mít výrazný dopad na nastavení obchodu ze strany obchodníka, a to typicky v případě využití některých nových forem obchodu mimo kamenné provozovny, například ve formě e-shopů, automatizovaných systémů a dalších možných variant zprostředkování obchodu. I při prodeji v kamenných provozovnách může mít omezení svobody volby formy platby dopad na obchodníka, který preferuje bezhotovostní platby - např. z důvodu omezení rizik ve formě držby hotovosti na dané provozovně či z hygienických důvodů.

Zakotvení práva na povinnou akceptaci hotovostní platby tak na straně jedné představuje do jisté míry jistotu kupujícího, že mu bude umožněno zaplatit tuzemskými bankovkami a mincemi. Na straně druhé však tato úprava může představovat zásah do práv prodávajícího, přičemž míra zásahu se bude typicky lišit dle konkrétní situace a zejména s ohledem zvolenou formu prodeje.

3. Povinná akceptace tuzemské hotovosti v České republice

Tuzemskými bankovkami a mincemi se v České republice rozumí bankovky a mince znějící na koruny české, vydané Českou národní bankou, které jsou platné nebo které lze za platné vyměnit, a to dle § 2 odst. 1 a 2 zákona č. 136/2011 Sb., o oběhu bankovek a mincí a o změně zákona č. 6/1993 Sb., o České národní bance, ve znění pozdějších předpisů (dále jen „ZOBAM").

Dle § 5 odst. 1 ZOBAM je každý povinen přijmout tuzemské bankovky a mince bez omezení, ledaže je oprávněn jejich příjem odmítnout.
Příjem tuzemských bankovek nebo mincí může odmítnout
a) úvěrová instituce provádějící pokladní operace, jestliže se jedná o bankovky nebo mince znějící na koruny české prohlášené Českou národní bankou za neplatné a jestliže uplynula doba stanovená na základě zákona upravujícího činnost a postavení České národní banky, po kterou je povinna provádět jejich výměnu,

b) každý s výjimkou České národní banky a úvěrové instituce provádějící pokladní operace, jestliže se jedná o pamětní bankovky, pamětní mince nebo o tuzemské bankovky nebo mince prohlášené Českou národní bankou za neplatné,
c) každý s výjimkou České národní banky a úvěrové instituce provádějící pokladní operace, jestliže se jedná o více než 50 tuzemských mincí v jedné platbě.[1]

Dále je stanovena povinnost odmítnout platbu v hotovosti v případě, že výše platby překračuje částku 270 tisíc Kč.[2]

Dle ČNB z výše uvedeného ustanovení vyplývá, že *„občané mají legitimní očekávání, že tuzemskými bankovkami a mincemi mohou u obchodníků platit"*.[3]

Toto nijak neomezuje svobodné ujednání smluvních stran, které se dohodly na jiném způsobu úhrady, typicky například bezhotovostní platbou. Za svobodné ujednání smluvních stran však v tomto ohledu dle názoru ČNB není možné považovat prohlášení obchodníka, který deklaruje, že hotovostní platby nepřijímá. V takovém případě dochází k omezení volnosti jedné ze stran (typicky spotřebitele), které není možné považovat za využití smluvní volnosti pro určení způsobu úhrady.[4]

Dle názoru ČNB však obchodník není povinen přijímat platby v hotovosti, jde-li o obchody uzavírané distančním způsobem, tedy takové, které jsou uzavírány prostředky komunikace na dálku (tzn. bez současné fyzické přítomnosti smluvních stran, nejčastěji elektronicky).[5]

„Výše uvedené však bude platit pouze tehdy, budou-li tyto smlouvy také plněny distančním způsobem, který (popř. v souvislosti s požadavkem platby předem) předání hotovosti vylučuje.

Tyto podmínky budou splněny typicky v případě internetového obchodu (e-shopu), který prodává:
a) zboží v digitální podobě, kdy je již z podstaty věci vyloučeno jeho fyzické předání (obdobně pokud obchodník poskytuje služby bez hmotného plnění)
b) ostatní zboží, pokud způsob dodání zboží (či služby) neumožňuje platbu za zboží za současné fyzické přítomnosti obchodníka (případně jeho smluvního partnera) a zákazníka. Pokud však e-shop nabízí možnost osobního vyzvednutí zboží ve své kamenné prodejně nebo provozovně některého ze svých smluvních partnerů (výdejna,

---

[1] § 5 odst. 2 zákona č. 136/2011 Sb., o oběhu bankovek a mincí, ve znění pozdějších předpisů.
[2] § 4 odst. 2 zákona č. 254/2004 Sb., o omezení plateb v hotovosti a o změně zákona č. 337/1992 Sb., o správě daní a poplatků, ve znění pozdějších předpisů.
[3] DĚDEK, Oldřich. *Povinná akceptace tuzemské hotovosti* [online]. cnb.cz, 19.10.2022. Dostupné z Povinná akceptace tuzemské hotovosti - Česká národní banka (cnb.cz).
[4] DĚDEK, Oldřich. *Povinná akceptace tuzemské hotovosti* [online]. cnb.cz, 19.10.2022. Dostupné z Povinná akceptace tuzemské hotovosti - Česká národní banka (cnb.cz).
[5] Odpověď České národní banky ze dne 19. března 2019 na otázku k povinnosti akceptace hotovosti obchodníky.

zásilkovna)
či nabízí dopravu zboží na adresu určenou zákazníkem, a to bez ohledu na skutečnost, zda tuto dopravu zajišťuje sám, anebo prostřednictvím jiného podnikatele, přičemž současně zákazníkům umožňuje úhradu zboží až v okamžiku jeho převzetí, je podle názoru ČNB povinen akceptovat platby v hotovosti."[6]

Pokud nenastane jeden z případů uvedených výše, je v důsledku uvedeného stanoviska ČNB možné považovat odmítnutí hotovosti za jsoucí v rozporu s ustanovením § 5 odst. 1 ZOBAM. Nicméně ZOBAM neklasifikuje porušení pravidel uvedených v § 5 odst. 1 jako přestupek a toto jednání tak není možné sankcionovat.[7]

Výklad ČNB je v rozporu s postojem Ministerstva financí České republiky[8] (dále jen „MF ČR"), které se dne 21. července 2023 v rámci odpovědi na dotaz ohledně povinného přijímání hotovosti (konkrétně v případě možnosti přijímání plateb v kavárně výhradně bezhotovostně) vyjádřilo tak, že český právní řád nestanovuje povinnost přijímat hotovostní platby. Dle vyjádření MF ČR, § 5 odst. 1 ZOBAM nestanovuje bezvýjimečnou povinnost každého přijímat hotovost, přičemž v ustanovení § 5 odst. 2 ZOBAM jsou uvedeny pouze některé případy, kdy může k odmítnutí hotovosti dojít.

Podle názoru MF ČR se uplatní smluvní svoboda jako jeden ze základních pilířů soukromého práva. Ustanovení § 1725 zákona č. 89/2012 Sb., občanský zákoník, stanovuje, že v mezích právního řádu je stranám ponecháno na vůli svobodně si smlouvu ujednat a určit její obsah. Dle tohoto výkladu tedy obchodník se zákazníkem může sjednat například i to, že kupní cena bude hrazena bezhotovostně, případně i v hotovosti v jiné měně, jako např. v eurech. Nedomluví-li se obchodník se spotřebitelem na jiném plnění peněžitého dluhu, pak platí, že se plní v tuzemských bankovkách a mincích. Dle MF ČR je zde však podstatná otázka transparentnosti. To znamená, že obchodník by měl zákazníka o neakceptaci českých korun nebo hotovosti dopředu informovat.

Postoje ČNB a MF ČR se tedy v otázce výkladu § 5 odst. 1 ZOBAM odlišují, nicméně dohled nad dodržováním pravidel zakotvených ZOBAM vykonává ČNB.[9] Při posuzování porušení pravidel hotovostního styku tak ČNB vychází z vlastního výkladu daného ustanovení.

Vzhledem k absenci možnosti takové jednání sankcionovat je však dohledová praxe ČNB taková, že dozví-li se v rámci výkonu dohledu, a to jak při vlastní dohledové

---

[6] Odpověď České národní banky ze dne 19. března 2019 na otázku k povinnosti akceptace hotovosti obchodníky

[7] DĚDEK, Oldřich. *Povinná akceptace tuzemské hotovosti* [online]. cnb.cz, 19.10.2022. Dostupné z Povinná akceptace tuzemské hotovosti - Česká národní banka (cnb.cz).

[8] Odpověď Ministerstva financí České republiky ze dne 21. července 2023 v rámci odpovědi na dotaz ohledně povinného přijímání hotovosti, č.j. MF-23349/2023/3502-3.

[9] § 24 odst. 1 zákona č. 136/2011 Sb., o oběhu bankovek a mincí, ve znění pozdějších.

činnosti nebo na základě podnětů jiných úřadů či stížností veřejnosti, že ze strany některého subjektu došlo k neoprávněnému odmítnutí tuzemské hotovosti, stížnost prověří, a je-li oprávněná, písemně je daný subjekt na tuto skutečnost upozorněn a vyzván k ukončení nezákonného jednání. Nad rámec upozornění a výzvy k ukončení nezákonného jednání již ČNB nemůže tento subjekt jakýmkoli způsobem postihnout.[10]

Nad rámec správního trestání je však otázkou, zda lze při odmítnutí platby v hotovosti naplnit skutkovou podstatu trestného činu dle § 239 odst. 2 písm. a) zákona č. 40/2009 Sb., trestní zákoník, ve znění pozdějších předpisů. Dle tohoto ustanovení se trestného činu ohrožování oběhu tuzemských peněz dopustí ten, kdo bez zákonného důvodu odmítá tuzemské peníze.

„Odmítání peněz tuzemských bez zákonného důvodu je jakékoli odmítání peněz, ke kterému nedává zákon oprávnění, např. v souvislosti s dodavatelsko-odběratelskými vztahy, ale i v maloobchodě, kde je např. odmítána česká koruna a vyžadována platba v zahraniční měně (v eurech, dolarech apod.). Může mít podobu výslovného prohlášení, připustit lze i konkludentní jednání, je-li projev vůle zřejmý. Nezáleží na tom, z jakého nezákonného důvodu k odmítnutí tuzemských peněz dojde a zda k tomu došlo při placení za zboží nebo služby, při rozměňování peněz, příp. při vracení úvěru či zápůjčky apod. Trestní odpovědnost není podmíněna ani množstvím nebo hodnotou odmítnutých peněz; při drobném jednání (např. odmítnutí jedné mince či bankovky nízké hodnoty) však je třeba zvažovat použití zásady subsidiarity trestní represe.“[11]

Pachatelem tohoto trestného činu může být kterákoli fyzická i právnická osoba.

I s ohledem na nejednoznačný výklad § 5 odst. 1 ZOBAM a na aplikaci zásady subsidiarity trestní represe nemáme dosud informace o tom, že by v praxi došlo ke kvalifikaci bezdůvodného odmítnutí akceptace bankovek a mincí jako jednání naplňující skutkovou podstatu trestného činu ohrožování oběhu tuzemských peněz.

Dalším spíše hypotetickým důsledkem bezdůvodné akceptace platby prostřednictvím tuzemských bankovek a mincí je vymáhání vzniklé újmy soukromoprávní cestou. *„Obchodník se teoreticky nezbavuje soukromoprávní odpovědnosti za porušení zákona. Neboli spotřebitel, pokud by mu nepřijetím hotovosti vznikla újma, mohl by ji na obchodníkovi vymáhat soudně. To ale jistě není ideální řešení pro běžný život.“*[12]

Přestože v rámci odborné veřejnosti panuje nejistota ohledně výkladu ustanovení § 5 odst. 1 ZOBAM stanovujícího povinnost přijímat tuzemské bankovky a mince, je výklad tohoto ustanovení v praxi spíše akademickou otázkou, a to z důvodu absence

---

[10] DĚDEK, Oldřich. *Povinná akceptace tuzemské hotovosti* [online]. cnb.cz, 19.10.2022. Dostupné z Povinná akceptace tuzemské hotovosti - Česká národní banka (cnb.cz).

[11] ŠÁMAL, Pavel a kol. Trestní zákoník. 3. vydání. Praha: C. H. Beck, 2023, s. 3099

[12] DĚDEK, Oldřich. *Povinná akceptace tuzemské hotovosti* [online]. cnb.cz, 19.10.2022. Dostupné z Povinná akceptace tuzemské hotovosti - Česká národní banka (cnb.cz).

kvalifikace nezákonného nepřijetí hotovostní platby jako přestupku. Při porušení pravidla zakotveného v § 5 odst. 1 ZOBAM tak neexistuje pro subjekt porušující pravidla uvedená v ZOBAM žádný správní postih. Stanovení povinnosti přijmout hotovostní platbu tuzemskými bankovkami a mincemi v ustanovení § 5 odst. 1 ZOBAM je tak ve své podstatě deklaratorního charakteru, i s ohledem na skutečnost, že aplikace trestního práva, případně využití soukromoprávního institutu náhrady škody na dané jednání je v praxi velmi limitováno.

V tomto kontextu je vhodné zmínit též senátní návrh na zakotvení práva na platbu v hotovosti předložený Senátu České republiky dne 10. listopadu 2023, zaevidovaný jako Senátní tisk č. 184. Dle tohoto návrhu by zakotvení práva na hotovostní platbu do článku 42 odst. 4 Listiny základních práv a svobod, ve znění pozdějších ústavních zákonů znělo následovně:

„Spotřebitelé mají právo hradit své peněžité závazky a přijímat jejich plnění v platných bankovkách a mincích; zákon může přiměřeným způsobem omezit výši plateb, kterou spotřebitelé mohou takto provádět. Zákon může stanovit výjimku pro peněžité závazky uzavírané elektronickou formou. Zákon může rovněž stanovit, kdy mají spotřebitelé právo hradit své peněžité závazky a přijímat jejich plnění jinak než v platných bankovkách a mincích, náklady takových plateb však nesmějí být přenášeny na osoby, kterým zákon ukládá povinnost je přijmout“

Základní myšlenky a cíle předloženého senátního návrhu jsou dle důvodové zprávy vypracované k tomuto návrhu následující:

„První myšlenkou této předlohy je, že cílem práva být offline nemá být zakonzervování pokroku. Pokrok zde byl vždy, jakkoli nikdy nebyl tak překotný a náročný na přizpůsobení se jako dnes, a předkladatelé si nedělají iluze, že by pokrok mohl být nějak regulován či dokonce zastaven, a ani si to nepřejí.

Druhou myšlenkou je skutečný cíl předlohy: Tato předloha si klade za cíl zachovat a ochránit možnost komunikovat „postaru“ pro všechny, kteří tak komunikovat musí anebo z nějakého důvodu chtějí. Cílem tohoto návrhu je ochrana menšiny, která odmítá z různých důvodů elektronizaci anebo jen některé její projevy. Obrazně řečeno, navržená ústavněprávní úprava, bude-li přijata, má být ostrovem pro elektronické neplavce. Předloha rovněž vytyčí hranici tohoto chráněného ostrova na ústavní úrovni, a poskytne tak oběma stranám – elektronickým plavcům i neplavcům – základní míru jistoty.

Třetí myšlenkou je, že vedlejším, ale neméně důležitým efektem návrhu zůstane zachování některých standardních postupů a věcí, které by jinak pod ekonomickým tlakem většiny postupně zanikly – např. bankovek a mincí nebo podatelen – a které takto budou moci plnit i roli zálohy pro případ rozsáhlejšího výpadku elektronických služeb.“[13]

K okamžiku vydání tohoto článku nebyl tento Senátní tisk projednán. Nicméně vzhledem k absenci úpravy sankčních instrumentů aplikovatelných pro případ porušení pravidel při neakceptaci hotovostní platby nelze předpokládat, že i případné schválení navrhované úpravy mohlo mít výrazný dopad na aktuální praxi přijímání hotovostních plateb v České republice.

4. Povinná akceptace hotovosti ve Slovenské republice

V rámci právního řádu Slovenské republiky nabyl dne 1. července 2023 účinnosti ústavní zákon, který do Ústavy Slovenskej republiky č. 460/1992 Zb. (dále jen „Ústava SK“) zakotvil právo na platbu v hotovosti. Toto právo bylo konkrétně zakotveno v článku 39a Ústavy SK, systematicky tedy začleněno do hlavy druhé (Základní práva a svobody), oddílu pátého, který upravuje Hospodářská, sociální a kulturní práva.

Konkrétní znění článku 39a Ústavy Slovenskej republiky je vymezeno následovně:

„(1) Vydávanie hotovosti ako zákonného platidla sa zaručuje.
(2) Každý má právo vykonať platbu za nákup tovarov a poskytnutie služieb v hotovosti zákonným platidlom, pričom prijatie takejto platby možno odmietnuť len z primeraných alebo všeobecne uplatňovaných dôvodov. Právo vykonať hotovostnú operáciu v banke alebo pobočke zahraničnej banky sa zaručuje.
(3) Zákon ustanoví podmienky a obmedzenia práva podľa odseku 2.“

Cílem prvního odstavce je zaručit vydávání hotovosti (tedy bankovek a mincí) jako zákonného platidla. Odstavec druhý ve své podstatě přiznává právo provést platbu za nákup zboží nebo poskytnutí služeb v hotovosti. Přijetí platby v hotovosti je pak možné odmítnout pouze z přiměřených nebo všeobecně uplatňovaných důvodů, a to pouze nebankovními subjekty.

Jednotlivé podmínky nebo důvody pro možnost odmítnutí hotovostní platby by v návaznosti na zakotvení tohoto práva do Ústavy SK měly být blíže vymezeny zákonným předpisem.

Důvodová zpráva k uvedenému ústavnímu zákonu je poměrně stručná, přičemž hlavním argumentem pro změnu Ústavy SK je zakotvení práva každého občana na to, aby se na základě své vůle mohl rozhodnout platit v hotovosti. Navrhovatelé jsou přesvědčeni, že jde o základní právo, prostřednictvím kterého se naplňuje svoboda

[13] Důvodová zpráva k senátnímu návrhu ústavního zákona ze dne 10. listopadu 2023, zaevidovaného jako Senátní tisk č. 184.

v obchodně-právních vztazích. Přijetí změny odůvodňují též tím, že jde o způsob, jak zamezit omezení nebo případné likvidaci práva platit v hotovosti, které dávají do souvislosti s právem na soukromí. Navrhovatelé však blíže nerozvádí, jakým způsobem právo na hotovost chrání právo na soukromí. Uvádějí pouze, že nezavedením tohoto práva by mohlo dojít k vyššímu rozvoji kryptoměn.[14]

Navrhovatelé tuto změnu dále odůvodňují argumentem, že zrušení hotovosti by ohrozilo nízkopříjmové skupiny obyvatel či občanská sdružení financující svoji činnost z různých sbírek. Dále se v důvodové zprávě navrhovatelé odvolávají na budování finanční gramotnosti, přičemž podle názoru navrhovatelů by postupným přistoupením ke zrušení bankovek a mincí a jejich nahrazením kryptoměnami nebyla mladší generace finančně gramotná v požadované míře. Podle důvodové zprávy má být ponechané každému člověku vykonat v rámci projevu jeho osobnosti volbu o tom, zda bude platit v hotovosti nebo elektronicky.[15]

Přestože právo na akceptaci hotovostní platby bylo zakotveno v rámci ústavního předpisu, k dnešnímu dni nedošlo k zákonné úpravě podmínek a omezení ve smyslu článku 39a odst. 2 Ústavy SK v rámci právního řádu Slovenské republiky. Zákon číslo 394/2012 Z. z. o obmedzení platieb v hotovosti, nestanovuje povinnost umožnění hotovostní platby, a tedy ani podmínky či omezení, za kterých nemusí být hotovostní platba akceptována. Tento zákon pouze v § 4 limituje maximální výši pro platby v hotovosti na částku 15 000 euro.

Přestože právo na platbu v hotovosti bylo v rámci slovenského právního řádu zakotveno na ústavní úrovni, z důvodu absence navazující zákonné úpravy má toto právo momentálně pouze deklaratorní charakter bez stanovení dalších podmínek pro aplikaci či výkon takového práva.

5. Závěr

Z výše uvedeného je zřejmé, že jak v České republice, tak i ve Slovenské republice jsou patrné snahy ze strany odborné veřejnosti i zákonodárců o zakotvení podmínek pro povinné akceptování platby v hotovosti, tedy prostřednictvím bankovek a mincí v zákonné měně, tedy v korunách českých nebo v eurech.

Argumenty, proč má hotovost své místo i v současně stále více digitalizované době a proč by bankovky a mince měly být do určité míry chráněny jako univerzálně

[14] Dôvodová správa k zákonu č. 241/2023 Z.z., zmena Ústavy. Dostupné z https://www.aspi.sk/products/lawText/7/319207/1/2.

[15] RYBANOVÁ, Lucia. *Právo na platbu v hotovosti a jeho obmedzenie* [online]. Pravnenoviny.sk, 2.8.2023. Dostupné z https://www.pravnenoviny.sk/pravo-na-platbu-v-hotovosti-a-jeho-obmedzenie.

akceptovatelné platidlo jsou různého charakteru, a to od čistě ekonomických důvodů až po sociální aspekty.

Jedním z hlavních argumentů, proč by měla být v určité míře stanovena povinnost akceptovat při úhradě za zboží nebo služby od spotřebitelů platbu formou hotovosti, je hledisko sociálního vyloučení. Tím se rozumí vyloučení určitých skupin obyvatel, které nemohou nebo nechtějí využívat bezhotovostní platby, z nákupu u konkrétních obchodníků nabízející zboží či služby. Těmito osobami mohou být typicky starší osoby či osoby tělesně handicapované, které jsou do jisté míry limitovány při používání digitálních technologií. Další vyloučenou skupinou mohou být osoby sociálně znevýhodněné, které například nedisponují chytrým mobilním telefonem či jiným zařízením, ze kterého by obsluhovaly platební účet.

Takové osoby by v konečném důsledku byly při nákupu zboží a služeb limitovány výhradně na obchodníky, kteří umožňují hotovostní platby. S postupným rozmachem digitálních technologií a s tím souvisejícího rozvoje bezhotovostních plateb by se dal do budoucna předpokládat výrazný úbytek obchodníků nabízejících hotovostní platby a omezení ve využívání služeb a nakupování zboží těmito osobami by se tak prohlubovalo.

Dalším argumentem pro zachování hotovosti v maximální možné míře je také hledisko finanční stability. Hotovost jako aktivum garantované centrálními bankami je ze strany veřejnosti často vnímáno jako bezpečný přístav v dobách finanční nejistoty. Hotovost je dále ze strany veřejnosti do jisté míry vnímána jako svobodný prostředek, který nezanechává digitální stopu, a je tedy ze strany části veřejnosti využíváno jako anonymní platební prostředek, při jehož uplatnění nedochází k přenosu prakticky žádných informací o nakupujícím v rámci nákupu zboží nebo služeb, a to jak pro obchodníka, tak pro zprostředkovatele platby či banku, u které je veden daný platební účet.

Hotovost je dále považována za efektivní platební metodu pro případ krizových situací, jako jsou například přírodní katastrofy či jakékoli jiné události způsobující dočasný výpadek sítí potřebných k provedení bezhotovostní platby.

Přestože jsou však patrné snahy o úpravu povinné akceptace hotovosti pro platby za zboží a služby (za vymezení dalších podmínek), je zřejmé, že v českém ani slovenském právním řádu dosud nedošlo k uspokojivému řešení.

V rámci českého právního řádu aktuálně probíhají snahy o ústavní vymezení povinnosti akceptovat platbu v hotovosti. Vzhledem ke stávající nejednoznačné úpravě povinné akceptace hotovosti v ZOBAM a absentující úpravě potenciálních sankcí za porušení této povinnosti se však jako vhodnější řešení jeví zpřesnění pravidel uvedených v ZOBAM. Úpravu povinnosti akceptace hotovostních plateb na ústavní úrovni proto nepovažujeme za nezbytnou a z pohledu zákonodárce by z našeho pohledu bylo vhodnější se zaměřit na dostatečnou konkretizaci úpravy na zákonné úrovni.

Slovenský právní řád na druhou stranu na zákonné úrovni neobsahuje prakticky žádné vymezení povinnosti akceptovat platby v hotovosti. Do slovenského právního řádu bylo od 1. července 2023 zakotveno právo na hotovostní platby na ústavní úrovni, ke kterému však dosud nebyl vydán předpis na zákonné úrovni, který by definoval jednotlivé podmínky a omezení, za kterých je možné hotovostní platbu odmítnout. Vzhledem k absenci takového předpisu tak zakotvení daného práva na ústavní úrovni prozatím nemá téměř žádné praktické dopady na tržní praxi v rámci Slovenské republiky s ohledem na přijímání hotovostních plateb.

Pro obě srovnávané jurisdikce proto považujeme za relevantní se zaměřit zejména na zákonnou úroveň nastavení povinnosti akceptace hotovostních plateb, podmínek a omezení pro jejich odmítnutí a nastavení případných možných sankcí při porušení těchto pravidel.

Nicméně při zakotvování povinnosti akceptovat hotovostní platby považujeme za důležité posoudit vhodnost aplikace těchto pravidel na jednotlivé druhy zboží a služeb, případně i samotnou formu prodeje takového zboží a služeb ze strany obchodníka. Jako příklad uvádíme prodej zboží přes e-shop, případně přes automatizovaný systém, kdy by již ze samotné povahy způsobu prodeje nebylo vhodné vynucovat povinnost akceptace hotovostní platby a případné porušování této povinnosti sankcionovat.

Nastavení podmínek pro možnost odmítnutí hotovostní platby by pak mělo zohledňovat veškeré možné obchodní modely tak, aby se nestalo přílišným regulatorním omezením pro některé oblasti a formy obchodu.

Potenciální složitost představuje nastavení podmínek a omezení povinnosti akceptovat hotovostní platbu dostatečně široce tak, aby určité formy obchodu nebyly omezovány či potlačovány. Zároveň jednotlivé výjimky je zapotřebí dostatečně definovat tak, aby nebyly jednoduše dosažitelné pro všechny oblasti podnikání. Nastavení jednotlivých podmínek a textace samotné úpravy pak jistě bude představovat velkou výzvu pro zákonodárce.

Samotnou otázku, zda je vůbec vhodné se o takovou regulaci pokoušet, případně do jaké míry a zda neponechat preference ohledně hotovostních a bezhotovostních plateb čistě na tržním prostředí, ponecháváme k posouzení každému jednotlivému čtenáři.

Seznam použité literatury

Knihy:
ŠÁMAL, Pavel a kol. Trestní zákoník. 3. vydání. Praha: C. H. Beck, 2023, s. 3099.

Časopisy:
RYBANOVÁ, Lucia. *Právo na platbu v hotovosti a jeho obmedzenie* [online]. Pravnenoviny.sk, 2.8.2023.

DĚDEK, Oldřich. *Povinná akceptace tuzemské hotovost*i [online]. cnb.cz, 19.10.2022.

Odpověď institucí:
Odpověď České národní banky ze dne 19. března 2019 na otázku k povinnosti akceptace hotovosti obchodníky.

Odpověď Ministerstva financí České republiky ze dne 21. července 2023 v rámci odpovědi na dotaz ohledně povinného přijímání hotovosti, č.j. MF-23349/2023/3502-3.

Důvodové zprávy:
Důvodová zpráva k senátnímu návrhu ústavního zákona ze dne 10. listopadu 2023, zaevidovaného jako Senátní tisk č. 184.

Dôvodová správa k zákonu č. 241/2023 Z.z., zmena Ústavy.

Zústavnění práva na hotovost v Čechách, na Moravě a ve Slezsku

Constitutive of the right to cash in Bohemia, Moravia and Silesia

Doc. JUDr. Zdeněk Koudelka Ph.D.
Právnická fakulta Masarykovy univerzity Brno, AMBIS vysoká škola Praha-Brno

Abstrakt

Text popisuje a rozebírá jednotlivé návrh na změny ústavního pořádku v Čechách, na Moravě a ve Slezsku, které se týkaly práva na placení v hotovosti. Uvádí i stav jejich projednávání.

Klíčová slova

Ústava, hotovost, Čechy, Morava, Slezsko.

Abstract

The text describes and analyzes individual proposals for changes to the constitutional order in Bohemia, Moravia and Silesia, which related to the right to pay in cash. It also states the status of their discussion.

Keywords

Constitution, cash, Bohemia, Moravia, Silesia.

1. Úvod

V současném právním řádu v Čechách, na Moravě a ve Slezsku je právo na placení hotovostí upraveno na zákonné úrovni zákonem o České národní bance. Tato banka má výhradní právo na vydávání bankovek a mincí, spravuje jejich zásobu a organizuje jejich dodávky dle požadavků peněžního oběhu. Tyto bankovky a mince jsou zákonné peníze pro všechny platby na území Čech, Moravy a Slezska.[1]

[1] § 12-16 zákona č. 6/1993 Sb., o České národní bance.

Zákon o oběhu bankovek a mincí[2] upravuje povinnost je přijímat tak, že každý je povinen přijmout tuzemské bankovky a mince bez omezení, ledaže je oprávněn jejich příjem odmítnout. Příjem tuzemských bankovek nebo mincí může odmítnout

a) úvěrová instituce (banka) provádějící pokladní operace, jestliže se jedná o bankovky nebo mince znějící na koruny české prohlášené Českou národní bankou za neplatné a jestliže uplynula doba stanovená na základě zákona upravujícího činnost a postavení České národní banky, po kterou je povinna provádět jejich výměnu,
b) každý s výjimkou České národní banky a úvěrové instituce provádějící pokladní operace, jestliže se jedná o pamětní bankovky, pamětní mince nebo o tuzemské bankovky nebo mince prohlášené Českou národní bankou za neplatné,
c) každý s výjimkou České národní banky a úvěrové instituce provádějící pokladní operace, jestliže se jedná o více než 50 tuzemských mincí v jedné platbě.

Při příjmu tuzemských bankovek nebo mincí je Česká národní banka a úvěrová instituce provádějící pokladní operace oprávněna požadovat, aby přijímané tuzemské bankovky a mince byly roztříděny podle nominálních hodnot, a jestliže je to odůvodněno jejich počtem, aby byly zabaleny stanoveným způsobem.

Právo na platbu v hotovosti omezuje zákon č. 254/2004 Sb., o omezení plateb v hotovosti, podle kterého poskytovatel platby, jejíž výše překračuje částku 270.000 Kč, je povinen provést platbu bezhotovostně. Důvodem je snaha státu identifikovat plátce z důvodu boje proti trestné činnosti a omezení bezpečnostních hrozeb (praní špinavých peněz, financování terorismu, daňové úniky). Právo Evropské unie nestanoví omezení plateb v hotovosti, ale vyžaduje jen identifikaci osob při těchto platbách v určitých případech 10 000 euro a výše.[3]

V současném právním řádu i praxi je právo na placení v hotovosti zakotveno a je realizováno v praxi. Nicméně část politiků a ekonomů v reakci na politiku realizovanou především skandinávskými zeměmi s cílovým stavem zrušit hotovost vyžaduje jako ochranu před těmito plány zakotvit platbu hotovostí na ústavní úrovni a tím ztížit její případné zrušení či radikální omezení v budoucnu. První takový ústavní návrh byl schválen na Slovensku, velmi blízko je k přijetí v Rakousku a právo na platbu v hotovosti navrhla zakotvit i vláda Norska na zákonné úrovni.[4]

---

[2] § 5 zákona č. 136/2011 Sb., o oběhu bankovek a mincí.

[3] Směrnice Rady EU 2015/849/EU.

[4] Norská vláda chystá uzákonit právo na platby v hotovosti. *Echo24.cz* 14. 3. 2024, https://echo24.cz/a/HVHY2/svet-zpravy-norska-vlada-chysta-uzakonit-pravo-na-platby-v-hotovosti.

Slovenská ústava má právo na platbu hotovostí jako nové hospodářské základní právo[5] tak, že:

1. Zaručuje vydávání hotovosti jako zákonného platidla. Problémem však je, že Slovensko má měnu euro, přičemž vydávání bankovek a mincí se řídí právem Evropské unie. Slovensko tedy nemá vlastní měnu pod svou mocí.
2. Každý má právo platit za nákup zboží a poskytnutí služeb v hotovosti zákonným platidlem, přičemž přijetí takové platby je možné odmítnout jen z přiměřených anebo všeobecně uplatňovaných důvodů. Právo uskutečnit hotovostní operaci v bance se zaručuje. Zákon stanoví podmínky a omezení tohoto práva.

2. Ideová východiska

Možnost svobodně se rozhodnout platit své dluhy v hotovosti je jeden z nezbytných předpokladů pro zachování základního soukromí a autonomie jednotlivců nejen vůči státu, ale vůči všem, včetně osob blízkých (před manželkou). I přes zvyšující se objemy bezhotovostních transakcí zůstává hotovost nejdostupnějším platebním prostředkem a možnost jejího využití je hluboce spjata s vnímáním osobní svobody. Případný budoucí vývoj směřující k dalšímu omezování či dokonce k úplnému zákazu hotovostních plateb by představoval významný zásah do osobních svobod a podstatně by zvýšil riziko zneužívání velkého množství informací souvisejících s nárůstem bezhotovostních plateb (a to ať již přímo ze strany příslušných bankovních institucí shromažďujících informace o bezhotovostních platbách, tak zprostředkovaně ze strany státních institucí či potenciálně i dalších třetích osob).

Německá Spolková banka vědoma si významu otázky existence hotovosti pořádala opakovaně sympozia o hotovosti. Dne 15. 2. 2018 se konalo 4. sympozium o hotovosti, na kterém měl přednášku profesor Udo di Fabio, soudce Spolkového ústavního soudu v letech 1999-2011, věnovanou právním aspektům používání hotovosti, především s ohledem na občanské svobody. Udo di Fabio uvedl: *„Ústavní stát základního zákona se loučí s hluboce zklamanou romantickou důvěrou ve stát a chce nový základ, který je založen na svobodě občanů. Stát základního zákona slouží svobodnému rozvoji svých občanů v racionálním, předvídatelném míru a právním systému. Z ekonomického hlediska zaručují základní práva profesní a obchodní svobodu čl. 12 odst. 1 a čl. 2 odst. 1 základního zákona a soukromé vlastnictví čl. 14 základního zákona. Soukromá autonomie a smluvní svoboda jsou zaručeny obecnou svobodou jednání jako zvláštní institut. Interpretace základních práv za poslední půlstoletí věnovala poměrně malou pozornost souvislosti mezi individuální svobodou rozvoje a institucionálními základy rozvojového řádu, protože instituty občanského práva, korporátního práva, bankovního práva a instituce státní měnové politiky byly konsolidovány, uznávány a v jistém smyslu považovány za neotřesitelné. Instituce peněz a jejich konkrétní podoby hotovosti byly*

[5] Čl. 39a Ústavy Slovenské republiky č. 460/1992 Sb. ve znění ústavního zákona č. 241/2023 Z.z.

v tomto ohledu srovnatelně málo ústavně problematizovány...„.[6] Fabio jako právník poukazuje na to, že hotovost byla dříve ústavně nezajímavým pojmem, přestože byla podmínkou řady svobod, protože byla vnímána jako samozřejmost. Fabio prosté omezení hotovosti samo o sobě za neústavní nepovažuje, ale vnímá jej jako předpoklad k tomu, že centrální bankou vnucené negativní úrokové sazby v digitálně kompletním, státem ovladatelném účetním peněžním systému by pak byly nejen zásahem do majetku, ale i občanských svobod. Za neústavní považuje též dopad na omezení soukromí a zrušení anonymity při nakládání s penězi.[7] Fabio spojuje s infrastrukturní povinností zákonodárce za účinné nástroje svobodného osobního rozvoje takovou normativní úpravu, která zajistí funkční ekonomiku i soukromou autonomii formou zachování hotovosti či alespoň jejích ekvivalentů, zaručující fyzickou dostupnost a anonymitu směny. Boj proti kriminalitě a jinému společensky škodlivému jednání může ospravedlnit omezení plateb v hotovosti, ale ne jejich eliminaci. V souladu s tím nesmí být podporován ani povolen žádný vývoj, který redukuje jednotlivce na síťový prvek a podrobuje jej digitálnímu nebo automatizovanému mechanismu využívání, který pociťuje jako netransparentní a který nemůže adekvátně kontrolovat, ale který naopak sleduje jeho datovou stopu.[8]

Václav Klaus, Jiří Weigl a Hana Lipovská poukázali na skutečnost, že tlak na zrušení hotovosti výrazně posílí aktivistické centrální bankéře, kteří budou moci skrze úrokové míry a kontrolu účtů ovládnout peníze všech obyčejných lidí, což jim dosavadní existence hotovosti neumožňuje.[9] Tu plně neovládají. Zavedením záporné úrokové míry by stát skrze centrální banky mohl přistoupit k novému zdanění a zabavení části majetku.

3. Účel ústavní úpravy

[6] UDO DI FABIO: Bargeld und Bürgerfreiheit. *4. Bargeldsymposium der Deutschen Bundesbank 2018*, Frankfurt nad Mohanem, ISBN 978-3-95729-438-8 (Print) 978-3-95729-439-5 (Online), s. 71-72, https://www.bundesbank.de/resource/blob/764592/270cde5b4f22beb2250ed2d0a636f3b0/mL/bargeldsymposium-2018-data.pdf.

[7] UDO DI FABIO: Bargeld und Bürgerfreiheit. *4. Bargeldsymposium der Deutschen Bundesbank 2018*, Frankfurt nad Mohanem, ISBN 978-3-95729-438-8 (Print) 978-3-95729-439-5 (Online), s. 73-74, https://www.bundesbank.de/resource/blob/764592/270cde5b4f22beb2250ed2d0a636f3b0/mL/bargeldsymposium-2018-data.pdf.

[8] UDO DI FABIO: Bargeld und Bürgerfreiheit. *4. Bargeldsymposium der Deutschen Bundesbank 2018*, Frankfurt nad Mohanem, ISBN 978-3-95729-438-8 (Print) 978-3-95729-439-5 (Online), s. 75-77, https://www.bundesbank.de/resource/blob/764592/270cde5b4f22beb2250ed2d0a636f3b0/mL/bargeldsymposium-2018-data.pdf.

[9] VÁCLAV KLAUS, JIŘÍ WEIGL: Záporné úrokové sazby jsou nepřijatelné, *Newsletter Institutu Václava Klause*, červen 2016, s. 1-2, https://www.institutvk.cz/files/newslettery/40.pdf?rand=796. HANA LIPOVSKÁ: Rogoffův plán na zrušení hotovosti, *Newsletter Institutu Václava Klause*, prosinec 2016, s. 6-7, https://www.institutvk.cz/files/newslettery/45.pdf?rand=810. VÁCLAV KLAUS: Mráz tentokrát přichází z MMF. *Mladá fronta Dnes* 16. 2. 2019, ISSN 1210-1168, s. 13. *Newsletter Institutu Václava Klause*, únor 2019, s. 1-2, https://www.institutvk.cz/files/newslettery/78.pdf?rand=270. Dále vyjádření předních ekonomů a politiků: Bezhotovostní společnost: radujeme se oprávněně nad každou technologickou novinkou, *Newsletter Institutu Václava Klause*, březen 2019, s. 4-6, https://www.institutvk.cz/files/newslettery/80.pdf?rand=172.

Účelem úpravy je ústavní zakotvení práva na úhradu peněžitých dluhů v hotovosti tak, aby bylo i do budoucna zachováno právo všech platit v hotovosti (resp. tomu odpovídající povinnost druhé strany, tj. zejména povinnost obchodníků, tyto hotovostní platby přijímat), při současném zachování práva státu přijmout nezbytná opatření pro ochranu bezpečnosti státu a veřejného pořádku, což pokrývá i boj proti financování terorismu, daňovým únikům nebo ke snižování rizika korupce. Navrhovaná právní úprava je současně potřebná za účelem zajištění práva na ochranu soukromí, které je samo o sobě základním lidským právem zakotveným v Listině základních práv a svobod.[10]

Návrh na ústavní zakotvení práva platit hotovostí reaguje na obavu ze snah postupně omezit a následně zrušit možnost hotovostních plateb. Hotovostní platby jsou významným nástrojem nejen ekonomickým, ale i způsobem zajištění soukromí a svobody občanů před absolutní možností kontroly jejich plateb za různé zboží a služby. Na platby hotovostí nelze vztahovat presumpci, že pochází z trestné činnosti, jak se objevuje v některých argumentech zastánců bezhotovostních plateb, ale návrh vychází z předpokladu, že většina občanů získává své finanční peníze zákonným způsobem a není důvod je v platbě hotovostí omezovat z důvodu jakési předběžné preventivní kontroly občanů, zda náhodou nečiní něco nekalého.

Ke snaze prosadit bezhotovostní platby jako nástroj boje proti trestné činnosti, je třeba uvést, že takový nástroj nebude efektivně fungovat. Jakmile by se v případě koruny zavedla jen bezhotovostní platba, budou nadále probíhat platby v hotovosti v rámci nelegální činnosti, ale v zahraničních měnách, především v dolarech. Pro USA je zrušení hotovosti (bankovek) u dolaru nepředstavitelné, protože tím by dolar ztratil pozici světových peněz, což by radikálně ohrozilo ekonomiku USA. Proto žádná americká vláda na zrušení hotovosti nepřistoupí a dolar tak bude nadále užíván jako tradiční platidlo pro hotovostní platby i v těch státech, které hotovost zruší.
Ústavními návrhy na platbu hotovostí nejsou omezeny bezhotovostní platby a uznává se možnost omezit hotovostní platby zákonem z důvodu ochrany bezpečnosti a veřejného pořádku. Dnes tak činí zákon o omezení plateb v hotovosti.[11]

4. Návrh Trikolory 2020[12]

Návrh kombinoval změnu Listiny a zároveň i Ústavy. Návrh byl podán 26. 5. 2020, vláda Andreje Babiše dala nesouhlasné stanovisko. Návrh nebyl doprojednán do konce volebního období, čímž jeho projednávání skončilo, protože v novém volebním období

---

[10] Čl. 7 odst. 1, čl. 10. odst. 2, čl. 13 Listiny základních práv a svobod.
[11] Zákon č. 254/2004 Sb., o omezení plateb v hotovosti.
[12] Návrh poslanců Václava Klause ml. a Zuzany Majerové, tisk Poslanecké sněmovny 877, 8. volební období 2017-21, https://www.psp.cz/sqw/historie.sqw?o=8&T=877.

Poslanecké sněmovny nelze projednat návrhy, které nebyly projednány a rozhodnuty v minulém volebním období (zásada legislativní diskontinuity).[13]

Návrh zaváděl platbu hotovostí jako nové základní právo v Listině s možností jeho omezení zákonem z ústavně předpokládaných důvodů. Návrh byl první řešící platbu hotovostí na ústavní úrovni. Lze mu vytknout dvojkolejnost, když měnil Listinu i Ústavu v části věnované České národní bance.

V Listině se za čl. 26 se vkládá nový čl. 26a, který zní:
Každý má právo na úhradu svých peněžitých dluhů v hotovosti. Toto právo lze omezit jen v případech stanovených zákonem, jde-li o opatření v demokratické společnosti nezbytná pro ochranu bezpečnosti státu, veřejného pořádku nebo práv a svobod druhých.
V Ústavě čl. 98 zní:
(1) Česká národní banka je ústřední bankou státu. Hlavním cílem její činnosti je péče o cenovou stabilitu a ochrana rovnocenného postavení hotovostních a bezhotovostních forem transakcí.
(2) Do její činnosti lze zasahovat pouze na základě zákona.
(3) Postavení, působnost a další podrobnosti stanoví zákon.

5. Návrh Svobody a přímé demokracie-SPD 2023[14]

Návrh byl koncipován jako jednoduchá a nevelká změna Listiny a zaváděl nové hospodářské základní právo platby hotovostí s fakultativní možnosti omezení zákonem. Vláda Petra Fialy dala nesouhlasné stanovisko. Návrh byl podán 29. 6. 2023, nedoprojednán.
V čl. 26 Listiny základních práv a svobod se doplňuje nový odstavec 4, který zní: „*Každý má právo hradit peněžní platby v hotovosti. Toto právo lze omezit zákonem z důvodu ochrany bezpečnosti státu a veřejného pořádku.* Dosavadní odstavec 4 se přečísluje na odstavec 5.

6. Návrh senátorů (Chalánková 1)[15]

Návrh senátorů: Jitka Chalánková, Jaroslav Chalupský, Raduan Nwelati (ODS), Zdeněk Nytra (ODS), Jan Tecl (ODS), Hynek Hanza (ODS), Ladislav Faktor, Tomáš Fiala, Vladislav Vilímec (ODS), Roman Kraus (ODS), Jiří Oberfalzer (ODS), Zdeněk Hraba, Tomáš Jirsa (ODS), Patrik Kunčar (KDU-ČSL), Jiří Vosecký, Jaroslav Větrovský, Martin

---

[13] § 121 odst. 1 jednacího řádu Poslanecké sněmovny č. 90/1995 Sb.

[14] Návrh poslanců Tomia Okamury a dalších, tisk Poslanecké sněmovny 484, 9. volební období 2021-25, https://www.psp.cz/sqw/historie.sqw?o=9&T=484. Návrh zpracoval moravský advokát Zdeněk Koudelka z Brna.

[15] Návrh senátního návrhu ústavního zákona senátorky Jitky Chalánkové a dalších senátorů, kterým se mění Listina základních práv a svobod, tisk Senátu 277, funkční období 2020-24. https://www.senat.cz/xqw/xervlet/pssenat/historie?action=detail&value=4963.

Červíček (ODS) obsahoval změnu Listiny a zaváděl nové základní právo v čl. 45 Listiny, tedy v rámci společných ustanovení, když svou povahou jde však o hospodářské právo a do společných ustanovení se nehodí. Článek 45 Listiny měl znít:

(1) Právo hradit peněžité závazky a přijímat jejich plnění prostřednictvím platných bankovek a mincí je zaručeno.
(2) Toto právo lze omezit jen zákonem v případech v demokratické společnosti nezbytných pro předcházení trestným činům nebo v souvislosti se zbavením osobní svobody v souladu s článkem 8.

Návrh byl předložen Senátu 21. 7. 2022 a byl zamítnut 15. 2. 2023. Senát při zamítnutí návrhu zároveň přijal doprovodné usnesení, v němž doporučil vyřešit zakotvení práva na hotovost v zákoně č. 136/2011 Sb., o oběhu bankovek a mincí, včetně příslušných sankcí, aby se tyto právní normy staly normami perfektními.[16] Tyto povinnosti totiž zákon nepostihuje ani jako přestupek.

7. Návrh senátorů 2023 (Chalánková 2)[17]

Návrh byl koncipován jako změna Listiny, kdy v rámci společných ustanovení k Listině podstatně měnil čl. 41 Listiny, a též měnil čl. 98 Ústavy o České národní bance. Návrh byl předložen Senátu 10. 11. 2023, k červnu 2024 nebyl projednávání ukončeno. Skupinu navrhujících senátorů tvořili Jitka Chalánková, Martin Červíček (ODS), Jaroslav Zeman, Pavel Karpíšek (ODS), Hynek Hanza (ODS), Tomáše Jirsa (ODS), Rostislav Koštial (ODS), Jiří Oberfalzer (ODS), Ladislav Faktor, Jaroslav Chalupský, Patrik Kunčar (KDU-ČSL), Jaromíra Vítková (KDU-ČSL), Jarmila Smotlachová (ODS), Zdeněk Hraba, Jiří Čunek (KDU-ČSL), Daniela Kovářová a Jiří Vosecký. Šlo tedy o senátory z více politických subjektů.

Návrh se zabýval nejen právem na platbu v hotovosti, proto jsou nově doplňována a měněna i další ustanovení Listiny. Vyznačuje se velkou podrobností, kazuistikou a připomíná spíš jazyk úpravy v prováděcím zákonu. Ústavně upravuje pojmy, které ústavně upraveny dosud nejsou (spotřebitel). Jazyk návrhu se odlišuje od dosavadních ústavních textů. Kdyby takovým stylem a jazykem byly psány celá Ústava a Listina, budou několikanásobně rozsáhlejší. Znovu se opakuje dvojkolejnost, kdy navrhovatelé mění Listinu i Ústavu.

Návrh v oblasti práva platby hotovostí doplňuje v čl. 41 Listiny nové odstavce 4-8, které zní:

---

[16] Usnesení Senátu č. 116 ze 7. schůze konané dne 15. února 2023.

[17] Návrh senátního návrhu ústavního zákona, tisk Senátu 184, funkční období 2022-24, https://www.senat.cz/xqw/xervlet/pssenat/historie?cid=pssenat_historie.pHistorieTisku.list&forEach.action=detail&forEach.value=s5195.

(4) Spotřebitelé mají právo hradit své peněžité závazky a přijímat jejich plnění v platných bankovkách a mincích; zákon může přiměřeným způsobem omezit výši plateb, kterou spotřebitelé mohou takto provádět. Zákon může stanovit výjimku pro peněžité závazky uzavírané elektronickou formou. Zákon může rovněž stanovit, kdy mají spotřebitelé právo hradit své peněžité závazky a přijímat jejich plnění jinak než v platných bankovkách a mincích, náklady takových plateb však nesmějí být přenášeny na osoby, kterým zákon ukládá povinnost je přijmout.
(5) Zaměstnanec má právo požadovat výplatu peněžité odměny za práci v platných bankovkách a mincích, nedohodl-li se s plátcem jinak.
(6) Každý, kdo má z důvodů uvedených v čl. 30 a v čl. 32 odst. 5 právo na peněžité plnění, má právo požadovat jeho výplatu v platných bankovkách a mincích. Každý má právo požadovat v platných bankovkách a mincích i výplatu peněžitého plnění z penzijního nebo jiného sociálního soukromého pojištění, nedohodl-li se jinak.
(7) Každý má právo hradit své peněžité závazky vzniklé v souvislosti s výkonem veřejné moci v platných bankovkách a mincích.
(8) Zákon může omezit výkon práv podle odstavců 4 až 7 v souvislosti se zbavením osobní svobody v souladu s čl. 8.
V čl. 98 Ústavy návrh doplňuje nový odstavec 2: *„Česká národní banka vydává platné bankovky a mince; její další úkoly stanoví zákon.“*.

8. Nepodaná alternativa – změna Ústavy[18]

Pro poslance SPD byl zpracován i alternativní návrh na změnu Ústavy bez změny Listiny, který nebyl využit. Platby hotovostí jsou zabezpečeny povinností ČNB vydávat bankovky a mince a povinnosti bank a podnikatelů je přijímat za zboží a služby. Za čl. 98 se vkládá nový čl. 98a, který zní: *„Česká národní banka vydává bankovky a mince pro zajištění plateb hotovostí. Banky jsou povinny vydávat a přijímat hotovost, povinnost přijímat hotovost mají i osoby přijímající platby za zboží a služby na území České republiky. Bezhotovostní platba není omezena.“*.

9. Závěr

V současnosti diskuse o právu platby hotovostí poněkud ustoupila jiným aktuálním problémům (inflace, válka na Ukrajině), přesto však zcela nezmizela. Tento určitý ústup je dán i tím, že státy, které původně tlačily na zavedení výlučných bezhotovostních platech, díky volebnímu chování voličů vystřídaly politické vůdce, jež z původních plánů slevili nebo se proti nim zcela postavili. Protože v Čechách, na Moravě a ve Slezsku diskuze o zavedení ústavního právo na platbu hotovostí byla vyvolána především obavami z vnucení dominance či monopolu bezhotovostních plateb

---

[18] Návrh zpracoval moravský advokát Zdeněk Koudelka z Brna jako alternativu k návrhu na změnu Listiny podanému 29. 6. 2023.

ze zahraničí, logicky došlo k ústupu problematiky při oslabení vnějších podnětů v této oblasti.

Seznam použité literatury

FABIO, U. DI. Bargeld und Bürgerfreiheit. *4. Bargeldsymposium der Deutschen Bundesbank 2018*, Frankfurt nad Mohanem, ISBN 978-3-95729-438-8 (Print) 978-3-95729-439-5 (Online), s. 66-81,

KLAUS, V. - WEIGL, J. Záporné úrokové sazby jsou nepřijatelné, *Newsletter Institutu Václava Klause*, červen 2016, s. 1-2.

KLAUS, V. Mráz tentokrát přichází z MMF. *Mladá fronta Dnes* 16. 2. 2019, ISSN 1210-1168, s. 13. *Newsletter Institutu Václava Klause*, únor 2019, s. 1-2.

LIPOVSKÁ, H. Rogoffův plán na zrušení hotovosti, *Newsletter Institutu Václava Klause*, prosinec 2016, s. 6-7.

Bezhotovostní společnost: radujeme se oprávněně nad každou technologickou novinkou, *Newsletter Institutu Václava Klause*, březen 2019, s. 4-6.

Autorsko-právna ochrana výtvarných diel na euro bankovkách

Copyright protection of works of art on euro banknotes

JUDr. Silvia Lattová, PhD.

Abstrakt

Peniaze môžeme definovať ako ekonomickú kategóriu, ktorá predstavuje tovar slúžiaci na vyjadrovanie cien iných tovarov pri ich kúpe a predaji, aj ako obeživo a prostriedok uchovávania hodnôt. Od 01.01.1999 sa v jedenástich členských štátoch Európskej únie zaviedla nová mena – euro. Zavedenie novej meny bolo nepochybne výzvou nielen v súvislosti s politickými rozhodnutiami o prijatí či neprijatí eura, ale aj výzvou v nadväznosti na rozhodovanie o určení "novej tváre" platidla, ktoré sa malo stať novou zákonnou menou pre mnoho rôznych národov. Práve rôznorodosť národov, zvyklostí a obyčajov vytvorila relatívne zložitú prekážku pri rozhodovaní sa o finálnej podobe euro bankoviek a euro mincí. Rozhodnutie zaviesť novú, jednotnú menu v rôznych štátoch Európskej únie bolo nevyhnutne spojené s rozhodovaním o jej budúcej podobe. Bolo dôležité, aby nová "reprezentačná tvár" Európskej únie bola kladne prijatá nielen v štátoch samotnej EU, ale aj za jej hranicami. Rovnako bolo dôležité (vzhľadom na rozmanitosť a rôznorodosť národov, kultúrnych, politických a náboženských názorov v EU), aby výtvarné návrhy zobrazené na euro bankovkách boli v očiach širokej verejnosti prijaté kladne a bez väčších výhrad. A v neposlednom rade, výsledné návrhy euro bankoviek museli obsahovať bezpečnostné prvky, ktoré majú slúžiť na zabránenie, resp. sťaženie vyhotovovania neoprávnených reprodukcií euro bankoviek. Tiež bolo potrebné rozhodnúť, aké výtvarné diela budú budúce euro bankovky a mince reprezentovať. Členské štáty sa rozhodli, že euro bankovky (na rozdiel od euro mincí) budú mať obe strany rovnaké bez ohľadu nato, v akom členskom štáte budú vydané. Pri euro minciach bolo rozhodnutie opačné, teda každý členský štát bol oprávnený navrhnúť svoju vlastnú, národnú stranu mince. Právna úprava euro bankoviek je upravená v niekoľkých právnych predpisoch. Napríklad Rozhodnutie Európskej centrálnej banky ECB/2013/10 upravuje najmä možnosti vyhovovania (zákonných) reprodukcií euro bankoviek, ako aj definíciu nominálnych hodnôt euro bankoviek, či možnosti ich výmeny. V tomto príspevku sa autorka bude zaoberať existenciou autorského práva k výtvarným návrhom vyobrazeným na euro bankovkách, vzťahu Európskej centrálnej banky k týmto výtvarným návrhom, osobnostným právam autora výtvarného diela, možnostiam reprodukcií euro bankoviek a ochrane integrity euro bankoviek.

Kľúčové slová
euro bankovky, výtvarné dielo, autorské dielo, autor výtvarného diela, reprodukcia euro bankoviek

Abstract
Money can be defined as an economic category that represents a commodity that serves to express the prices of other goods when they are bought or sold, as well as a medium of circulation and a means of storing value. Since 01.01.1999, a new currency was undoubtedly a challenge, not only terms of political decisions on whether to adopt the euro, but also a challenge following the decision to determine the "new face" of the currency, which was to become the new legal currency for many different nations. It is the diversity of nations, customs and traditions that has created a relatively difficult obstacle in deciding on the final form of euro banknotes and coins. The decision to introduce a new, single currency in the various countries of the European Union was inevitably linked to the decision on its future form. It was important that the new "representative face" of the European Union was positively received not only in the EU itself, but also abroad. It was also important (given its diversity and diversity of peoples, cultural, political and religious views in the EU) that the designs depicted o euro banknotes should be positively and unreservedly received by the public. Finally, the resulting euro banknote designs hat to include security features designed to prevent or make it more difficult to make unauthorized reproductions of euro banknotes. It was also necessary to decide which works of art would represent future euro banknotes and coins. Member States have decided that euro banknotes (as opposed to euro coins) will have the same on both sides, regardless of the Member States in which they are issued. In the case of euro coins, the decision was reversed, i.e. each member state was entitled to design its own, national side of the coin. The regulation of euro banknotes is regulated in several pieces of legislation. For example, Decision ECB/2013/10 of European Central Bank regulates the possibilities of compliance with (legal) reproductions of euro banknotes, as well as the definition of denominations of euro banknotes or the possibilities of their exchange. In this paper, the author will deal with the existence of copyright to the artwork depicted on euro banknotes, the relationship of the European Central Bank to these artworks, the moral rights of the author of the artwork, the possibilities of reproducing euro banknotes and the protection of the integrity of euro banknotes.

Key words
euro banknotes, artwork, work protected by copyright, author of protected work, reproduction of euro banknotes.

Peniaze boli súčasťou spoločnosti od nepamäti; sú ekonomickou kategóriou, ktorá slúži na vyjadrenie cien iných tovarov. Mena je právnou kategóriou a predstavuje konkrétnu sústavu peňazí zavedenú v určitom štáte, systematicky upravovanú jeho právnym poriadkom. Ustanovenie meny je vždy právnym aktom. O vlastnej mene možno hovoriť len vtedy, ak má štát vlastné zákonné pravidlá. Z právneho hľadiska sa jednotlivé meny odlišujú rozličnou právnou úpravou[1].

Pôvod papierových bankoviek sa datuje do čias starovekej Číny. V dnešnej, technológiami nasýtenej dobe sa môže zdať, že platenie bankovkami a mincami je na ústupe. Avšak bankovky a mince si stále zachovávajú svoj význam. V tomto príspevku sa autorka nebude zaoberať ekonomickým významom bankoviek, ale ich významom z pohľadu autorského práva.

Bankovky nie sú len prostriedkom výmeny, ale aj určitou formou kultúrneho vyjadrenia (tým že obsahujú vyobrazenia významných osobností, národných symbolov, historických udalostí či umeleckých diel, ktoré odrážajú identitu a hodnoty krajiny). Použitie výtvarných diel na bankovkách môže vyvolať určité právne a etické otázky týkajúce sa práv duševného vlastníctva autorov takýchto umeleckých diel.

V jedenástich členských štátoch Európskej únie bola 01.01.1999 zavedená nová mena s názvom euro; bola však zavedená len ako fiktívna, virtuálna mena, využívaná najmä v bankovom sektore. Ako nová, zákonná mena bola zavedená až od 01.01.2002.

Ako pri každej novej mene, aj pri mene euro bolo nevyhnutné prijať rôzne rozhodnutia – jedným z nich bolo rozhodnutie o určení vzhľadu eura, ktoré sa malo stať zákonným platidlom pre mnoho štátov a národov. Práve rôznorodosť sa mohla javiť ako prekážka pri určovaní finálnej podoby euro bankoviek.

Pri výbere názvu boli predložené viaceré návrhy; tie, ktoré tematicky odkazovali na názov pôvodných mien členských štátov ("euro-marka" a podobne), neboli prijaté.

Slovenská republika začala používať menu euro od 1.1.2009 a pridala sa tak k ďalším krajinám Európskej únie, ktoré už rovnakú menu euro používali. Zavedenie eura v Slovenskej republike upravuje zákon č. 659/2007 Z. z. o zavedení meny euro v Slovenskej republike a o zmene a doplnení niektorých zákonov (ďalej len "Zákon o eure"), ktorý komplexne upravil zavedenie novej meny.

Vizuálne stvárnenie jednotnej meny malo vyjadrovať hodnoty samotnej EU a bolo preto dôležité, aby toto vizuálne vyjadrenie bolo kladne prijaté nielen v štátoch EU, ale aj za jej hranicami. Výtvarné diela na euro bankovkách mali odrážať kultúrne, politické a náboženské názory v EU. Pri tvorbe vizuálu sa nesmelo zabudnúť ani na bezpečnostné prvky, ktoré majú slúžiť na zabránenie, resp. sťaženie vyhotovovania neoprávnených reprodukcií euro bankoviek.

---

[1] BALKO, L.: Než k nám príde EURO. 1 vyd. Bratislava: Ing. Miroslav Mračko, Pečnianska 27, 851 01 Bratislava, 2006, str. 10, ISBN 80-8057-661-0.

Zaujímavou informáciou je, že samotné prípravy na zavedenie novej zákonnej meny v EU sa začali dávno predtým, ako bolo vôbec rozhodnuté o podobe nových euro bankoviek. O grafickom návrhu bankoviek sa rozhodlo už v roku 1996, keď Európsky menový inštitút (právny predchodca Európskej centrálnej banky) vybral z mnohých, v rámci vyhlásenej súťaže pripravených výtvarných návrhov, finálne riešenie, ktoré vytvoril akademický maliar Róbert Kalina.[2]

Ďalším dôležitým rozhodnutím bolo určenie názvu a symbolu spoločnej euro meny. Názov novej meny mal byť rovnaký vo všetkých úradných jazykoch EU a to aj s prihliadnutím na rôzne abecedné systémy; ľahká výslovnosť bola ďalšou z podmienok, ktoré mali byť splnené.

Vplyv jednej z európskych kultúr, gréckej kultúry, sa prejavuje tak v prvej, ako aj v neskôr vydanej sérii euro bankoviek. Znak „€" predstavuje písmeno „E"; čo je aj prvé písmeno názvu kontinentu, na území ktorého euro predstavuje zákonnú peňažnú menu. Tvar znakového vyjadrenia meny euro je inšpirovaný gréckym písmenom epsilon. Skrytú symboliku predstavujú dve vodorovné čiary, ktoré majú predstavovať stabilitu meny.[3]

Rozhodovanie o vizuálnej podobe budúcej peňažnej meny v Európe bolo ovplyvnené mnohými faktormi a požiadavkami rôznych inštitúcií, ktoré sa k výtvarným a grafickým návrhom vyjadrovali. Návrhy bankoviek mali okrem najdôležitejšej funkcie (t. j. byť v najvyššej možnej miere odolné voči pokusom o falšovanie) byť ah ľahko identifikovateľné v nadväznosti na krajinu (resp. kontinent) ich pôvodu – nemali sa však spájať s konkrétnou krajinou či národom.[4]

Požiadavka abstraktnosti a univerzálnosti sa premietla aj do rozhodovania o víťaznom návrhu euro bankoviek, ktorý v sebe nesie značnú mieru abstrakcie bez väzby na konkrétnu krajinu, miesto alebo štát. Napriek skutočnosti, že väčšina iných európskych mien má na svojich bankovkách vyobrazený portrét určitej osobnosti významnej pre konkrétnu krajinu či národ, výtvarné návrhy pre euro bankovky, ktoré boli vybrané do užších postupových kôl v rámci výberového konania, neobsahovali portréty žiadnych konkrétnych osôb. Berúc do úvahy bohatú históriu, ale aj komplikovanú minulosť Európy, spojenú s množstvom konfliktov, bolo by obtiažne vybrať konkrétnu osobnosť, ktorá by sa dokázala stať tvárou Európy

---

[2] V súvislosti s prípravou euro bankoviek a euro mincí je možné spomenúť, že oficiálne sa bankovky a mince, v ich hmotnej podobe, začali v prvých krajinách EU používať od 1. 1. 2002. Slovenská republika začala euro ako svoju oficiálnu menu, ktorá nahradila slovenské koruny, používať od 1. 1. 2009.

[3] Pozri „Ako sa euro stalo našou menou", s.11, [cit. 04.09.2024], dostupné z AKO SA EURO STALO NAŠOU MENOU (europa.eu).

[4] LATTOVÁ, S.: Autorské právo v bankovom sektore. 2016. dostupné z Závěrečná práce: Mgr. Silvia Lattová: Autorské právo v bankovom sektore (muni.cz).

reprezentujúcou je súdržnosť a kompaktnosť pri rozhodovaní sa o vzniku spoločnej peňažnej meny.[5]

V "druhej vlne" vydaných euro bankoviek sa názory na zobrazenie rôznych osobností zmenilo a na euro bankovkách sa objavil portrét Európy. Stará grécka báj opisuje príbeh Európy, dcéry kráľa z fenického mesta Sidónia, ktorej krása učarovala bohovi Zeusovi tak, že sa do nej zamiloval. Vezmúc na seba podobu býka uniesol Európu na neobývaný ostrov, aby sa s ňou mohol nerušenie stretávať. Podľa starej gréckej povesti sa traduje, že Európu už nikdy nikto viac nevidel. Tento ostrov na počesť mladej Európy nesie jej meno dodnes. Portrét Európy bol použitý na tzv. novú sériu euro bankoviek ako bezpečnostný prvok.[6]

Finálnej podobe euro bankoviek predchádzalo vytvorenie výtvarných návrhov. Všetci vybratí umelci mali za úlohu pripraviť výtvarné návrhy podľa určenej témy (na výber boli témy (i) Epochy a slohy v histórii európskej kultúry a (ii) Abstraktný/moderný dizajn), pričom nebola predpísaná žiadna technika výroby; preto niektorí umelci pripravili ručné maľby alebo kresby, iní zase počítačovo spracované návrhy. Zo všetkých predložených návrhov (44) členovia Rady EMI schválili ako víťazný návrh dielo výtvarníka Roberta Kalinu vytvorené na tému Epochy a slohy v histórii európskej kultúry.[7]

Tu by sa autorka rada pristavila pri téme týkajúcej sa možnosti zmeny diela chráneného autorským právom. Výtvarný návrh prvej, pôvodnej série euro bankoviek bol pri druhej sérii euro bankoviek (s portrétom Európy) zmenený. Slovenský autorský zákon (Zákon č. 185/2015 Z. z.) stanovuje nedotknuteľnosť autorského diela v tom zmysle, že autorovi chráneného diela (napríklad výtvarného diela) prislúchajú okrem majetkových práv aj práva osobnostné ("droit moral"), vrátane práva autora na nedotknuteľnosť svojho diela.[8]

Práva duševného vlastníctva sú súborom práv, ktoré tvorcom alebo vlastníkom určitých diel a (za splnenia určitých podmienok) udeľujú výlučné právo kontrolovať ich používanie, reprodukciu, distribúciu, úpravu alebo verejné zobrazovanie. V závislosti od povahy a pôvodu diel použitých na bankovkách môže ísť o rôzne druhy práv duševného vlastníctva (diela môžu byť výtvarnými dielami, fotografiami, logami,

---

[5] LATTOVÁ, S.: Autorské právo v bankovom sektore. 2016, str. 29. dostupné z Závěrečná práce: Mgr. Silvia Lattová: Autorské právo v bankovom sektore (muni.cz).

[6] LATTOVÁ, S.: Autorské právo v bankovom sektore. 2016. str. 31. dostupné z Závěrečná práce: Mgr. Silvia Lattová: Autorské právo v bankovom sektore (muni.cz).

[7] Ako sa euro stalo našou menou, str. 22 a 23, [cit. 18. 05. 2012], dostupné z AKO SA EURO STALO NAŠOU MENOU (europa.eu), [cit. 26. 6. 2024].

[8] Pozri ustanovenie § 17 Autorského zákona.

symbolmi), ktoré môžu byť chránené právami duševného vlastníctva v krajine pôvodu alebo v iných jurisdikciách.

Jednou z výziev súvisiacich s ochranou práv duševného vlastníctva a vyobrazenia bankoviek je nedostatok jednotného a harmonizovaného právneho rámca na medzinárodnej úrovni. Rôzne krajiny môžu mať rôzne zákony a predpisy týkajúce sa používania diel vyobrazených na bankovkách a rozsahu, v akom uznávajú a rešpektujú práva duševného vlastníctva zahraničných alebo domácich autorov. Niektoré krajiny môžu napríklad vyžadovať predchádzajúce povolenie alebo súhlas držiteľov práv duševného vlastníctva, zatiaľ čo iné krajiny môžu povoliť používanie diel na bankovkách bez akéhokoľvek povolenia alebo náhrady na základe verejného záujmu alebo doktríny "fair use". Okrem toho môžu mať niektoré krajiny osobitné zákony alebo výnimky, ktoré upravujú používanie určitých typov autorských diel – výtvarných diel, na bankovkách (ako sú portréty hláv štátov), štátne vlajky alebo diela vo verejnom vlastníctve. Tieto rozdiely môžu spôsobiť právnu neistotu a nekonzistentnosť pre držiteľov práv duševného vlastníctva a verejné orgány a môžu tiež ovplyvniť medzinárodný obeh bankoviek.

Ďalšou výzvou súvisiacou s ochranou práv duševného vlastníctva a dielami vyobrazenými na bankovkách je potencionálny konflikt, resp. napätie medzi záujmami a právami držiteľov práv duševného vlastníctva a verejnými orgánmi, ktoré bankovky vydávajú. Na jednej strane môžu držitelia práv duševného vlastníctva tvrdiť, že použitie ich diel na bankovkách porušuje ich výlučné práva, že im prislúcha nárok na primeranú (finančnú) kompenzáciu alebo uznanie (attribution) za vytvorenie ich diela. Môžu rovnako tvrdiť, že použitie ich diel na bankovkách môže ovplyvniť ich umelecké smerovanie, povesť alebo predajnosť, najmä ak by boli ich diela upravené, skreslené alebo kombinované s inými prvkami. Orgány verejnej moci môžu, na druhej strane, tvrdiť, že používanie výtvarných diel na bankovkách je legitímnym a nevyhnutným výkonom ich zvrchovanej moci a že nie sú povinné, napríklad pri rozhodnutí o určitej zmene diela, získať od autora dodatočný súhlas (nad rámec súhlasu udeleného v licenčnej zmluve). Mohli by rovnako argumentovať, že používanie výtvarných diel, resp. ich zmeny na bankovkách slúži na verejný účel, napríklad na zvýšenie bezpečnosti a funkčnosti bankoviek). Rovnako je potrebné zamyslieť sa nad potrebou vyvážiť ochranu práv duševného vlastníctva a výtvarných diel na bankovkách s inými aspektami, ako je verejná akceptácia a uznanie vyobrazenia bankoviek, nákladov na výrobu a distribúciu bankoviek, či dodržiavanie zákonných predpisov týkajúcich sa používania zákonnej meny.

Osobnostné práva majú v súlade so slovenským Autorským zákonom (SAZ) absolútnu povahu a pôsobia tak *erga omnes*. Na medzinárodnej úrovni sú osobnostné práva autora upravené v Bernskom dohovore, čl. 6bis. Autor má právo, okrem iného, rozhodovať o nedotknuteľnosti svojho diela (čo zároveň zahŕňa právo rozhodovať o zmenách svojho diela). Zmena pôvodného výtvarného návrhu na euro bankovkách sa nepochybne za zmenu diela považovať bude. Otázkou je, či je, v prípade bankoviek možné uvažovať o zmene bez súhlasu autora. Do úvahy by prichádzal argument, že zmeny pôvodných výtvarných návrhov na bankovkách je nevyhnutná z dôvodu zvýšenia bezpečnosti pri používaní platobného prostriedku.

Obmedzenia práv autora sú vo všeobecnosti premietnuté do zákonných licencií a obmedzení autorského práva; otázkou zostáva, či je možné, aby boli požadované ďalšie obmedzenia bez špecifickej úprave v zákonnom predpise. Autorka sa domnieva, že ďalšie obmedzenia práva autora, bez výslovnej opory v právnom predpise, by nemala byť možná, inak by mohlo dochádzať k svojvoľným obmedzeniam autora pri rozhodovaní o osude svojho diela. Ďalšou možnosťou by bolo tvrdiť, že výtvarné dielo vyobrazené na (euro) bankovke sa nevzťahuje autorskoprávna ochrana; avšak tu platí, že výnimky, ktoré obmedzujú práva autora pri nakladaní so svojim dielom je potrebné vykladať reštriktívne.

Druhá edícia euro bankoviek sa zjavne líši od pôvodne vydaných euro bankoviek. Neboli pridané len bezpečnostné prvky, ale bola celkovo zmenená grafická úprava, vrátane zmeny farieb. V kontexte autorského práva je možné položiť otázku, je na takéto zmeny potrebný súhlas autora? A čo v prípade, ak autor výtvarného návrhu zmenu odmietne? Je, v prípade bankoviek, na takéto situácie myslieť už pri uzatváraní licenčnej zmluvy s autorom diela? A čo v prípade, ak autor podmienky v zmluve poruší? Môže sa stále domáhať nedotknuteľnosti svojho diela podľa SAZ?

Ako už bolo uvedené, výtvarné diela sú na všetkých euro bankovkách vo všetkých zúčastnených členských štátoch rovnaké; upustilo sa od národných motívov euro bankovky, v rozmedzí nominálnych hodnôt, zobrazujú tému "Historické obdobia a štýly Európy". Jednotlivé euro bankovky predstavujú tieto štýly: klasický (5 eur), romantický (10 eur), gotický (20 eur), renesančný (50 eur), barokový a rokokový (100 eur), železná a sklenená architektúra (200 eur) a moderná architektúra 20. storočia (500 eur). Okná a brány na lícnej strane symbolizujú ducha otvorenosti a spolupráce v Európskej únii. Rubová strana bankoviek zobrazuje most, typický pre dané obdobie kultúrneho vývoja v Európe; mosty sú metaforou vzťahov medzi národmi v Európe a ich vzťahov k zvyšku sveta. Len pre zaujímavosť, výtvarné návrhy mostov museli byť spracované v takej podobe, v akej by bol most schopný uniesť skutočné dopravné zaťaženie.[9]

Euro ako zákonná mena je upravená v niekoľkých právnych predpisoch. Jedným z takýchto právnych predpisov je Rozhodnutie Európskej centrálnej banky ECB 2019/669, ktorým sa mení rozhodnutie ECB/2013/10,[10] ktoré upravuje najmä

[9] Zdroj Eurobankovka - Wikipédia (wikipedia.org)

[10] Pozri Rozhodnutie Európskej centrálnej banky ECB/2019/669 dostupné z L 2019113SK.01000601.xml (europa.eu)

možnosti vyhotovovania (zákonných) reprodukcií euro bankoviek, definíciu nominálnych hodnôt euro bankoviek, či možnosti ich výmeny.

Ďalším dôležitým právnym predpisom je Rozhodnutie Európskej centrálnej banky z 19. apríla 2013 o nominálnych hodnotách, špecifikáciách, reprodukcii, výmene a sťahovaní eurobankoviek z obehu (ECB/2013/10)[11]. V úvodných ustanoveniach (bod 3 a 4) je uvedené, že "Európsky menový inštitút (EMI) vykonal prípravné práce na výrobu a emisiu euro bankoviek a najmä v súvislosti s výtvarnými návrhmi euro bankoviek uľahčil užívateľom rozoznávanie a prijímanie nominálnych hodnôt a špecifikácií nových euro bankoviek tým, že zohľadnil špecifické vizuálne a technické požiadavky európskych združení užívateľov bankoviek. Európskej centrálnej banke (ECB) ako nástupcovi EMI patri autorské práva na výtvarné návrhy euro bankoviek, ktoré pôvodne patrili EMI. ECB a národné centrálne banky, konajúce v mene ECB, môžu uplatniť tieto autorské práva v súvislosti s reprodukciami, vydanými alebo šírenými v rozpore s týmito autorskými právami, okrem iného napr. reprodukciami, ktoré by mohli negatívne ovplyvniť postavenie eurobankoviek".

V tejto súvislosti je zaujímavé všimnúť si aj iné jazykové mutácie tohto bodu ECB/2013/10; v anglickej verzii znie ustanovenie nasledovne: "As successor to EMI the ECB holds the copyright on the designs of the euro banknotes originally held by the EMI". Francúzska jazyková verzia potom ponúka nasledovnú interpretáciu spomenutého bodu: „En tant que successeur de l´IME, la BCE est le bénéficiaire du droit d´auteur sur les dessins des billets en euros, qui était détenu a l´origine par l´IME." Anglický výraz „hold", (resp. v minulom čase „held") môžeme do slovenského jazyka preložiť ako „držať" alebo „mať v držbe". Rovnako vo francúzskej jazykovej verzie Rozhodnutia ECB/2013/10 („Décision de la banque centrale Europeénne, BCE/2013/10"), je použitý výraz „bénéficiare", ktorý je možné preložiť ako „beneficient" či „užívateľ", resp. „užívateľ zisku" z autorských práv. V nadväznosti na slovenskú jazykovú verziu je diskutabilné, či použitie výrazu „patria" (čo autorka pokladá za výraz rovnocenný výrazu „vlastniť") je v súvislosti s autorskými právami k výtvarným návrhom zobrazeným na euro bankovkám to najvhodnejšie. Vhodnejším výrazom v slovenskej jazykovej verzii by asi bolo použitie výrazu „držiteľ autorských (?) práv", namiesto zvoleného výrazu „autorské práva patria". Je zrejmé, že ECB bude s najväčšou pravdepodobnosťou držiteľom majetkových práv k výtvarným návrhom vyobrazených na bankovkách. To by poukazovalo na skutočnosť, že výtvarné návrhy boli vytvorené spôsobom, ktorý umožňuje nadobudnutie majetkových práv inou osobou, ako je samotný autor. V prípade Slovenského autorského zákona by to bolo napríklad v prípade, ak by sa na dielo uplatnil režim zamestnaneckého diela.

[11] Pozri Rozhodnutie Európskej centrálnej banky ECB/2013/10 dostupné z L_2013118SK.01003701.xml (europa.eu)

Objednávateľ (ECB) by sa v takom mal obdobné právne postavenie ako zamestnávateľ.[12]

Ustanovenie, ktoré spomína existenciu autorského práva k výtvarným návrhom na euro bankovkách je dôležitou skutočnosťou, avšak žiadne ďalšie podrobnosti či vysvetlenia, ktoré by bližšie špecifikovali postavenie ECB ako držiteľa autorských práv k výtvarným dielam v tomto Rozhodnutí nenájdeme. Ďalším ukazovateľom na existenciu autorského práva je znak © na každej euro bankovke.

Autorka sa domnieva, že ak by bolo možné (v prípade ECB) uvažovať o právach k výtvarným dielam zobrazených na bankovkách, do úvahy budú prichádzať najmä práva majetkové, kým osobnostné práva budú prislúchať autorovi diela. Jedným z oprávnení prislúchajúcich ECB (a tiež národným bankám členských štátov používajúcich euro) je oprávnenie prijímať opatrenia na ochranu integrity euro bankoviek. Ochranných prvkov majú euro bankovky niekoľko; hmatom možno rozpoznať reliéfnu tlač, naklonením bankovky premenlivý obraz hologramu či zlatistý pruh.

Čo sa týka možnosti reprodukcií euro bankoviek, v súlade s Rozhodnutím č. ECB/2013/10), napríklad v bode (8) úvodných ustanovení rozhodnutia je uvedené, že reprodukcie euro bankoviek v elektronickej forme by mali byť považované za zákonné len vtedy, ak ich výrobca prijme dostatočné opatrenia na zabránenie vyrobenia kópií, ktoré by si široká verejnosť mohla pomýliť s pravými euro bankovkami.[13]

Ďalšie možnosti reprodukcie euro bankoviek sú stanovené v článku 2 „Pravidlá o reprodukcii euro bankoviek" Rozhodnutia č. ECB/2013/10. „Reprodukciou" sa rozumie každé hmotné alebo nehmotné zobrazenie, ktoré znázorňuje celú euro bankovku alebo jej časť, alebo časti jej jednotlivých prvkov výtvarného návrhu (napríklad farba, rozmery a použitie písmen či symbolov), ktorých zobrazenie môže vyvolať všeobecný dojem euro bankovky bez ohľadu na veľkosť obrazu, alebo použité materiály a techniku, alebo na to, či výtvarný návrh euro bankovky (napríklad písmená alebo symboly) boli zmenené. Reprodukcie euro bankoviek, ktoré by si verejnosť pomýlila, resp. by si (na teoretickej báze) mohla pomýliť s platnými euro bankovkami, sú nezákonné. Toto ustanovenie je potrebné vykladať tak, že akékoľvek reprodukcie platných euro bankoviek, ktoré by spĺňali vyššie uvedené podmienky, budú pokladané za nezákonné. V tejto súvislosti je potrebné doplniť, že „nezákonnosť" na ktorú sa toto

---

[12] LATTOVÁ, S.: Autorské právo v bankovom sektore. 2016. str. 47. dostupné z Závěrečná práce: Mgr. Silvia Lattová: Autorské právo v bankovom sektore (muni.cz).

[13] Pozri Rozhodnutie Európskej centrálnej banky ECB/2013/10 dostupné z L 2013118SK.01003701.xml (europa.eu).

ustanovenie odvoláva, sa týka výslovne nezákonnosti v súlade technickými požiadavkami na vyhotovenie rozmnožením euro bankoviek.[14]

Z uvedeného znenia bodu (8) Rozhodnutia ECB/2013/10 nie je úplne zrejmé, akého charakteru by mali byť technické opatrenia, ktoré je potrebné prijať, aby sa zabránilo zámene reprodukcie eurobankovky a originálu eurobankovky. Samotné Rozhodnutie ECB/2013/10 určuje formálne podmienky, ktoré majú byť splnené, aby bola reprodukcia eurobankovky považovaná za legálnu. Z textu Rozhodnutia ECB/2013/10 však nie je jasné, či splnenie týchto podmienok môže byť zhotovovateľom reprodukcií eurobankoviek považované prijatie dostatočných technických opatrení zmysle bodu (8) Rozhodnutia ECB/2013/10.

Rozhodnutie ECB/2013/10 určuje, že "reprodukcie, ktoré by si široká verejnosť mohla pomýliť s pravými eurobankovkami, sa považujú za nezákonné". Rovnako stanovuje domnienky, ktoré reprodukcie budú považované za zákonné, ak na základe kritérií stanovených v tomto rozhodnutí spĺňajú podmienky, aby si ich verejnosť nezmýlila s pravými eurobankovkami.

Konkrétne, takouto reprodukciou sa bude rozumieť napríklad jednostranná reprodukcia eurobankovky, ak veľkosť reprodukcie je najmenej 125 % dĺžky aj šírky alebo najviac 75 % dĺžky aj šírky príslušnej eurobankovky, prípadne dvojstranná reprodukcia eurobankovky, avšak tu veľkosť reprodukcie má byť najmenej 200 % dĺžky aj šírky alebo najviac 50 % dĺžky aj šírky príslušnej eurobankovky.

Ustanovenia Rozhodnutia ECB/2013/10 však neriešia niektoré praktické problémy, ktoré môžu nastať v praxi pri vyhotovovaní reprodukcií bankoviek. Napríklad pri vyhotovovaní scanu eurobankovky je otázne, či je technicky možné už v prvom kroku pri vyhotovovaní takejto reprodukcie splniť všetky podmienky požadované Rozhodnutím ECB/2013/10, aby sa v súlade s jeho podmienkami jednalo o legálnu rozmnoženinu bankovky.

Čiastočnou odpoveďou by mohol byť náčrt riešenia uvedený v článku 2 bod 5 Rozhodnutia ECB/2013/10, ktoré uvádza, že Európska centrálna banka alebo národné banky zúčastnených štátov po obdržaní písomnej žiadosti poskytnú potvrdenie, že reprodukcie eurobankoviek, ktoré nespĺňajú kritériá podľa bodu 3 článku 2 Rozhodnutia ECB/2013/10, za splnenia podmienky, že nebudú mylne považované širokou verejnosťou za pravú eurobankovku, sú zákonné.

Stále je potrebné vziať do úvahy aj iné právne predpisy týkajúce sa možnosti vyhotovenia reprodukcií; jedným z právnych predpisov, ktoré sa zaoberajú

---

[14] Pozri Rozhodnutie Európskej centrálnej banky ECB/2013/10 dostupné z L 2013118SK.01003701.xml (europa.eu).

možnosťami vyhotovenia rozmnoženín (jedným z majetkových práv autora rozhodovať o používaní svojho diela) tak bude aj autorský zákon. Toto bude samozrejme platiť len v prípade, ak sa na kresby/maľby vyobrazené na bankovkách bude vzťahovať autorskoprávna ochrana.

Pri úvahách týkajúcich sa možnosti ochrany výtvarných diel vyobrazených na bankovkách vs. požiadavky na vylúčenie z autorskoprávnej ochrany je možné uberať sa úvahách dvomi rôznymi smermi; prvým z nich bude akceptovanie domnienky, že v súlade s platnými princípmi autorského práva bude možné z autorskoprávnej ochrany vyňať len také diela, pri ktorých bude táto požiadavka výslovne stanovená v legislatíve. Podporným argumentom na druhej strane, a to jedným z najsilnejších, bude skutočnosť existencie (možného) verejného záujmu na tom, aby bankovky, ako celok, spadali výhradne do režimu regulovaného najmä ustanoveniami verejného práva.

V prípade národnej legislatívy (v rámci Slovenskej republiky) je režim rozmnožovania a reprodukcie euro bankoviek upravený v zákone č. 566/1992 Zb. o Národnej banke Slovenska (ďalej aj ako „Zákon o Národnej banke"). V ustanovení § 17 tohto zákona sú upravené práva a povinnosti tretích osôb pri reprodukcií euro bankoviek, pričom priamo v ustanovení § 17 sa uvádza, že zhotovovanie a používanie reprodukcií euro bankoviek a euro mincí upravujú osobitné právne predpisy; (osobitnými právnymi predpismi sa v tomto prípade myslia napríklad Nariadenie Rady (ES) č. 2182/2004 o medailách a žetónoch podobných euro minciach, alebo Rozhodnutie Európskej centrálnej banky č. ECB/2013/10 (2013/211/ES) o nominálnych hodnotách, špecifikáciách, reprodukcii, výmene a sťahovaní euro bankoviek z obehu a pod).

Reprodukcie euro bankoviek a euro mincí (resp. ich častí), ich záznamy v elektronickej forme a akékoľvek predmety, ktoré sú čo len čiastočne vzhľadom, rozmermi alebo vlastnosťami podobné ktorejkoľvek euro bankovke alebo euro minci, vrátane medailí a žetónov, ktoré v akomkoľvek gramatickom tvare obsahujú nápis „euro", „cent" alebo „eurocent", symbol eura „€", alfabetický kód meny euro „EUR", alebo ktoré majú čo len čiastočne podobný vzhľad spoločnej strane alebo niektorej národnej strane ktorejkoľvek euro mince, sa nesmú zhotovovať ani používať bez splnenia pravidiel o ochrane autorských práv a bez splnenia podmienok pre zhotovovanie a používanie reprodukcií euro bankoviek a euro mincí alebo ich časti podľa osobitných predpisov (ktorými sa myslia napríklad Nariadenie Rady (ES) č. 2182/2004 o medailách a žetónoch podobných euro minciach, alebo Rozhodnutie Európskej centrálnej banky č. ECB/2013/10 (2013/211/ES) o nominálnych hodnotách, špecifikáciách, reprodukcii, výmene a sťahovaní euro bankoviek z obehu, a iné).[15]

[15] Pozri ustanovenie § 17d zákona č. 566/1992 Zb. o Národnej banke Slovenska.

V tomto prípade už samotné rozhodnutia ECB, resp. Zákon o Národnej banke, naznačujú, že autorskoprávna ochrana ako taká nie je ani v prípade výtvarných diel vyobrazených na bankovkách, úplne a jednoznačne vylúčená. Toto isté tvrdenie je možné uplatniť aj v prípade euro mincí. Pri euro minciach sa však okrem toho uplatní aj iný režim, ako pri euro bankovkách. Jedným z dôvodov je aj skutočnosť, že euro mince majú rozdielne grafické vyobrazenie národných strán. Bližšie informácie o právnom režime týkajúcom sa euro mincí budú uvedené v nasledujúcej kapitole. Už teraz je však možné zmieniť, že v prípade slovenských euro mincí nie je z ustanovenia § 17d Zákona o Národnej banke zrejmé, či je, alebo nie je potrebné pri vyhotovovaní reprodukcií národnej strany euro mincí, žiadať o súhlas aj Národnú banku Slovenska.[16]

Pre porovnanie, na rozdiel od informácií na stránke Národnej banky Slovenska, na webovej stránke Európskej centrálnej banky sú uvedené informácie, že „použitie reprodukcií (euro bankoviek) v reklamných materiáloch alebo ilustráciách si nevyžaduje predchádzajúci súhlas Európskej centrálnej banky, pokiaľ sa nedajú zameniť za pravé bankovky."[17] Obdobne, tak ako pri stanovisku NBS nie je zrejmé, či by sa v tomto prípade jednalo o súhlas ECB ako orgánu oprávneného emitovať eurobankovky, alebo by takýto súhlas mohol byť chápaný aj ako súhlas (prípadného) držiteľa majetkových práv s vyhotovením zákonných rozmnožením euro bankoviek. Rovnako nie je zrejmé, či sa takýto súhlas týka len spôsobov použitie reprodukcií euro bankoviek, ktoré sú tu výslovne uvedené, alebo je možné takýto súhlas rozšíriť aj na ďalšie spôsoby použitia.

Právne predpisy upravujúce používanie eura nijako nespresňujú, či je, alebo nie je potrebné žiadať Európsku centrálnu banku o predchádzajúci súhlas pri vytváraní reprodukcií euro bankoviek, či už vo vzťahu k orgánu oprávnenému na emitovanie euro bankoviek, alebo vo vzťahu k potencionálnemu držiteľovi majetkových práv.

Zodpovedanie otázky týkajúcej sa ochrany výtvarných diel zobrazených na bankovkách môže mať viacero možných názorových línií – jednou z nich je názor, že diela zobrazené na bankovkách požívajú rovnakú ochranu ako iné výtvarné diela. Opačná názorová línia prevláda u skupiny, ktorá vyzdvihuje verejný charakter bankoviek, čomu by mal byť podriadený aj režim výtvarných diel na nich vyobrazených.

Slovenský autorský zákon vymenúva diela, ktoré sú explicitne vylúčené z autorsko-právnej ochrany. Z dôvodu právnej istoty a široko definovanej ochrany diel vytvorených v súlade s ustanoveniami právnych predpisov nie je možné vykladať toto ustanovenie širšie, ako je pôvodne definované.

---

[16] Dostupné z Základné pravidlá pre reprodukciu euromincí - Národná banka Slovenska (nbs.sk).

[17] Dostupné z Obrazové predlohy a pravidlá reprodukcie bankoviek (europa.eu).

V doteraz platnom autorskom zákone nie sú bankovky explicitne vylúčené z autorsko-právnej ochrany. Za predpokladu, že výtvarné diela sú všeobecne chránené ustanoveniami autorského zákona platí, že aj výtvarné diela resp. ich grafická podoba, sú autorsko-právne chránené. Slovenský autorský zákon neponúka, na rozdiel od Českého autorského zákona, možnosť vylúčiť z autorsko-právnej ochrany určitého diela (na ktoré by sa inak režim autorského diela vzťahoval) na základe existencie verejného záujmu.

Slovenský autorský zákon tak nedisponuje „verejným záujmom" v zmysle generálneho regulátora vo vzťahu ku chráneným dielam.

Naproti tomu český autorský zákon vo svojich ustanoveniach výslovne počíta s možnosťou „využiť" verejný záujem na vylúčenie autorsko-právnej ochrany pri dielach, ktoré by za iných okolností boli považované za autorské diela. Český autorský zákon rozlišuje tiež režim „úradného diela" v širšom ponímaní ako Slovenský autorský zákon.

V prípade českých bankoviek (a tiež slovenských bankoviek po dobu ich platnosti) boli tieto vyobrazené v prílohe právneho predpisu; v takomto prípade by bolo možné uvažovať o vylúčení z autorsko-právnej ochrany na základe subsumovania pod kategóriu „právneho predpisu", resp. „zákona". V prípade slovenského autorského zákona je však právna úprava špecifickejšia, keď hovorí o „texte právneho predpisu". Subsumovať výtvarné diela zobrazené na bankovkách pod kategóriu „text právneho predpisu" bude preto problematickejšie; resp. autorka sa domnieva, že takýto výklad by nebol správny, pretože by bol v rozpore s požiadavkou reštriktívneho prístupu k výkladu diel, na ktoré sa neaplikuje autorskoprávna ochrana.

Ak chceme obhájiť názor, ktorý predpokladá vylúčenie výtvarných diel zobrazených na bankovkách na základe verejného záujmu, bude nevyhnutné nájsť adekvátne odôvodnenie tohto názoru. Ak vo všeobecnosti platí, že dielam, resp. autorom by mala byť odopieraná právna ochrana len na základe zákona, potom by mal zákon jasne definovať podmienky, ktoré je potrebné splniť, aby dielo nepožívalo právnu ochranu. Takéto podmienky by mali byť jasné, zrozumiteľné a mali by sa vykladať reštriktívne.

Rešpektujúc tieto princípy bude, najmä v prípade slovenského autorského zákona problematické jednoznačne konštatovať, že nie je možné s určitosťou vylúčiť autorsko-právnu ochranu výtvarných diel zobrazených na bankovkách. Práve naopak, autorka sa domnieva, že všetky skutočnosti zistené na základe relevantných právnych predpisov nasvedčujú tomu, že výtvarné diela na bankovkách sú, v prípade euro bankoviek a euro mincí a vo vzťahu k právnemu poriadku platnému v Slovenskej republike, chránené predpismi práva duševného vlastníctva.

Ak sa vrátime späť ku vzťahu autora a verejných orgánov zodpovedných za distribúciu bankoviek, tak vzhľadom na zložitosť a rôznorodosť právnych a etických otázok súvisiacich s ochranou práv duševného vlastníctva a výtvarných diel vyobrazených na bankovkách neexistuje všeobecné riešenie, resp. najlepší postup, ktorý by bolo možné aplikovať na všetky prípady a situácie. Je však možné navrhnúť určité všeobecné zásady a usmernenia, ktoré by držiteľom práv duševného vlastníctva a verejným orgánom pomohli nájsť primeranú rovnováhu medzi ich právami a oprávnenými záujmami.

Vo všeobecnosti by malo platiť, že verejné orgány by mali rešpektovať práva duševného vlastníctva autorov výtvarných diel použitých na bankovkách, uzatvoriť licenčnú zmluvu na ich použitie a dodržiavať podmienky dohodnuté v licenčnej zmluve. Tým by sa predišlo prípadným súdnym sporom a rovnako by to vyjadrilo rešpekt a uznanie umeleckým výkonom autorov výtvarných diel. Okrem toho by táto skutočnosť (uzatvorenie licenčnej zmluvy) umožnila verejným orgánom dojednať a uzatvoriť podmienky používania výtvarných diel (rozsah, trvanie, spôsob použitia, kompenzácia za používanie výtvarného diela, "kredit" prislúchajúci autorovi výtvarného diela a podobne).

Bankovky sú viac než len kúsky papiera; predstavujú umelecké vyjadrenie určitých hodnôt, kultúrneho dedičstva a identity konkrétnej krajiny, resp. kontinentu. Používanie bankoviek môže zahŕňať rôzne právne, ale aj etické otázky súvisiace s ochranou práv duševného vlastníctva a záujmov držiteľov práv duševného vlastníctva na jednej strane a verejných orgánov a verejnosti na strane druhej, pričom zodpovedanie týchto otázok nemusí byť vždy jednoduché a jednoznačné. Tento príspevok ponúka len náhľad do možnej problematiky a venuje sa len niektorým čiastkových témam týkajúcich sa práva duševného vlastníctva a diel vyobrazených na platobných prostriedkoch.

Zoznam použitej literatúry

Knihy:

BALKO, L.: Než k nám príde EURO. 1 vyd. Bratislava: Ing. Miroslav Mračko, Pečnianska 27, 851 01 Bratislava, 2006, str. 10, ISBN 80-8057-661-0.

Internetové zdroje:

Ako sa euro stalo našou menou", s.11, [cit. 04.09.2024].

Eurobankovka, [cit. 04.09.2024].

Rozhodnutie Európskej centrálnej banky ECB/2019/669, [cit. 04.09.2024].

Rozhodnutie Európskej centrálnej banky ECB/2013/10, [cit. 04.09.2024].

Základné pravidlá pre reprodukciu euromincí, [cit. 04.09.2024].

Obrazové predlohy a pravidlá reprodukcie bankoviek, [cit. 04.09.2024].

LATTOVÁ, S.: Autorské právo v bankovom sektore. 2016. str. 47.

Právo na hotovosť z pohľadu slovenského a európskeho práva

The right to cash from the perspective of Slovak and European law

JUDr. Ing. Martin Winkler, PhD.
Fakulta medzinárodných vzťahov Ekonomickej univerzity v Bratislave

Abstrakt

Ústavným zákonom č. 241/2023 Z.z. bolo do Ústavy Slovenskej republiky medzi hospodárske, sociálne a kultúrne práva doplnené tzv. právo na hotovosť. Cieľom tejto právnej úpravy je podľa dôvodovej správy ochrana súkromia, keďže hotovostná platba na rozdiel od iných foriem platenia nezanechá digitálnu či inú stopu. V predkladanom článku sa pozrieme na právo na hotovosť v kontexte výhrad Európskej centrálnej banky publikovaných v jej stanovisku z 11. januára 2024 a možnú odpoveď Slovenskej republiky na tieto výhrady.

Kľúčové slová

právo na hotovosť, Európska centrálna banka, Národná banka Slovenska, Charta základných práv Európskej únie, Ústava Slovenskej republiky

Abstract

Constitutional Act No. 241/2023 Coll. introduced the so-called right to cash to the Constitution of the Slovak Republic among economic, social and cultural rights. According to the explanatory memorandum, the aim of this Constitutional Act is to protect privacy, since cash payments, unlike other forms of payment, do not leave a digital or other trace. In the present article, we will look at the right to cash in the context of the reservations of the European Central Bank published in its opinion of 11 January 2024 and the possible response of the Slovak Republic to these reservations.

Keywords

right to cash, European Central Bank, National Bank of Slovakia, Charter of Fundamental Rights of the European Union, Constitution of the Slovak Republic

1. Úvod

Pojem hotovosti úzko súvisí s pojmom peňazí. Peniaze sú síce štandardným pojmom používaným v bežnom jazyku[1], ale podstata tohto pojmu je ekonomická. Známy autor P. A. Samuelson definuje peniaze ako platobný prostriedok alebo prostriedok výmeny, t. j. platidlo a šeky, ktoré používame pri nákupe; peniaze sú však viac než len to; sú mazivom, ktoré uľahčuje výmenu.[2] Peniaze sú štandardnou súčasťou hospodárskej aktivity a života spoločnosti, aj keď na svete stále existujú komunity lovcov a zberačov, ktoré peniaze nepoužívajú, resp. donedávna nepoužívali.[3]

Snaha o definovanie peňazí využíva dva prístupy – teoretický a empirický. V najvšeobecnejšom zmysle možno z teoretického hľadiska peniaze zadefinovať ako akékoľvek aktívum, ktoré je všeobecne prijímané pri platení za tovary a služby alebo pri úhradách dlhov.[4] Dôležitými aspektami takéhoto definičného vymedzenia peňazí sú ich všeobecná akceptovateľnosť v určitej spoločnosti alebo na určitom území (bez nej nemožno hovoriť o peniazoch, ale len o akúsi náhradu peňazí), ich dôveryhodnosť (ktorá je predpokladom všeobecnej akceptovateľnosti) a ich kúpna sila. Teoretická definícia peňazí ako aktíva sa týka všetkých subjektov okrem ich vydavateľa (emitenta), pre ktorého sú peniaze pasívom. Pôvodne predstavovala záväzok emitenta na spätnú vymeniteľnosť peňazí za iné aktíva (zvyčajne za drahé kovy); to však dnes už neplatí.[5] Empirická definícia vymedzuje peniaze v súvislosti s možnosťou ich dopadu na ekonomickú aktivitu. Za peniaze je tak potrebné považovať to, čo menové inštitúcie považujú za najvhodnejšie z hľadiska cieľa, ktorý sledujú, konkrétne ovplyvňovania ekonomiky. Empirické definície peňazí tak nachádzajú svoje vyjadrenie v pojme tzv. menových agregátov.[6] Podľa definície Európskej centrálnej banky (ďalej tiež len „ECB") pozostáva menový agregát M1 z obeživa a jednodňové vklady *(overnight deposits)*, menový agregát M2 z menového agregátu 1 rozšíreného o vklady s dohodnutou splatnosťou do dvoch rokov a vkladov s výpovednou lehotou do troch mesiacov a menový agregát M3 z menového agregátu M2 rozšíreného o zmluvy o spätnom odkupe (repoobchody – *repurchase agreements*), akcie a podielové listy fondov peňažného trhu a dlhové cenné papiere so splatnosťou do dvoch rokov.[7]

---

[1]K definíciám peňazí používaným v bežnom jazyku pozri napr. CAKOCI, K., ČERVENÁ, K. Peniaze kedysi a dnes. In. HESEKOVÁ, S., PONIŠT, V. (eds.) *30 rokov Zákona o Národnej banky Slovenska – zborník z medzinárodnej právnickej vedeckej konferencie organizovanej Národnou bankou Slovenska a Právnickou fakultou Univerzity Komenského v Bratislave dňa 24. novembra 2022 pri príležitosti 30. výročia prijatia Zákona o Národnej banke Slovenska.* Bratislava: Národná banka Slovenska, 2023, s. 26.

[2]SAMUELSON, P. A., NORDHAUS, W. D. *Economics. 16th Edition.* Boston : McGraw Hill, 1998, s. 32.

[3]Napr, kolumbijský indiánsky kmeň Nukak-Makú. Bližšie pozri FERGUSON, N. *Vzostup peňazí. Finančné dejiny sveta.* Bratislava : Kalligram, 2011, s. 30.

[4]REVENDA, Z., MANDEL, M., KODERA, J., MUSÍLEK, P., DVOŘÁK, P.: *Peněžní ekonomie a bankovnictví. 5. vyd.* Praha : Management Press, 2015, s. 14.

[5]Tamže, s. 14-15.

[6]SOUKUP, J., POŠTA, V., NESET, P., PAVELKA, T. *Makroekonomie. 4. vyd.* Praha : Management Press, 2022, s. 118.

[7]https://www.ecb.europa.eu/stats/money_credit_banking/monetary_aggregates/html/index.en.html [30.9.2024].

Peniaze plnia v ekonomike nezastupiteľné funkcie. Zdôrazňujú sa najmä tri z nich, konkrétne:

- prostriedok výmeny,
- zúčtovacia jednotka,
- prostriedok uchovávania hodnoty.[8]
- Okrem toho sa však uvádzajú tiež:
- platobný prostriedok,
- regulátor hospodárstva, resp. ekonomickej aktivity,[9]
- všeobecne akceptované meradlo hodnoty,
- štandard pre odloženú platbu,
- likvidné aktívum,
- rámec pre trhový alokačný systém (z hľadiska tvorby cien),
- príčinný faktor v ekonomike.[10]

Peniaze nemajú zákonné vymedzenie a keď sú definované v právnickej literatúre, tak prostredníctvom ekonomických kategórií.[11] V právnej teórii sa uvádza len toľko, že peniaze sú zastupiteľná hnuteľná vec.[12] Peniaze uložené vo forme vkladov v bankách, pobočkách zahraničných bánk, prípadne iných obdobných inštitúciách (v Slovenskej republike napr. v Národnej banke Slovenska alebo Štátnej pokladnici) sa však považujú za záväzkový vzťah – právo na výplatu peňažných prostriedkov.[13] Samotný zákon o bankách definuje vklad ako zverené peňažné prostriedky alebo iné návratné peňažné prostriedky od verejnosti, ktoré predstavujú záväzok voči vkladateľovi na ich výplatu [§ 5 písm. a) zákona č. 483/2001 Z. z. o bankách v znení neskorších predpisov (ďalej len „BankZ")].[14] Z uvedeného vyplýva, že za peniaze v právnom zmysle ako zastupiteľnej hnuteľnej veci je možné považovať len hotovostné peniaze.

Už inou právnou kategóriou sú peňažné prostriedky. Peňažné prostriedky tvoriace peňažnú masu existujú v hotovostnej alebo bezhotovostnej forme.[15] Ani peňažné prostriedky právny poriadok nedefinuje, ale vo viacerých platných právnych predpisoch sa výslovne uvádza, resp. z nich vyplýva, že sa rozlišujú na peňažné

---

[8]SOUKUP, J.,POŠTA, V., NESET, P., PAVELKA, T. *Makroekonomie. 4. vyd.* Praha : Management Press, 2022, s. 120. Tiež PALOUČEK, S. a kol. *Peníze, banky, finanční trhy. 1. vyd.* Praha : C. H. Beck, 2009, s. 39.

[9]Tamže, s. 40.

[10]DAVIES, G.,CONNORS, D. *A History of Money. 4th Edition.* Cardiff : University of Wales Press, 2016, s. 26.

[11]SIDAK, M., DURAČINSKÁ, M. a kol.: *Finančné právo. 2. vydanie.* Bratislava : C. H. Beck, 2014, s. 2.

[12]LAZAR, J. a kol. *Občianske právo hmotné, I. diel.* Bratislava : IURA EDITION, 2010, s. 169. Tiež KNAPP, V. – KNAPPOVÁ, M. a kol. *Občanské právo hmotné. Svazek I.* Praha : CODEX, 1997, s. 150.

[13]Bližšie pozri WINKLER, M. 6. kapitola. Právna úprava distribúcie finančných služieb v sektore poskytovania úverov, úverov na bývanie a spotrebiteľských úverov a v sektore prijímania vkladov a jej aktuálne otázky. In: SLEZÁKOVÁ, A., HAJNIŠOVÁ, E., MIKLOŠ, P. a kol. *Spoločnosť s ručením obmedzeným vykonávajúca činnosť samostatného finančného agenta.* Bratislava : Wolters Kluwer SR, 2023, s. 129 a nasl.

[14]Bližšie pozri komentár k § 2 v publikácii VOJTKO, M., GUNIŠ, S., VLÁŠEK, P. a kol. *Zákon o bankách. Komentár.* Bratislava : C. H. Beck, 2024, s. 26-27.

[15]BALKO, L., BABČÁK, V. a kol. *Finančné právo.* Žilina : Poradca podnikateľa, 2006, s. 11.

prostriedky v hotovosti a peňažné prostriedky bezhotovostné (napr. § 8 ods. 2 zákona č. 312/2020 Z. z. o výkone rozhodnutia o zaistení majetku a správe zaisteného majetku a o zmene a doplnení niektorých zákonov, § 2 písm. d) a k) zákona č. 202/1995 Z. z. Devízového zákona a zákona, ktorým sa mení a dopĺňa zákon Slovenskej národnej rady č. 372/1990 Zb. o priestupkoch v znení neskorších predpisov, § 10 zákona č. 8/2005 Z. z. o správcoch a o zmene a doplnení niektorých zákonov v znení neskorších predpisov, § 4 zákona č. 199/2004 Z. z. Colného zákona a o zmene a doplnení niektorých zákonov v znení neskorších predpisov a i.). Pojem peniaze v právnom zmysle je teda užším pojmom ako peňažné prostriedky a konkrétne ide o synonymum pojmu hotovostné peňažné prostriedky. Tie môžu byť v mene euro (hotovosť v užšom zmysle) alebo aj v inej mene (hotovosť v širšom zmysle - napr. § 2 zákona č. 394/2012 Z. z. o obmedzení platieb v hotovosti v znení neskorších predpisov), prípadne v iných likvidných aktívach (hotovosť v najširšom zmysle - napr. čl. 2 ods. 1 Nariadenia o kontrolách peňažných prostriedkov v hotovosti[16]).

Pojem hotovosti v súčasnosti nedefinuje ani právo Európskej únie, avšak do budúcna sa s tým ráta. Návrh Nariadenia o zákonnom platidle vo forme eurobankoviek a euromincí[17] už počíta s definovaním tohto pojmu, ktorým sa majú rozumieť eurobankovky a euromince (čl. 3 bod 1. návrhu).

V tomto článku analyzujeme slovenskú a európsku úprava práva na hotovosť. Pri skúmaní slovenskej právnej úpravy sa sústredíme na obsah ústavného zákona č. 241/2023 Z. z., ktorým bola novelizovaná Ústava Slovenskej republiky a na dôvody tejto úpravy. Európsku úpravu skúmame v kontexte rozhodovacej činnosti Súdneho dvora Európskej únie, zakladajúcich zmlúv, ale zameriame sa najmä na argumentáciu Európskej centrálnej banky v jej Stanovisku z 11. januára 2024 k ústavnému zákonu o hotovosti ako zákonnom platidle a o prístupe k hotovosti, ktoré podrobíme kritickej analýze. Cieľom tohto článku je na základe vykonanej analýzy pripraviť možnú reakciu Slovenskej republiky na Stanovisko ECB.

V tomto článku sme použili vedecké metódy analýzy, syntézy, indukcie, dedukcie, porovnania (komparácie) a zovšeobecnenia (generalizácie).

---

[16]Nariadenie Európskeho parlamentu a Rady (EÚ) 2018/1672 z 23. októbra 2018 o kontrolách peňažných prostriedkov v hotovosti, ktoré vstupujú do Únie alebo opúšťajú Úniu, a ktorým sa zrušuje nariadenie (ES) č. 1889/2005 (Ú. v. EÚ L 284 z 12.11.2018). Peňažné prostriedky v hotovosti sú definované ako mena (t. j. bankovky a mince, ktoré sú v obehu ako prostriedok výmeny alebo ktoré boli v obehu ako prostriedok výmeny a ktoré stále možno vymeniť prostredníctvom finančných inštitúcií alebo centrálnych bánk za bankovky.

[17]Návrh Nariadenia Európskeho parlamentu a Rady o eurobankovkách a eurominciach ako zákonnom platidle z 28. 6. 2023 COM(2023) 364 final, 2023/0208(COD), dostupné online: https://eur-lex.europa.eu/legal-content/SK/TXT/HTML/?uri=CELEX:52023PC0364 [30.9.2024].

2. Právo na hotovosť a pojem „zákonného platidla"

S účinnosťou od 1. júla 2023 nadobudol účinnosť ústavný zákon č. 241/2023 Z. z. z 15. júna 2023, ktorým sa dopĺňa Ústava Slovenskej republiky č. 460/1992 Zb. v znení neskorších predpisov (ďalej len „Ústava"), ktorý zaviedol v slovenskom právnom poriadku tzv. právo na hotovosť. Článok 39a ods. 1 ustanovuje, že vydávanie hotovosti ako zákonného platidla sa zaručuje. Za ním nasleduje ods. 2, v zmysle ktorého každý má právo vykonať platbu za nákup tovarov a poskytnutie služieb v hotovosti zákonným platidlom, pričom prijatie takejto platby možno odmietnuť len z primeraných alebo všeobecne uplatňovaných dôvodov. Právo vykonať hotovostnú operáciu v banke alebo pobočke zahraničnej banky sa zaručuje. Ustanovenie je doplnené ods. 3, ktoré znie: Zákon ustanoví podmienky a obmedzenia práva podľa odseku 2.
Cieľom zavedenia tohto práva na hotovosť do Ústavy je podľa dôvodovej správy k novele Ústavy[18] ochrana súkromia, keďže hotovostná platba na rozdiel od iných foriem platenia nezanechá digitálnu či inú stopu. Ako ďalšie dôvody sa uvádzajú:

- možné ohrozenie nízkopríjmových skupín obyvateľstva,[19]
- možné ohrozenie finančných zbierok organizovaných občianskymi združeniami,
- budovanie finančnej gramotnosti mladšej generácie,
- zakotvenie slobodnej voľby človeka platiť v hotovosti (nie preto, že elektronicky platiť nemôže, ale preto, že elektronickou formou platiť nechce).

V porovnaní s ďalšími štátmi slovenskí spotrebitelia vnímajú hotovosť inak ako priemerní spotrebitelia z eurozóny. Pokiaľ ide o dôležitosť hotovosti ako platobného nástroja, podľa prieskumu ECB z roku 2022[20] je táto pre slovenských spotrebiteľov, spoločne s Holandskom, najnižšia v eurozóne (najvyššia je v susednom Rakúsku, v Nemecku a Grécku). Pomerne zaujímavé je aj porovnanie slovenských spotrebiteľov a spoločností (podnikajúcich právnických osôb). Podľa rovnakého prieskumu ECB slovenské spoločnosti preferujú hotovosť ako platobný nástroj najviac v eurozóne (45 %), zatiaľ čo hotovosť preferuje iba 20 % slovenských spotrebiteľov, čo je trochu menej ako priemerná hodnota v eurozóne. Na druhej strane až 58 % slovenských spotrebiteľov si drží rezervu v hotovosti (najviac v eurozóne).[21]

---

[18] https://www.nrsr.sk/web/Dynamic/DocumentPreview.aspx?DocID=524797 [30.9.2024].

[19] Podľa posledného prieskumu Svetovej banky z roku 2022 však tento dôvod bude menej podstatný, keďže na Slovensku už vyše 96% obyvateľov vlastní bankový účet. Pozri https://www.worldbank.org/en/publication/globalfindex [30.9.2024].

[20] European Central Bank: *Study on the payment attitudes of consumers in the euro area (SPACE)* – 2022, s. 39, 41, 46. Dostupné online: https://www.ecb.europa.eu/stats/ecb_surveys/space/shared/pdf/ecb.spacereport202212~783ffdf46e.en.pdf, https://www.ecb.europa.eu/press/pubbydate/2022/html/ecb.use_of_cash_companies_euro_area.06102022%7E2c3e7fba18.en.html [30.9.2024].

[21] Tamže.

Čo sa týka ústavnej garancie platieb v hotovosti, návrhy na jej zavedenie boli aj v Českej republike a SRN, boli však neúspešné.[22] Právo na platbu v hotovosti nie je zakotvené ani v gréckej, fínskej, estónskej[23] či talianskej ústave[24].

Aký je však vzťah práva na hotovosť (práva na platbu v hotovosti) a existencie zákonného platidla? Status eurobankoviek ako zákonného platidla definuje článok 128 ods. 1 *in fine* Zmluvy o fungovaní Európskej únie (ďalej len „ZFEÚ“)[25] (pred ním už článok 10 Nariadenia o zavedení eura[26]) a rovnaký status pre euromince článok 11 cit. nariadenia. Samotný pojem „zákonné platidlo“ (ktorý mimochodom Nariadenie o zavedení eura nedefinuje) však neznamená, že platbu v eurobankovkách alebo eurominciach nie je možné odmietnuť, inými slovami, status zákonného platidla nezaručuje právo na vykonanie platby v hotovosti. Explicitne to vyplýva z recitálu 19 cit. nariadenia, podľa ktorého *obmedzenia platieb v bankovkách a minciach, zavedené členskými štátmi z verejných dôvodov, nie sú nezlučiteľné s postavením zákonného platidla eurobankoviek a euromincí za predpokladu, že existujú iné právne prostriedky na vyrovnávanie peňažných pohľadávok.*

Neskôr sa názor orgánov EÚ na vzťah medzi právom na hotovostné platby v eurobankovkách a eurominciach posunul do inej polohy. Nezáväzné Odporúčanie o rozsahu a účinkoch eurobankoviek a euromincí ako zákonného platidla[27] určuje, že *ak existuje povinnosť platiť, zákonné platidlo – eurobankovky a euromince – by malo znamenať* (bod 1.):

- *povinné akceptovanie (t. j. príjemca povinnosti platby nemôže odmietnuť eurobankovky a euromince, okrem prípadu, ak sa strany dohodli na inom spôsobe platby),*
- *akceptovanie nominálnej hodnoty (t. j. peňažná hodnota eurobankoviek a euromincí sa rovná sume uvedenej na bankovkách a minciach) a*
- *možnosť splniť povinnosti platby (t. j. dlžník môže splniť povinnosti platby tým, že ponúkne veriteľovi eurobankovky a euromince).*

Táto koncepcia sa objavuje aj v návrhu Nariadenia o zákonnom platidle vo forme eurobankoviek a euromincí (čl. 4), ktoré však zatiaľ neplatí. Inými slovami, presadila sa koncepcia, že status zákonného platidla v sebe nutne obsahuje aj povinnosť prijímať hotovostné platby (v eurobankovkách a eurominciach), čomu zodpovedá právo

---

[22]MALIŠKA, M. *Právo na platbu v hotovosti. Edícia Porovnávacie analýzy 4/2023.* Kancelária Národnej rady Slovenskej republiky, Odbor Parlamentný inštitút, s. 19 a 19. Dostupné online: https://www.nrsr.sk/web/Dynamic/Download.aspx?DocID=526093 [30.9.2024].

[23]Tamže, s. 18 a 27.

[24]PONIŠT, V. Zakotvenie „práva na hotovosť“ v Ústave Slovenskej republiky. In. *Justičná revue* 75, 2023, č. 12, s. 1390.

[25]Konsolidované znenie Ú. v. EÚ C 202 zo 7. 6. 2016.

[26]Nariadenie Rady (ES) č. 974/98 z 3. mája 1998 o zavedení eura (Ú. v. ES L 139 z 11. 5. 1998).

[27]Odporúčanie Komisie z 22. marca 2010 o rozsahu a účinkoch eurobankoviek a euromincí ako zákonného platidla (2010/191/EÚ) (Ú. v. EÚ L 83, 30. 3 .2010).

v hotovosti platiť. To však len v nezáväznej forme, keďže cit. odporúčanie nemá záväzný charakter a ani uvedený návrh zatiaľ neplatí. Nie div, že sa nemecký Spolkový správny súd *(Bundesverwaltungsgericht)* sa v tejto situácii obrátil s prejudiciálnymi otázkami (smerujúcimi k trochu iným aspektom, ale súvisiacimi s uvedenou problematikou) na Súdny dvor EÚ (ďalej len „SDEÚ"), aby vo veci poskytol svoj záväzný výklad. To sa stalo rozsudkom vo veci *Hessischer Rundfunk*[28]. SDEÚ sa snažil nájsť kompromisné stanovisko. Na jednej strane skonštatoval, že *pojem „zákonné platidlo" s postavením platobného prostriedku vyjadreného v menovej jednotke vo svojom bežnom zmysle znamená, že tento platobný prostriedok nemôže byť vo všeobecnosti odmietnutý ako úhrada dlhu vyjadreného v tej istej menovej jednotke v jeho nominálnej hodnote s účinkom splnenia peňažnej povinnosti* (bod 46), vzápätí však doplnil, že *postavenie zákonného platidla nevyžaduje absolútne akceptovanie, ale len principiálne akceptovanie eurobankoviek ako platobného prostriedku. Na druhej strane nie je na použitie eura ako jednotnej meny a presnejšie na zachovanie účinnosti postavenia hotovosti označenej v euro ako zákonného platidla navyše ani nevyhnutné, aby normotvorca Únie vyčerpávajúcim a jednotným spôsobom stanovil výnimky z tejto základnej povinnosti, pokiaľ je všeobecne zaručená možnosť pre každého dlžníka, aby splnil peňažnú povinnosť platbou v hotovosti* (bod 55). Dospel tak k záveru, že výlučná právomoc EÚ *bráni tomu, aby členský štát prijal ustanovenie, ktoré vzhľadom na svoj cieľ a obsah vymedzuje právny režim eurobankoviek ako zákonného platidla. Nebráni však tomu, aby členský štát prijal v rámci výkonu vlastnej právomoci, akou je organizácia jeho verejnej správy, ustanovenie, ktoré uvedenej správe ukladá povinnosť akceptovať platbu v hotovosti peňažných záväzkov, ktoré ukladá* (bod 58). A analogicky stanovil, že výlučná právomoc EÚ nebráni vnútroštátnej právnej úprave, ktorá vylučuje možnosť splniť peňažnú povinnosť uloženú verejnou mocou eurobankovkami, pod podmienkou, že (bod 78):

1. táto právna úprava nemá za cieľ ani za účinok vymedzenie právneho režimu bankoviek ako zákonného platidla,
2. táto právna úprava právne ani fakticky nevedie k zrušeniu uvedených bankoviek najmä tým, že vo všeobecnosti zamedzí možnosť splniť peňažnú povinnosť platbou v hotovosti,
3. táto právna úprava bola prijatá s ohľadom na dôvody verejného záujmu,
4. obmedzenie platieb v hotovosti, ktoré táto právna úprava spôsobuje, je vhodné na dosiahnutie sledovaného cieľa verejného záujmu a
5. táto právna úprava nejde nad rámec toho, čo je potrebné na dosiahnutie tohto cieľa, v tom zmysle, že existujú iné zákonné prostriedky na splnenie peňažnej povinnosti.

SDEÚ teda tvrdí, že právo na platbu v hotovosti je súčasťou zadefinovania pojmu zákonného platidla, nie je však nutné, aby právo EÚ stanovilo aj všetky výnimky z tejto povinnosti. Ich definovanie je prenechané na jednotlivé členské štáty.

---

[28]Rozsudok Súdneho dvora (veľká komora) z 26. januára 2021 vo veci *Johannes Dietrich a Norbert Häring proti Hessischer Rundfunk* (spojené veci C-422/19 a C-423/19).

3. Stanovisko Európskej centrálnej banky k zakotveniu práva na hotovosť v Ústave

Voči zavedeniu práva na hotovosť v Ústave sa ohradila Európska centrálna banka vo svojom Stanovisku z 11. januára 2024 k ústavnému zákonu o hotovosti ako zákonnom platidle a o prístupe k hotovosti (CON/2024/1)[29].

V úvode stanoviska ECB oceňuje cieľ ústavného zákona, ktorým je zlepšenie dostupnosti hotovosti na Slovensku a uvádza ďalšie dôvody, pre ktoré je potrebné právo na prístup k hotovosti zachovať, o. i. (bod 2.1.):

- hotovosť je dôležitá pre osoby, ktoré z rôznych legitímnych dôvodov uprednostňujú používanie fyzických peňazí pred inými platobnými nástrojmi alebo nemajú prístup k bankovému systému či elektronickým platobným prostriedkom (napr. starší ľudia, občania so zdravotným postihnutím, migranti, sociálne zraniteľné osoby, maloletí a i.),
- užitočnosť hotovosti ako platobného nástroja, ktorá je všeobecne akceptovaná, rýchla a uľahčuje kontrolu výdavkov platiteľa,
- hotovosť je jediným platobným nástrojom, ktorý každému umožňuje vyrovnať platobnú transakciu v peniazoch centrálnej banky, ktorá sa navyše vyrovná okamžite,
- hotovosť môže zohrávať dôležitú úlohu v prípade narušenia platobného systému,
- hotovosť je odolná voči počítačovej kriminalite.

V ďalšom texte stanoviska je však už ECB kritická. V bode 2.2. pripomína, že len ona má výlučné právo povoľovať vydávanie eurobankoviek v EÚ a eurobankovky vydané ECB a národnými centrálnymi bankami v krajinách eurozóny sú jedinými bankovkami s postavením zákonného platidla v eurozóne, ako vyplýva z článku 128 ods. 1 prvej a druhej vety[30] ZFEÚ a článku 16 prvej a tretej vety[31] Štatútu Európskeho systému centrálnych bánk a Európskej centrálnej banky[32]. Postavenie euromincí ako zákonného platidla je zakotvené v sekundárnom práve EÚ, konkrétne v článku 11[33] Nariadenia

---

[29]https://eur-lex.europa.eu/legal-content/SK/TXT/PDF/?uri=CELEX:52024AB0001&qid=1705323326642 [30.9.2024].

[30]*Európska centrálna banka má výlučné právo povoľovať vydávanie eurobankoviek v Únii. Tieto bankovky môžu vydávať Európska centrálna banka a národné centrálne banky.*

[31]*V súlade s článkom 128 ods. 1 Zmluvy o fungovaní Európskej únie Rada guvernérov má výlučné právo povoliť vydávanie eurobankoviek v Únii. (...) Bankovky vydané ECB a národnými centrálnymi bankami sú jedinými bankovkami, ktoré majú v Únii postavenie zákonného platidla.*

[32]Protokol č. 4 k Zmluve o fungovaní Európskej únie (Ú. v. EÚ C 202 zo 7. 6. 2016).

[33]V aktuálnom konsolidovanom znení znie takto: *S účinkom od príslušného dátumu prechodu na hotovostné euro, účastnícke členské štáty vydajú mince denominované v euro alebo v centoch a vyhovujúce denominálnym hodnotám a technickým špecifikáciám, ktoré môže Rada stanoviť v súlade s druhou vetou článku 106 ods. 2 zmluvy. Bez toho, aby bol dotknutý článok 15 a ustanovenia akejkoľvek dohody podľa článku 111 ods. 3 zmluvy*

o zavedení eura. ECB poukázala tiež na rozhodnutie Súdneho dvora EÚ, podľa ktorého pojem „zákonné platidlo" je pojmom práva EÚ, ktorý si vyžaduje v celej EÚ autonómny a jednotný výklad (bod 2.4. cit. stanoviska). Šlo o vyššie uvedený rozsudok SDEÚ vo veci *Hessischer Rundfunk*. Podľa názoru SDEÚ v rovnakom rozsudku výlučná právomoc EÚ *vylučuje akúkoľvek právomoc členských štátov v danej oblasti okrem prípadov, ak konajú na základe splnomocnenia udeleného Úniou alebo vykonávajú akty Únie* (bod 52). Na základe toho ECB dospela k záveru, že Slovenská republika prekročila svoju právomoc, keď prijala znenie článku 39a ods. 1 Ústavy do svojho právneho poriadku. Navyše tým, že uvedené ustanovenie výslovne zaručuje vydávanie hotovosti ako zákonného platidla, nie je v súlade s článkom 128 ZFEÚ, podľa ktorého vydávať eurobankovky môžu ECB a národné centrálne banky len na základe výkonu výlučnej právomoci ECB povoľovať vydávanie bankoviek v EÚ (bod 3.1. cit. stanoviska).

ECB namieta aj proti prvej vete článku 39a ods. 2 Ústavy. V bode 3.2.2. svojho stanoviska opätovne poukazuje na cit. rozsudok, v ktorom SDEÚ konštatoval, že výlučná právomoc EÚ v oblasti menovej politiky *nemá vplyv na právomoc členských štátov, ktorých menou je euro, upravovať spôsoby plnenia peňažných povinností, či už verejnoprávnych alebo súkromnoprávnych, najmä pokiaľ takáto právna úprava nezasahuje do zásady, podľa ktorej musí byť vo všeobecnosti možné splniť peňažnú povinnosť platbou v hotovosti* (bod 56). ECB však pri podrobnejšej analýze textu ustanovenia a dôvodovej správy k novele ústavy dospela k záveru, že článok 39a ods. 2 Ústavy *vzhľadom na jeho obsah a cieľ neupravuje postupy vyrovnania peňažných záväzkov pri výkone vnútroštátnych právomocí, ale je podľa všetkého úpravou postavenia eurovej hotovosti ako zákonného platidla* (bod 3.2.4. cit. stanoviska). Opäť teda namieta, že doplnením článku 39a ods. 2 prvej vety do Ústavy došlo k porušeniu výlučných právomocí EÚ.

ECB poukazuje tiež na fakt, že pri priamej uplatniteľnosti (priamom účinku) noriem práva EÚ vo vnútroštátnych právnych poriadkoch nie je žiaduce ich znovu reprodukovať vo vnútroštátnom práve. Mohlo by to totiž vyvolať neistotu pokiaľ ide o právnu povahu príslušného ustanovenia a o dátum nadobudnutia jeho účinnosti, čo by nebolo v súlade s jednotným uplatňovaním a výkladom práva EÚ (bod 3.3.1.). Je to opodstatnené len za výnimočných okolností v záujme súdržnosti a zabezpečenia ich zrozumiteľnosti pre osoby, na ktoré sa vzťahujú, čo však v prípade novelizácie Ústavy splnené nebolo (bod 3.3.2.). Konkrétne ECB poukázala na to, že článok 39a ods. 1 Ústavy nepresne opakuje ustanovenia už zahrnuté do práva EÚ, keďže nezodpovedá zneniu čl. 128 ZFEÚ. V článku 39a ods. 2 Ústavy sa podľa názoru ECB upravuje postavenie eurovej hotovosti ako zákonného platidla; povinné akceptovanie eurobankoviek a euromincí je však upravené výrazne odlišným spôsobom ako

---

týkajúcej sa menových záležitostí, tieto mince sú jedinými mincami s postavením zákonného platidla v účastníckych členských štátoch. S výnimkou vydávajúceho orgánu a osôb osobitne určených vnútroštátnymi právnymi predpismi vydávajúceho členského štátu, žiadna strana nie je povinná prijať pri akejkoľvek jednej platbe viac ako 50 mincí.

v Odporúčaní o rozsahu a účinkoch eurobankoviek a euromincí ako zákonného platidla.

Vzhľadom na uvedené skutočnosti ECB odporúča, aby sa ustanovenia článku 39a ods. 1 a 2 prvá veta, z Ústavy buď vypustili, alebo aby sa zmenili tak, že budú len odkazovať na príslušné ustanovenia práva EÚ (bod 3.3.3. cit. stanoviska ECB).

K článku 39a ods. 2 druhej vete Ústavy ECB nemá zásadnejšie námietky, ale zastáva názor, že rozsah posilnenej ústavnej ochrany práva vykonávať hotovostné operácie v bankách a pobočkách zahraničných bánk by sa mal presnejšie upraviť (napr. by sa malo zadefinovať, ktoré operácie by patrili do rozsahu hotovostných operácií, či musia banky vykonávať hotovostné operácie pre kohokoľvek alebo len pre svojich klientov, aké ďalšie podmienky a obmedzenia by pri hotovostných operáciách existovali). V nadväznosti na to ECB odporúča, aby sa v právnych predpisoch prijatých podľa článku 39a ods. 3 Ústavy jasne upravili podmienky a obmedzenia práva vykonávať hotovostné operácie v banke alebo pobočke zahraničnej banky.

4. Polemika so stanoviskom Európskej centrálnej banky

V prvom rade je potrebné poukázať na to, že právo na platbu v hotovosti je formulované ako základné právo, pričom konkrétne je zaradené medzi hospodárske, sociálne a kultúrne práva (Piaty oddiel Druhej hlavy Ústavy). Na úrovni EÚ stanovuje základný štandard ochrany práv Charta základných práv Európskej únie[34] (ďalej len „Charta"). Zmluva o Európskej únii v znení Lisabonskej zmluvy na Chartu len odkazuje v čl. 6 ods. 1, podľa ktorého EÚ *uznáva práva, slobody a zásady uvedené v Charte základných práv Európskej únie zo 7. decembra 2000 upravenej 12. decembra 2007 v Štrasburgu, ktorá má rovnakú právnu silu ako zmluvy.* Charta sa takto stala, prostredníctvom legislatívneho premostenia v Zmluve o Európskej únii, súčasťou primárneho (ústavného) práva Európskej únie. Pre jej prienik do právnych poriadkov členských štátov Európskej únie preto platia tie isté základné princípy ako pre prienik primárneho práva Európskej únie.[35]

Hospodárskym, sociálnym a kultúrnym právam zakotveným v Ústave zodpovedajú práva začlenené v Hlave IV Charty s názvom Solidarita. Právo na hotovosť či platbu v hotovosti medzi nimi absentuje, z čoho možno vyvodiť, že Ústava poskytuje vyšší štandard základných práv než Charta; vzhľadom na uvedené by sa mal použiť článok 53 Charty, podľa ktorého žiadne ustanovenie Charty sa nesmie vykladať tak, že obmedzuje alebo poškodzuje ľudské práva a základné slobody uznané v rámci

---

[34]Zmluva o Európskej únii (konsolidované znenie) Charta základných práv Európskej únie (Ú. v. EÚ C 202/393 zo 7.6.2016).

[35]MAZÁK, J., JÁNOŠÍKOVÁ, M. Prienik Charty základných práv Európskej únie do vnútroštátneho práva na príklade Slovenskej republiky. In: *ACTA UNIVERSITATIS CAROLINAE – IURIDICA* 62, 2 (2016), s. 9-10.

príslušného rozsahu ich pôsobnosti, právom Únie, medzinárodným právom a medzinárodnými zmluvami, ktorých zmluvnou stranou je Únia alebo všetky členské štáty, a najmä Európskym dohovorom o ochrane ľudských práv a základných slobôd, ako aj ústavami členských štátov. Jednou z nich je aj Ústava Slovenskej republiky. Treba však podotknúť, že takto široko formulované ustanovenie do istej miery korigoval SDEÚ vo svojom rozsudku v prípade *Stefano Melloni*.[36] SDEÚ zaujal jednoznačné stanovisko, v zmysle ktorého *vnútroštátne orgány môžu uplatniť vnútroštátne štandardy ochrany základných práv, pokiaľ toto uplatnenie neohrozí úroveň ochrany vyplývajúcu z Charty, ako ju vykladá Súdny dvor, ani prednosť, jednotnosť a účinnosť práva Únie* (bod 60). V rozsudku v prípade *Taricco II*[37] však SDEÚ uznal, že dosiahnutie súladu s právom EÚ nesmie byť v rozpore s najvyššími zásadami ústavného poriadku členského štátu alebo s neodňateľnými ľudskými právami priznanými ústavou daného členského štátu (v tomto prípade Talianska).[38] Aj naša Ústava definuje základné práva a slobody (vrátane hospodárskych, sociálnych a kultúrnych práv, medzi ktoré patrí aj právo na hotovosť) ako neodňateľné, nescudziteľné, nepremlčateľné a nezrušiteľné (čl. 12 ods. 1). Je to síce trochu extrémny výklad, ale mohol by viesť k záveru, že zabezpečenie práva na hotovosť ako základného práva chráneného Ústavou má byť na území Slovenskej republiky garantované každému bez ohľadu na to, že ide nad rámec práva EÚ. Zároveň koncepcia tohto práva nenarúša jednotnosť ani účinnosť práva EÚ, ako uvedieme ďalej.

Ďalším podstatným faktorom, ktorý treba vziať do úvahy pri hodnotení zakotvenia práva na hotovosť v slovenskom právnom poriadku, je prameň práva, v ktorom je obsiahnuté. Ústava je základným zákonom štátu, predpisom najvyššej právnej sily, na ktorého dodržiavanie dohliadajú ústavné súdy členských štátov. Členstvo v EÚ žiaden členský štát nezbavuje suverenity, len dochádza k jej čiastočnému dobrovoľnému presunu supranacionálnej štruktúre, medzinárodnej organizácii, ktorou je Európska únia.

Napr. český ústavný súd rozhodoval o súlade práva EÚ s českou ústavou viackrát[39] a vždy dospel k záveru, že príslušné ustanovenia Listiny základných práv a slobôd a českej ústavy[40] majú prednosť pred právom EÚ.

---

[36]Rozsudok Súdneho dvora (veľká komora) z 26. februára 2013 vo veci *Stefano Melloni proti Ministerio Fiscal* (vec C-399/11).

[37]Rozsudok Súdneho dvora (veľká komora) z 5. decembra 2017 vo veci *Trestné konanie proti A. S. a M. B.* (vec C-42/17).

[38]Bližšie pozri MATĚJEC, M. Přednost unijního práva a doktrína controlimiti ve světle rozsudku Taricco. In. *Jurisprudence* 27, 3 (2018), s. 19-25.

[39]Pl. ÚS 36/01 zo dňa 25. 6. 2002, Pl. ÚS 50/04 zo dňa 8. 3. 2006, Pl. ÚS 66/04 zo dňa 3. 5. 2006, Pl. ÚS 19/08 zo dňa 26. 11. 2008, Pl.ÚS 29/09 zo dňa 3. 11. 2009.

[40]Spomína sa najmä čl. 9 ods. 2 ústavy *(Změna podstatných náležitostí demokratického právního státu je nepřípustná.)* alebo ustanovenia Listiny garantujúce určitú úroveň základných práv a slobôd,

Nemecký Spolkový ústavný súd *(Bundesverfassungsgericht)* sa napr. vo svojom rozhodnutí z 15. 12. 2015[41] vyjadril, že *v jednotlivých prípadoch sa ochrana základných práv Spolkovým ústavným súdom môže rozšíriť aj na zvrchované akty určené právom EÚ, ak je to absolútne nevyhnutné na ochranu ústavnej identity zaručenej článkom 79 ods. 3 Základného zákona*[42] (t. j. nemeckej ústavy – *Grundgesetz*). V inom svojom rozhodnutí z 5. 5. 2020[43] Spolkový ústavný súd dokonca posudzoval kompetencie SDEÚ a ECB podľa ZEÚ, pričom konštatoval ich prekročenie. Svoju právomoc pritom odvodil z príslušných ustanovení Základného zákona.

Talianske súdy postavili SDEÚ pred dilemu, či zodpovie na nimi položené prejudiciálne otázky tak ako očakávajú alebo využijú tzv. doktrínu *controlimiti* spočívajúcu v tom, že určitým ústavným hodnotám sa prizná vyššia právna sila než právu EÚ. Keďže SDEÚ rozhodol podľa ich očakávania (ide o prípad *Taricco II* cit. vyššie), nakoniec k uplatneniu uvedenej doktríny nebolo potrebné pristúpiť a ostala rozpracovaná len v teoretickej rovine.[44]

Slovenský ústavný súd sa zatiaľ neocitol v situácii, kedy by musel posudzovať súlad európskeho práva s Ústavou. Pokiaľ by však k tomu došlo napr. v súvislosti s rozsahom a obsahom základných práv v Ústave, nevidíme dôvod, prečo by nemal postupovať asertívne a pokúsiť sa zdôvodniť a obhájiť ich rozšírenie v slovenskej právnej úprave, napr. aj o právo na hotovosť.

Je nepochybné, že menová politika je vo výlučnej právomoci EÚ (čl. 3 ods. 1. písm. c) ZFEÚ). Súčasťou menovej politiky je aj jej regulačný rozmer, ktorého cieľom je zaručiť postavenie eura ako jednotnej meny (bod 38 rozsudku SDEÚ vo veci *Hessischer Rundfunk*). Podľa čl. 2 ods. 1. ZFEÚ *ak zmluvy prenesú na Úniu výlučnú právomoc v určitej oblasti, len Únia môže vykonávať legislatívnu činnosť a prijímať právne záväzné akty, pričom členské štáty tak môžu urobiť len vtedy, ak ich na to splnomocní Únia alebo na vykonanie aktov Únie.* Zároveň článok 291 ods. 1. ZFEÚ obsahuje generálnu splnomocňovaciu klauzulu pre členské štáty, aby prijali všetky opatrenia vnútroštátneho práva potrebné na vykonanie právne záväzných aktov Únie. Ani ustanovenia o výlučnej právomoci v prospech EÚ tak neznamenajú totálnu stratu legislatívnej právomoci členských štátov.[45]

---

[41] 2 BVR 2735/14

[42] *Akákoľvek zmena tohto Základného zákona, ktorá sa dotýka rozdelenia federácie na spolkové krajiny, základnej účasti spolkových krajín na zákonodarnom procese alebo zásad stanovených v článkoch 1 a 20, je neprípustná.*

[43] 2 BvR 859/15.

[44] MATĚJEC, M. Přednost unijního práva a doktrína controlimiti ve světle rozsudku Taricco. In. *Jurisprudence* 27, 3 (2018), s. 20 a nasl.

[45] TICHÝ, L., ARNOLD, R., ZEMÁNEK, J., KRÁL, R., DUMBROVSKÝ, T. *Evropské právo. 5. vyd.* Praha : C. H. Beck, 2014, s. 72.

Ustanovenie článku 128 ods. 1. ZFEÚ rozlišuje medzi povoľovaním vydávania a samotným vydávaním eurobankoviek. Zatiaľ čo prvá právomoc je zverená výlučne ECB, druhá právomoc je zverená ECB a národným centrálnym bankám. Vo vzťahu k eurominciam je aktuálne platným len ustanovenie čl. 11 Nariadenia o zavedení eura, podľa ktorého euromince vydávajú členské štáty. Ústavná garancia vydávania hotovosti ako zákonného platidla obsiahnutá v článku 39a ods. 1 Ústavy nám teda nepripadá ako prekročenie právomocí členského štátu vo vzťahu k orgánom EÚ, konkrétne ECB. Uvedené ustanovenie len všeobecne zaručuje proces emisie bankoviek a mincí, ktorý je podrobnejšie popísaný v Štvrtej časti zákona č. 566/1992 Zb. o Národnej banke Slovenska (ďalej len „ZNBS") s názvom Emisia bankoviek a mincí (§§ 15-17h).[46] Pokiaľ nenarúša výlučné kompetencie EÚ Štvrtá hlava ZNBS, nemal by ich narúšať ani článok 39a ods. 1 Ústavy. S použitím gramatického výkladu zisťujeme, že ústavný text nezasahuje do výlučnej kompetencie ECB povoľovať vydávanie bankoviek, len opakuje kompetenciu členských štátov, resp. ich centrálnych bánk zakotvenú v ZFEÚ, resp. Nariadení o zavedení eura, konkrétne vydávať (emitovať) obidva druhy zákonného platidla v EÚ – eurobankovky i euromince. Odhliadnuc od toho, že reprodukovanie ustanovení európskeho práva s priamym účinkom je nadbytočné, výslovne zakázané je len v prípade nariadení (napr. prípady *Fratelli Variola*[47], *Komisia proti Talianskej republike*[48]). To znamená, že prijatím ustanovenia čl. 39a ods. 1 Ústavy porušila Slovenská republika právo EÚ maximálne tým, že v jeho texte duplikovala ustanovenie článku 11 (a článku 10) Nariadenia o zavedení eura. Je logické, že slovenský zákonodarca nereprodukoval článok 128 ods. 1 doslovne (ako mu vyčíta ECB), pretože nemá právomoc čokoľvek určovať ECB. V rámci svojej kompetencie však ustanovil – podľa nášho názoru prípustne – záruku, že na území Slovenskej republiky bude vydávaná slovenskými orgánmi hotovosť (eurobankovky a euromince). S použitím eurokonformného výkladu je potrebné ustanovenie čl. 39a ods. 1 Ústavy vykladať tak, že vydávanie hotovosti (Národnou bankou Slovenska) je garantované až potom, ako to ECB povolila (porov. čl. 128 ods. 1. ZFEÚ). Je tiež možné sa odvolať aj na ustanovenie
čl. 291 ods. 1. ZFEÚ, podľa ktorého slovenský zákonodarca, snažiac sa čo najlepšie realizovať záujem EÚ na zabezpečení hotovostného obehu, prijal na jeho vykonanie normu najvyššej právnej sily – priamo ako súčasť Ústavy. Nejde tu teda podľa nášho názoru o prekročenie výlučných právomocí EÚ, resp. konkrétne ECB.

Čo sa týka výhrad ECB k prvej vete článku 39a ods. 2 Ústavy, nesúhlasíme s jej názorom, že by malo ísť o úpravu postavenia eurovej hotovosti ako zákonného platidla. Zákonné

---

[46]Podrobnejšie pozri napr. PONIŠT, V. Zakotvenie „práva na hotovosť" v Ústave Slovenskej republiky. In. *Justičná revue* 75, 2023, č. 12, s. 1391.

[47]Rozsudok ESD z 10.10.1973 vo veci *Fratelli Variola S.p.A. v. Amministrazione Italiana delle Finanze* (C-34/73), bod 11.

[48]Rozsudok ESD zo 7.2.1973 vo veci *Komisia Európskych spoločenstiev v. Talianska republika* (C-39/72), bod 17.

platidlo v Slovenskej republike definuje § 15 ZNBS[49]. Účelom prvej vety článku 39a ods. 2 Ústavy bolo jednoznačne garantovať právo „každého" na realizovanie hotovostného platobného styku. Čo je to ak nie úprava spôsobu plnenia peňažných povinností? Pripomeňme si stanovisko SDEÚ vyjadrené v rozsudku *Hessischer Rundfunk*: *Výlučná právomoc Únie v oblasti menovej politiky (...) nemá vplyv na právomoc členských štátov, ktorých menou je euro, upravovať spôsoby plnenia peňažných povinností, či už verejnoprávnych alebo súkromnoprávnych (...), najmä pokiaľ takáto právna úprava nezasahuje do zásady, podľa ktorej musí byť vo všeobecnosti možné splniť peňažnú povinnosť platbou v hotovosti. Táto výlučná právomoc teda nebráni členskému štátu, aby v rámci výkonu vlastných právomocí, akou je organizácia jeho verejnej správy, prijal opatrenie, ktoré ukladá tejto verejnej správe povinnosť akceptovať platby v hotovosti zo strany spravovaných subjektov, alebo, ako je uvedené v rámci druhej otázky, ktoré z dôvodu verejného záujmu zavádza výnimku z tejto povinnosti pre platby uložené verejnou mocou, ak sa dodržia určité podmienky, ktoré budú spresnené v rámci preskúmania tejto otázky*. Článok 39a ods. 2 Ústavy uvedené podmienky podrobne nestanovuje, obsahuje však blanketovú normu v ods. 3.

5. Záver

K variantom, ktoré uvádza V. Poništ ako možné alternatívy ďalšieho postupu zo strany Slovenskej republiky po uverejnení kritického stanoviska ECB k ústavnému zakotveniu „práva na hotovosť", t. j.[50]

- vypustenie článku 39a z Ústavy,
- zmena článku 39a Ústavy,
- „neurobenie nič"

navrhujeme pridať štvrtý variant spočívajúci v aktívnej obhajobe súčasnej právnej úpravy v snahe presvedčiť ECB, resp. príslušné orgány Európskej únie, že zverejnené stanovisko vychádza z príliš striktného výkladu ZFEÚ a judikatúry SDEÚ a nezodpovedá aktuálnemu právnemu stavu. Ako hlavné argumenty je možné použiť:

a) ustanovenie článku 39a Ústavy je potrebné vnímať ako zakotvenie vyššieho štandardu ochrany základných práv a slobôd v Slovenskej republike nad rámec Charty v súlade s jej článkom 53 a tlak na jeho zmenu alebo zrušenie zo strany orgánov EÚ by mohol mať za následok znižovanie štandardu ochranu základných práv v Slovenskej republike,
b) formálnym prameňom vnútroštátneho práva, ktorý obsahuje článok 39a, je samotná Ústava ako predpis najvyššej právnej sily v Slovenskej republike. Ústavný súd Slovenskej republiky zatiaľ nebol konfrontovaný s

[49]Bližšie pozri PONIŠT, V. Postavenie hotovosti podľa § 17a zákona o Národnej banke Slovenska a paradoxy právnej úpravy. In. HESEKOVÁ, S., PONIŠT, V. (eds.) *30 rokov Zákona o Národnej banky Slovenska – zborník z medzinárodnej právnickej vedeckej konferencie organizovanej Národnou bankou Slovenska a Právnickou fakultou Univerzity Komenského v Bratislave dňa 24. novembra 2022 pri príležitosti 30. výročia prijatia Zákona o Národnej banke Slovenska.* Bratislava: Národná banka Slovenska, 2023, s. 76.

[50]PONIŠT, V. Ústavné práva na hotovosť – ako ďalej? In. *Justičná revue*, 76, 2024 (6-7), s. 642-645.

otázkou súladu primárneho práva EÚ s Ústavou, ale pokiaľ by bol nútený tento vzťah posudzovať, mohol by podobne ako iné ústavné súdy v členských štátoch dospieť k záveru, že Ústava, najmä jej ustanovenia o základných právach a slobodách (potenciálne vrátane práva na hotovosť), majú prednosť pred príslušnými ustanoveniami zakladajúcich zmlúv EÚ, ktoré im odporujú,

c) pri gramatickom a eurokonformnom výklade článku 39a ods. 1 Ústavy dospejeme k záveru, že jeho ustanovenia nenarúšajú výlučnú právomoc orgánov EÚ v oblasti menovej politiky, naopak – textáciu v ZFEÚ v lepšom prípade v rámci kompetencie slovenských autorít dopĺňajú a v horšom reprodukujú,

d) právnu úpravu práva na platby v hotovosti za tovary a služby v článku 39a ods. 2 Ústavy je potrebné v súlade s rozsudkom SDEÚ vo veci Hessischer Rundfunk považovať za prípustnú úpravu spôsobu plnenia peňažných povinností.

Samozrejme, je potrebné sa pripraviť aj na možnosť, že Slovenská republika svoju pozíciu pred orgánmi EÚ neobháji a bude musieť buď pristúpiť k zmene/vypusteniu článku 39a Ústavy alebo čeliť následkom; v každom prípade sa však domnievame, že máme k dispozícii celkom dobré argumenty, ktoré stojí za to použiť.

Literatúra

BALKO, L., BABČÁK, V. a kol. *Finančné právo.* Žilina : Poradca podnikateľa, 2006, 680 s.

CAKOCI, K., ČERVENÁ, K. Peniaze kedysi a dnes. In. HESEKOVÁ, S., PONIŠT, V. (eds.) *30 rokov Zákona o Národnej banky Slovenska – zborník z medzinárodnej právnickej vedeckej konferencie organizovanej Národnou bankou Slovenska a Právnickou fakultou Univerzity Komenského v Bratislave dňa 24. novembra 2022 pri príležitosti 30. výročia prijatia Zákona o Národnej banke Slovenska.* Bratislava: Národná banka Slovenska, 2023, s. 22-30.

DAVIES, G., CONNORS, D. *A History of Money. 4th Edition.* Cardiff : University of Wales Press, 2016, 784 s.

European Central Bank: *Study on the payment attitudes of consumers in the euro area (SPACE) – 2022*, s. 39, 41, 46.

FERGUSON, N. *Vzostup peňazí. Finančné dejiny sveta.* Bratislava: Kalligram, 2011, 496 s.

KNAPP, V., KNAPPOVÁ, M. a kol. *Občanské právo hmotné. Svazek I.* Praha : CODEX, 1997, 352 s.

LAZAR, J. a kol. *Občianske právo hmotné, I. diel.* Bratislava : IURA EDITION, 2010, 440 s.

MALIŠKA, M. *Právo na platbu v hotovosti. Edícia Porovnávacie analýzy 4/2023.* Kancelária Národnej rady Slovenskej republiky, Odbor Parlamentný inštitút, s. 19 a 19.

MATĚJEC, M. Přednost unijního práva a doktrína controlimiti ve světle rozsudku Taricco. In. *Jurisprudence* 27, 3 (2018), s. 19-25.

MAZÁK, J., JÁNOŠÍKOVÁ, M. Prienik Charty základných práv Európskej únie do vnútroštátneho práva na príklade Slovenskej republiky. In: *ACTA UNIVERSITATIS CAROLINAE - IURIDICA* 62, 2 (2016), s. 9-16.
PALOUČEK, S. a kol. *Peníze, banky, finanční trhy. 1. vyd.* Praha : C. H. Beck, 2009, 440 s.
PONIŠT, V. Postavenie hotovosti podľa § 17a zákona o Národnej banke Slovenska a paradoxy právnej úpravy. In. HESEKOVÁ, S., PONIŠT, V. (eds.) *30 rokov Zákona o Národnej banky Slovenska - zborník z medzinárodnej právnickej vedeckej konferencie organizovanej Národnou bankou Slovenska a Právnickou fakultou Univerzity Komenského v Bratislave dňa 24. novembra 2022 pri príležitosti 30. výročia prijatia Zákona o Národnej banke Slovenska.* Bratislava: Národná banka Slovenska, 2023, s. 75-88.
PONIŠT, V. Ústavné práva na hotovosť - ako ďalej? In. *Justičná revue*, 76, 2024 (6-7), s. 637-646.
PONIŠT, V. Zakotvenie „práva na hotovosť" v Ústave Slovenskej republiky. In. *Justičná revue* 75, 2023, č. 12, s. 1389-1404.
REVENDA, Z., MANDEL, M., KODERA, J., MUSÍLEK, P., DVOŘÁK, P.: *Peněžní ekonomie a bankovnictví. 5. vyd.* Praha : Management Press, 2015, 424 s.
SAMUELSON, P. A., NORDHAUS, W. D. *Economics. 16th Edition.* Boston : McGraw Hill, 1998, 824 s.
SIDAK, M., DURAČINSKÁ, M. a kol.: *Finančné právo. 2. vydanie.* Bratislava : C. H. Beck, 2014, 448 s.
SLEZÁKOVÁ, A., HAJNIŠOVÁ, E., MIKLOŠ, P. a kol. *Spoločnosť s ručením obmedzeným vykonávajúca činnosť samostatného finančného agenta.* Bratislava : Wolters Kluwer SR, 2023, 184 s.
SOUKUP, J., POŠTA, V., NESET, P., PAVELKA, T. *Makroekonomie. 4. vyd.* Praha: Management Press, 2022, 552 s.
Stanovisko Európskej centrálnej banky z 11. januára 2024 k ústavnému zákonu o hotovosti ako zákonnom platidle a o prístupe k hotovosti (CON/2024/1)
TICHÝ, L., ARNOLD, R., ZEMÁNEK, J., KRÁL, R., DUMBROVSKÝ, T. *Evropské právo. 5. vyd.* Praha: C. H. Beck, 2014, 756 s.
VOJTKO, M. - GUNIŠ, S. - VLÁŠEK, P. a kol. *Zákon o bankách. Komentár.* Bratislava : C. H. Beck, 2024, 1526 s.
Elektronické zdroje podľa textu
Legislatívne zdroje podľa textu
Súdne rozhodnutia podľa textu

II. časť
Euro – naša mena

Menové právo po zavedení meny euro v Slovenskej republike

Monetary law after the introduction of the euro in the Slovak republic

doc. JUDr. Soňa Kubincová, PhD.
Fakulta práva Jana Jesenského Vysoká škola Danubius Sládkovičovo
JUDr. Tatiana Jamrichová, PhD.
Právnická fakulta Univerzity Mateja Bela Banská Bystrica

Abstrakt

Dňa 1.1.2009 sa výlučným zákonným platidlom v Slovenskej republike stalo euro. Slovenské predpisy upravujúce menové právo v tomto období prešli značnými zmenami. Nielenže bol prijatý zákon č. 659/2007 Z. z. o zavedení meny euro v Slovenskej republike a o zmene a doplnení niektorých zákonov, ale zároveň došlo k zrušeniu množstva právnych predpisov a množstvo právnych predpisov sa novelizovalo. Menové právo tak ako bolo na Slovensku chápané do roku 2009 sa zásadne zmenilo a nadobudlo iný rozmer. V súčasnosti už možno na Slovensku hovoriť skôr o európskom menovom práve.

Kľúčové slová

Euro, menové právo, vnútroštátna úprava, európske menové právo

Abstrakt

On 1 January 2009, the euro became the exclusive legal tender in the Slovak Republic. The Slovak regulations governing monetary law have undergone significant changes in this period. Not only was Act No 659/2007 Coll. on the introduction of the euro in the Slovak Republic and on amending and supplementing certain acts adopted, but at the same time a number of legal regulations were repealed and a number of legal regulations were amended. Monetary law as it was understood in Slovakia until 2009 has fundamentally changed and acquired a different dimension. Nowadays, we can speak of European monetary law in Slovakia.

Keywords

Euro, monetary law, national regulation, European monetary law.

1. Úvod

Rok 2009 bol pre Slovenskú republiku významným najmä z dôvodu, že Slovenská republika sa stala členom eurozóny. Zákonným platidlom na Slovensku sa stala európska mena euro. Ustanovenie meny, resp. jej zmena je vždy právny akt bez ohľadu na skutočnosť, aké sú ekonomické, politické a spoločenské podmienky tej-ktorej krajiny. Zmena meny nie je možná bez zmeny právnej úpravy. Menové právo na Slovensku v dôsledku prijatia meny euro už nie je možné chápať tak ako v minulosti. Zavedenie eura na Slovensku malo vplyv aj na teoretické otázky týkajúce sa menového práva. Aj v prípade menového práva sa prejavil a prejavuje proces europeizácie práva. Právo na Slovensku je ovplyvňované právom európskej únie, pričom v oblasti menového práva už nie je možné hovoriť len o ovplyvňovaní. Základ menového práva totiž tvorí európske právo. Napriek tomu menové právo je a máme za to, že aj v budúcnosti bude súčasťou (pododvetvím, resp. podsystémom) finančného práva.

2. Historické aspekty v menovej oblasti na Slovensku

Vznik meny je prepojený s vývojom peňazí. Napriek tomu, že menu je v súčasnosti potrebné odlišovať od pojmu peniaze[1], tieto inštitúty majú veľa spoločného a chápanie jedného bez pochopenia druhého nie je možné.[2] Na rozdiel medzi týmito inštitútmi sa začalo poukazovať v 20. a 30. rokoch minulého storočia[3] a od tejto doby možno hovoriť aj o menovom práve. Dovtedy síce rôzne „meny" existovali, ale pojmy mena a peniaze sa prelínali. Peniaze vznikli evolučne ako prirodzený výsledok rozvoja výroby, deľby práce a výmeny tovarov, pričom predstavujú všeobecný ekvivalent, ktorý sprostredkúva výmenu všetkých ostatných statkov a služieb na trhu[4]. Naproti tomu mena sa chápala ako druh peňazí, ktorý je v danom štáte každý povinný prijať ako platidlo a ktorý je súčasne aj určitým kriteriálnym nástrojom kvantifikácie všetkých javov a procesov prebiehajúcich v národnom hospodárstve.[5] Aj v súčasnosti sa stretávame s vymedzením meny ako štátom uznaným a upraveným druhom peňazí, ktorý plní peňažné funkcie na určitom štátnom území[6]. Zaužívané je aj vymedzenie meny ako právnej formy peňazí. Bez ohľadu na to, ako je možné pojem mena definovať, je nesporné, že peniaze môžu plniť svoje funkcie len vtedy, keď sú vyjadrené v určitej

---

[1] Viac KUBINCOVÁ, S., LEITNEROVÁ, L. Európske menové právo a menové právo na Slovensku. Ing. Miroslav Mračko epos. Bratislava. 2018, s. 13 a nasl.

[2] Pozri aj Cakoci, K., Červená, K., Peniaze v minulosti a dnes. In. eds. Heseková, S., Poništ, V. : 30 rokov Zákona o Národnej banke Slovenska, Národná banka Slovenska, Právnická fakulta Univerzity Komenského v Bratislava, Bratislava, 2023, s. 22 a nasl.

[3] GRÚŇ, Ľ. Menové, bankové a devízové právo. Vydavateľské oddelenie Právnickej fakulty UK. Bratislava. 1996 s. 12.

[4] K uvedenému bližšie: GONDA, V. Peniaze a monetárne teórie. IURA EDITION, spol. s r. o., Bratislava, 2000. s. 9.

[5] GRÚŇ, Ľ. Menové, bankové a devízové právo. Vydavateľské oddelenie Právnickej fakulty UK. Bratislava. 1996. s. 12.

[6] KUBINCOVÁ, S., LEITNEROVÁ, L. Európske menové právo a menové právo na Slovensku. Ing. Miroslav Mračko epos. Bratislava. 2018, s. 20.

mene.[7] V kontexte historických aspektov menového práva je potrebné poukázať nielen na vývoj peňazí, ale aj na historické súvislosti centrálnej banky. Centrálne banky konkrétnych štátov, ktoré majú menovú suverenitu, je totiž možné označiť za garantov meny.

Na území dnešnej Slovenskej republiky možno z hľadiska histórie poukázať na skutočnosť, že základom mincovníctva na Slovensku bola existencia mincového regálu. Právo raziť mince na svojom území, ktoré si panovníci na našom území prisvojili už v ranom stredoveku, bolo medzníkom a súčasne aj dôležitým predpokladom ďalšieho vývoja peňazí v strednej Európe. Rok 1553 je známy zavedením toliarovej meny, ktorú zaviedol kráľ Ferdinand I. podľa viedenských noriem. Išlo o peniaze, ktoré mali charakter mincí. Prvé papierové peniaze vydala Viedenská mestská banka už v roku 1703, pričom do konca 18. storočia boli takmer vytlačené z obehu platidlá vo forme mincí. Známe na Slovensku boli mincovňa v Kremnici a mincovňa v Bratislave. Povojnovým následkom prvej svetovej vojny bolo najmä prehlbovanie inflácie. Konštituoval sa Bankový úrad ministerstva financií, ktorý úrad mal funkcie ceduľovej banky.[8] Vznik centrálnej banky možno situovať do roku 1920, keď bola právne konštituovaná ceduľová banka ako akciová spoločnosť, ktorá svoju činnosť začala uskutočňovať až v roku 1926. Rok 1939 znamenal na Slovensku vznik Slovenskej národnej banky a rok 1948 znamenal zriadenie verejného štátneho ústavu Národnej banky Československa. V roku 1950 bola zriadená Štátna banka Československá, ktorá prevzala všetky záväzky Národnej banky Československa. Štátna banka československá po viacerých právnych úpravách zotrvala až do roku 1992, kedy bola konštituovaná Štátna banka česko-slovenská. Centrálna banka Slovenskej republiky bola zriadená až zákonom č. 566/1992 Zb. o Národnej banke Slovenska (ďalej len „zákon o NBS"), pričom tento zákon s určitými zmenami (v menovej oblasti možno hovoriť o zásadných zmenách) platí dodnes.[9] Z pohľadu menových reforiem, resp. opatrení možno historicky poukázať napríklad na rok 1919 (vznik československej meny), rok 1939 (zmeny v období formovania tzv. Slovenského štátu), rok 1945 (obnova československej meny), rok 1953 (peňažná reforma s niektorými črtami menovej reformy), rok 1993 (osamostatnenie slovenskej meny od československej meny), rok 2009 (zavedenie eura ako zákonnej meny na Slovensku)[10].

---

[7] K uvedenému bližšie: KUBINCOVÁ, S., LEITNEROVÁ, L. Európske menové právo a menové právo na Slovensku. Ing. Miroslav Mračko epos. Bratislava. 2018. s. 17.

[8] Zdroj najmä GRÚŇ, Ľ. Menové, bankové a devízové právo. Vydavateľské oddelenie Právnickej fakulty UK. Bratislava. 1996. s. 22 a nasl.

[9] Viac : KUBINCOVÁ, S. Právne postavenie centrálnej banky po roku 1918, In: Biatec : odborný bankový časopis. - Bratislava : Národná banka Slovenska. 2011. Roč. 19, č. 2 (2011). s. 13-18 resp. KUBINCOVÁ, S., LEITNEROVÁ, L. Európske menové právo a menové právo na Slovensku. Ing. Miroslav Mračko epos. Bratislava. 2018. s. 166 a nasl.

[10] K uvedenému bližšie: KUBINCOVÁ, S., LEITNEROVÁ, L. Európske menové právo a menové právo na Slovensku. Ing. Miroslav Mračko epos. Bratislava. 2018. s. 181 a nasl.

Z hľadiska vývoja menového práva považujeme za potrebné podrobnejšie poukázať najmä na zmeny v právnej úprave Slovenskej republiky, t. j. na zmeny uskutočnené od 1.1.1993. Pričom za najdôležitejšie považujeme zmeny v rámci ústavného zákona č. 460/1992 Zb. Ústava Slovenskej republiky v znení neskorších predpisov (ďalej len „Ústava SR"), zmeny v zákone o NBS a prijatie a následné zmeny zákona č. 659/2007 Z. z. o zavedení meny euro v Slovenskej republike a o zmene a doplnení niektorých zákonov (ďalej len „zákon o zavedení meny euro v SR").

Ústava SR v rámci vyhláseného znenia v čl. 56 ustanovovala: *„Slovenská republika zriaďuje emisnú banku. Podrobnosti ustanoví zákon."* S účinnosťou od 1.7.2001[11] čl. 56 Ústavy SR ustanovuje: *„(1) Národná banka Slovenska je nezávislá centrálna banka Slovenskej republiky. Národná banka Slovenska môže v rámci svojej pôsobnosti vydávať všeobecne záväzné právne predpisy, ak je na to splnomocnená zákonom. (2) Najvyšším riadiacim orgánom Národnej banky Slovenska je Banková rada Národnej banky Slovenska. (3) Podrobnosti podľa odsekov 1 a 2 ustanoví zákon."* K uvedenej zmene došlo na základe pripomienok stanoviska Kancelárie Národnej rady SR, Odbor legislatívy a aproximácie práva, pričom v zdôvodnení tejto zmeny sa uvádza: *„Doterajšie stručné znenie čl. 56 Ústavy SR nevystihuje dostatočne postavenie Národnej banky Slovenska a upravuje iba zriadenie emisnej banky, čo je len jedna z funkcií centrálnej banky. Nové znenie čl. 56 zvýrazňuje nezávislosť centrálnej banky. Centrálnej banke sa umožňuje v rámci jej pôsobnosti vydávať všeobecne záväzné právne predpisy, ak je na to splnomocnená zákonom. Zhodne s doterajším zákonným stavom sa začleňuje do Ústavy SR Banková rada Národnej banky Slovenska ako najvyšší riadiaci orgán. V celku ide o ustanovenia, ktoré významove patria do ústavnej úpravy."*[12] V tejto súvislosti možno podotknúť, že samotný návrh ústavného zákona následne zverejnený v Zbierke zákonov pod č. 90/2001 Z. z. nadväzoval na Asociačnú dohodu z roku 1993, na základe ktorej prevzala Slovenská republika záväzok smerovať do Európskych spoločenstiev a Európskej únie, s čím pravdepodobne súviselo aj vynechanie označenia Národnej banky Slovenska (ďalej aj len „NBS") emisnou bankou, a to napriek tomu, že NBS naďalej (až do 31.12.2008) mala výhradné právo vydávať bankovky a mince, ktoré boli zákonnými peniazmi a na ktorých sa uvádzala nominálna hodnota v slovenských korunách alebo v halieroch.

Vo vyhlásenom znení zákona o NBS účinného od 1.1.1993 sa v § 1 ods. 1 uvádzalo: *„Zriaďuje sa Národná banka Slovenska ako emisná banka Slovenskej republiky."*. V ustanovení § 2 bolo stanovené: *„Hlavnou úlohou Národnej banky Slovenska je zabezpečenie stability meny. Za tým účelom Národná banka Slovenska a) určuje menovú*

---

[11] Novela uskutočnená ústavným zákonom č. 90/2001 Z. z., ktorým sa mení a dopĺňa Ústava Slovenskej republiky č. 460/1992 Zb. v znení neskorších predpisov.

[12] Stanovisko Kancelária Národnej rady SR, Odbor legislatívy a aproximácie práva číslo:740/2000-Sekr. k návrhu skupiny poslancov Národnej rady Slovenskej republiky na vydanie ústavného zákona, ktorým sa mení a dopĺňa Ústava Slovenskej republiky č. 460/1992 Zb. v znení ústavného zákona č. 244/1998 Z.z. a ústavného zákona č. 9/1999 Z.z. (tlač 643). Dostupné na: https://www.nrsr.sk/web/Default.aspx?sid=zakony/zakon&MasterID=224 [16.8.2024]

politiku, b) vydáva bankovky a mince, c) riadi peňažný obeh, koordinuje platobný styk a zúčtovanie bánk a stará sa o ich plynulosť a hospodárnosť, d) vykonáva dozor nad vykonávaním bankových činností v rozsahu upravenom týmto zákonom a stará sa o bezpečné fungovanie a účelný rozvoj bankového systému, e) vykonáva ďalšie činnosti podľa tohto zákona." S účinnosťou od 8.2.1993 ustanovenia § 15 až § 17 stanovovali: *„Peňažnou jednotkou v Slovenskej republike je slovenská koruna, skratka názvu je „Sk". Slovenská koruna sa delí na sto halierov. Národná banka Slovenska má výhradné právo vydávať bankovky a mince, ako aj pamätné mince (ďalej len „bankovky a mince"), ktoré sú zákonnými peniazmi. Podrobnosti súvisiace s emisiou bankoviek a mincí ustanoví Národná banka Slovenska všeobecne záväzným právnym predpisom.*" K zmene označenia NBS z emisnej banky na nezávislú centrálnu banka Slovenskej republiky došlo rovnako ako v Ústave SR už v roku 2001[13]. S účinnosťou od 1.5.2001[14] zároveň bolo zmenené ustanovenie § 2 zákona o NBS, pričom znelo nasledovne: *„Hlavným cieľom Národnej banky Slovenska je udržiavanie cenovej stability. Za tým účelom Národná banka Slovenska a) určuje menovú politiku, b)vydáva bankovky a mince, ...".* Od 1.1.2008 ustanovenie § 1 ods. 1 zákona o NBS znie: *„Zriaďuje sa Národná banka Slovenska ako nezávislá centrálna banka Slovenskej republiky. Národná banka Slovenska je súčasťou Európskeho systému centrálnych bánk; Národná banka Slovenska sa odo dňa zavedenia eura v Slovenskej republike (ďalej len „deň zavedenia eura") stáva aj súčasťou Eurosystému ako systému centrálneho bankovníctva eurozóny v rámci Európskeho systému centrálnych bánk.[15]"* A od 1.1.2009 už v ustanovení § 2 ods. 1 písm. b) zákona o NBS v rámci úloh NBS neuvádza *„vydáva bankovky a mince"*, ale *„vydáva eurobankovky a euromince podľa osobitných predpisov platných v eurozóne pre vydávanie eurobankoviek a euromincí[16]".* S účinnosťou od 1.1.2009 zároveň došlo k zmene ustanovení § 15 a nasl. zákona o NBS s tým, že ustanovenie § 15 stanovuje: *„(1) Národná banka Slovenska má v súlade s osobitnými predpismi právo vydávať eurobankovky a euromince vrátane pamätných euromincí, ktoré sú zákonným platidlom v eurozóne a v zúčastnených tretích štátoch, ktoré sú určené na peňažný obeh a ktoré vo svojej nominálnej hodnote slúžia na uhrádzanie peňažných záväzkov. ... (2) Národná banka Slovenska pri vydávaní eurobankoviek a euromincí postupuje podľa osobitných predpisov a rozhodnutí platných pre eurobankovky a euromince.*" Uvedené novely, ktoré nadobudli účinnosť 1.1.2008 a 1.1.2009 boli uskutočnené zákonom č. 659/2007 Z. z.

---

[13] Na základe novely realizovanej zákonom č. 149/2001 Z. z., ktorým sa mení a dopĺňa zákon Národnej rady Slovenskej republiky č. 566/1992 Zb. o Národnej banke Slovenska v znení neskorších predpisov a ktorým sa mení a dopĺňa zákon č. 21/1992 Zb. o bankách v znení neskorších predpisov.

[14] Išlo o novelu realizovanú zákonom č. 149/2001 Z. z., ktorým sa mení a dopĺňa zákon Národnej rady Slovenskej republiky č. 566/1992 Zb. o Národnej banke Slovenska v znení neskorších predpisov a ktorým sa mení a dopĺňa zákon č. 21/1992 Zb. o bankách v znení neskorších predpisov.

[15] Išlo o novelu realizovanú zákonom č. 659/2007 Z. z. o zavedení meny euro v Slovenskej republike a o zmene a doplnení niektorých zákonov.

[16] Pričom zákon o NBS ohľadom tohto ustanovenia odkazoval napríklad na čl. 106 Zmluvy o založení Európskeho spoločenstva v platnom znení (Ú. v. EÚ C 321E, 29. 12. 2006), čl. 16 a 44 Protokolu o Štatúte Európskeho systému centrálnych bánk a Európskej centrálnej banky (Ú. v. EÚ C 321E, 29. 12. 2006). V súčasnosti odkazuje napríklad na čl. 128 Zmluvy o fungovaní Európskej únie (Ú. v. EÚ C 326, 26. 10. 2012), čl. 16 Protokolu o Štatúte Európskeho systému centrálnych bánk a Európskej centrálnej banky (Ú. v. EÚ C 326, 26. 10. 2012)

o zavedení meny euro v Slovenskej republike a o zmene a doplnení niektorých zákonov (ďalej len „zákon o zavedení meny euro"), ktorým bolo zmenených celkovo 28 zákonov.

Podstatou zákona o zavedení meny euro, inak nazývaného aj Generálny zákon, však nebola len novelizácia právnych predpisov, ale najmä úprava niektorých opatrení a postupov súvisiacich s prípravou na zavedenie a so zavedením meny euro v Slovenskej republike ako výlučného zákonného platidla, jednotnej meny a menovej jednotky podľa právne záväzných aktov Európskych spoločenstiev. Cieľom tohto zákona bolo zabezpečiť organizovaný a plynulý postup pri zmene zákonných peňazí a menovej jednotky v Slovenskej republike v dôsledku prechodu zo slovenskej meny na euro, zamedziť nárastu inflácie v dôsledku prechodu na euro, zabezpečiť pri prechode na euro ochranu ekonomických záujmov občanov a spotrebiteľov, zachovať kontinuitu existujúcich právnych vzťahov a dosiahnuť neutralitu pri premene a prepočtoch peňazí, cien, platieb a iných finančných a majetkových hodnôt zo slovenskej meny na eurá, ako aj umožniť fyzickým osobám a právnickým osobám postupne sa pripraviť a adaptovať na posudzovanie reálnej hodnoty príjmov, výdavkov, cien, platieb a životných nákladov v eurách na základe duálneho zobrazovania cien, platieb a iných hodnôt. Aj z uvedeného vyplýva, že význam tohto zákona spočíval v príprave na zavedenie meny euro a jej zavedení. A napriek tomu, že aj v súčasnosti môže dochádzať k aplikácii niektorých ustanovení tohto zákona (napr. § 3 ods. 8 písm. a) bod 2.2. a písm. b) bod 2., ktoré stanovujú ktoré subjekty uskutočňujú výmenu slovenských mincí a bankoviek bez časového obmedzenia), väčšina ustanovení zákona o zavedení meny euro mala len časovo obmedzenú pôsobnosť.

Aj na základe uvedeného možno konštatovať, že súčasná slovenská zákonná právna úprava v oblasti menového práva je veľmi stručná a vo veľkej miere odkazuje na európsku právnu úpravu.

3. Europeizácia slovenského (menového) práva

Právne záväzné akty Európskych spoločenstiev a Európskej únie majú prednosť pred zákonmi Slovenskej republiky. Povinnosť zaviesť menu euro členským štátom EÚ vyplýva z primárneho práva EÚ, ktoré jednoznačne deklaruje, že menou únie je euro a že všetky členské štáty EÚ majú povinnosť zaviesť euro a odovzdať svoju menovú suverenitu, ktorá zahŕňa aj autonómnu menovú politiku v prospech Únie a to po splnení konvergenčných kritérií. Výnimkou bola Veľká Británia (ktorá už nie je členským štátom EÚ) a Dánsko.[17] Napriek uvedenému záväzku nie všetky členské štáty prijali menu euro, pričom sa uvádza, že buď nesplnili konvergenčné kritériá, resp. vedome ich neplnia[18]. Slovenská republika ako členský štát euro prijala, čím sa zaviazala plniť pravidlá platné pre eurozónu a europeizácia práva v menovej oblasti

---

[17] Viac SIDAK, M., DURAČINSKÁ, M. a kol. Finančné právo. 1. vydanie. Bratislava : C. H. Beck, 2012, s. 382.
[18] Pozri napr. Viac KUBINCOVÁ, S., LEITNEROVÁ, L. Európske menové právo a menové právo na Slovensku. Ing. Miroslav Mračko epos. Bratislava. 2018s. 72.

nadobudla iný väčší rozmer. V českej odbornej spisbe sa uvádza, že proces europeizácie práva sa prejavuje nielen v implementácii európskeho práva, ale aj v europeizácii prameňov práva, koncepte ľudských práv a právneho štátu, právnej činnosti, interpretácii práva, právnych postupov a metód a v konečnej inštancii aj v europeizácii spôsobov právneho myslenia. Europeizácia práva sa tak premieta do celej právnej oblasti, do celého života a modifikuje tak národné právne prostredie.[19] Europeizácia sa výrazne prejavuje aj na Slovensku, nakoľko Slovenská republika ako členský štát Európskej únie a ako člen eurozóny sa zaviazala európske pravidlá rešpektovať. Z Ústavy SR vyplýva, že Slovenská republika uznáva a dodržiava všeobecné pravidlá medzinárodného práva, medzinárodné zmluvy, ktorými je viazaná, a svoje ďalšie medzinárodné záväzky (čl. 1 ods. 2) a skutočnosť, že Slovenská republika môže na základe slobodného rozhodnutia vstúpiť do štátneho zväzku s inými štátmi. O vstupe do štátneho zväzku s inými štátmi alebo o vystúpení z tohto zväzku sa rozhodne ústavným zákonom, ktorý sa potvrdí referendom. Slovenská republika môže medzinárodnou zmluvou, ktorá bola ratifikovaná a vyhlásená spôsobom ustanoveným zákonom, alebo na základe takej zmluvy preniesť výkon časti svojich práv na Európske spoločenstvá a Európsku úniu (čl. 7 ods. 1 a 2). Vstupom do Európskej únie sa Slovenská republika zaviazala prijať menu euro, čo zároveň znamenalo, že Slovenská republika sa vzdá čiastočne, resp. v celosti menovej suverenity v prospech Európskej únie. Už po vstupe do Európskej únie na území Slovenska začalo platiť európske menové právo. V plnom rozsahu sa však europeizácia menovaného práva na Slovensku prejavila až momentom prijatia eura.

4. Teoretické otázky menového práva v kontexte prijatia eura

V slovenskej a českej odbornej literatúre je menové právo vymedzené a charakterizované rôzne. V publikácii z roku 1994 autorka charakterizuje menové právo ako súhrn špecifických finančno-právnych noriem (menovo-právnych noriem) upravujúcich a regulujúcich menovú jednotku a jej vzťahy k menovým jednotkám iných štátov, emisiu platidiel, ich sústavu, obeh a riadenie, ako aj menové procesy[20]. V publikácii z roku 2013 autori charakterizujú menové právo ako pododvetvie finančného práva a ako súhrn hmotnoprávnych a procesnoprávnych noriem upravujúcich spoločensko-ekonomické vzťahy, ktoré vznikajú v oblasti emisií a obehu menovej jednotky, uskutočňovaní menovej politiky štátu a zabezpečovaní platobného styku[21]. Podľa publikácie z roku 2015 menové právo možno definovať ako súhrn právnych noriem, ktoré upravujú konkrétne spoločensko-ekonomické vzťahy – menové vzťahy vznikajúce v oblasti menovej politiky a v súvislosti s menovou

---

[19] VEČEŘA, M., GERLOCH, A., SCHLOSSER, H., BERAN, K., RUDENKO, S. Teória práva. 5. rozšírené a doplnené vydanie, Bratislava : Eurokódex, 2013, s. 23.

[20] BUJŇÁKOVÁ,, M. Slovenské finančné právo II. diel. Vysokoškolské učebné texty Univerzita P. J. Šafárika v Košiciach. Právnická fakulta. Košice. 1994. s. 29.

[21]SIDAK, M., DURAČINSKÁ, M. a kol. Finančné právo. 1. vydanie. Bratislava : C. H. Beck, 2012., s. 10.

jednotkou[22]. Podľa publikácie z roku 2017 menové právo možno vymedziť ako subsystém osobitnej časti finančného práva upravujúcej tie právne vzťahy, ktoré súvisia s ustanovením a určením náležitosti sústavy peňazí (peňažných prostriedkov), ktoré obiehajú v určitom štáte (alebo na území viacerých štátov) a používajú sa ako zákonom stanovené platidlo pri plnení záväzkov z právnych vzťahov[23]. V literatúre z roku 2022 sa uvádza: *„menové právo je jedným z pododvetví finančného práva, je tradičnou integrálnou obsahovou zložkou osobitnej časti finančného práva a úzko súvisí s právnou úpravou centrálneho bankovníctva. Menové právo upravuje spoločensko-ekonomické vzťahy, ktoré vznikajú v oblasti menovej politiky štátu a menovej jednotky. Právny režim bezhotovostného platobného styku je tiež možné zaradiť do predmetu úpravy menového práva, ak predmet úpravy chápeme v širšom zmysle slova. Menové právo nie je v podmienkach SR kodifikované"*.[24] Aj v kontexte uvedeného možno konštatovať, že menové právo je súbor právnych noriem upravujúcich tie spoločenské vzťahy (menovo-právne vzťahy), ktoré vznikajú pri zavedení, používaní, regulácii a ochrane meny. Menové právo na Slovensku nebolo a ani ho nemožno považovať za samostatné právne odvetvie, nebolo a ani nie je kodifikované. Menové právo bolo a je súčasťou finančného práva, ktoré patrí medzi odvetvia verejného práva.[25]

V minulosti sa za právo považovalo niečo iné ako dnes. Z histórie je známy výrok rímskeho právnika Celsusa : *„Ius est ars boni et aequi"*, ktorý v preklade znamená, že právo je umenie dobrého a spravodlivého. V období života Celsusa si vymedzenie menového práva vieme len ťažko predstaviť. V súčasnosti v rámci kontinentálneho právneho systému, a teda aj Slovenskej republiky, by bolo možné právo charakterizovať ako systém všeobecne záväzných právnych noriem, ktoré štát prostredníctvom subjektov tvorby práva vytvára a vydáva vo vopred určenej forme.[26] Pri vymedzení menového práva v súčasnosti však možno len ťažko tvrdiť, že ide o systém všeobecne záväzných právnych noriem, ktoré štát prostredníctvom subjektov tvorby práva vytvára a vydáva vo vopred určenej forme, nakoľko ako je už aj vyššie uvedené, základom menového práva je právo európskej únie, t. j. nevytvára ho len štát, ale najmä Európska únia prostredníctvom jej orgánov.

Právo sa aj v súčasnosti člení na verejné právo a súkromné právo[27]. V tomto členení, ktoré má pôvod v rímskom práve, rozlišujúcom *„ius publicum"* a*" ius privatum"*, verejné

---

[22] KUBINCOVÁ, S., LEITNEROVÁ, L. Finančné právo I. časť. Právna úprava rozpočtov, meny, devízového práva a práva finančného trhu. Belianum. Vydavateľstvo UMB. Banská Bystrica. 2015. s. 208.

[23] BABČÁK, V. a kolektív Finančné právo na Slovensku. Bratislava : Ing. Miroslav Mračko, EPOS, 2017. s. 457.

[24] DAUDRIKH, Y., SZAKÁCS, A. Colné a menové právo. Bratislava : Wolters Kluwer s. r. o., 2022. s. 87

[25] Pozri viac : KUBINCOVÁ, S., LEITNEROVÁ, L. Európske menové právo a menové právo na Slovensku. Ing. Miroslav Mračko epos. Bratislava. 2018. s. 223 a nasl.

[26] KUBINCOVÁ, T. Vplyv ekvitálneho práva na procesnú činnosť súdov v Slovenskej republike. In. Acta Iuridica Sladkoviciensia. V., Právnické štúdie. Sládkovičovo. Fakulta práva Janka Jesenského, 2013. s. 91.

[27] Aj keď sa objavili úvahy o tom, že rozlíšenie práva na verejné a súkromné je otázkou minulých období, nemožno s týmito názormi súhlasiť a to aj vzhľadom na ústavnú premisu (čl. 2 ods. 2 a 3 Ústavy SR), podľa ktorej štátne orgány môžu konať iba na základe ústavy, v jej medziach a v rozsahu a spôsobom, ktorý ustanoví zákon a naopak každý (t. j. subjekt práva, ak nekoná ako štátny orgán) môže konať, čo nie je zákonom zakázané, a nikoho nemožno nútiť, aby konal niečo, čo zákon neukladá. Podľa Drgonca (DRGONEC, J. Ústava

právo sa vyznačuje dominantným postavením štátu. Preto sú vzájomné vzťahy medzi subjektami v odvetviach verejného práva vzťahmi nadriadenosti a podriadenosti (subordinačné vzťahy). V odvetviach súkromného práva majú subjekty práva rovnocenné postavenie (koordinačné vzťahy).[28] Možno konštatovať, že menové právo je nesporne verejné právo. Predmetom jeho úpravy je totiž mena, ktorá sa nielen týka každého z nás, ale pri ktorej má jednoznačne dominantné postavenie štát (prípadne od vstupu do eurozóny Európska únia), ktorý ju striktne prostredníctvom svojich orgánov ustanovuje. Vzťahy nadriadenosti a podriadenosti subjektov síce v menovom práve na prvý pohľad nie sú také výrazné (resp. sa ťažšie predstavujú) ako v rámci iných odvetví, prípadne pododvetví verejného práva, no napriek tomu v menovom práve existujú. V rámci menovo-právneho vzťahu možno hovoriť najmä o nadradenosti menovej autority. Túto nadradenosť však nemožno chápať doslovne. Aj menová autorita musí konať v súlade s právnou úpravou, čím je druhá strana menovo-právneho vzťahu chránená. Na zaradení menového práva do verejného práva nič nemení ani skutočnosť, že aj v súkromnoprávnych predpisoch sa úprava týkajúca meny spomína[29]. V odbornej literatúre sa uvádza, že rozdiel medzi verejným a súkromným právom sa rozlišuje mierou ingerencie štátu do občianskej spoločnosti, že vzťahom subjektov práva, pre verejnoprávnu úpravu sú charakteristické kategorické (kogentné) právne normy, naproti tomu pre súkromnoprávnu úpravu sú charakteristické právne normy dispozitívne, že právne vzťahy vo verejnom práve sú konštruované právnymi aktmi s prezumpciou ich správnosti, pre odvetvia súkromného práva sú typické právne úkony a že je daný rozdielny obsah zodpovednosti vo verejnom a súkromnom práve[30]. Aj z uvedeného je zrejmé, že menové právo, ktoré nesporne tvoria kogentné právne normy, je verejným právom.

Menové právo nie je a nikdy nebolo kodifikované, pričom máme za to, že vzhľadom na postúpenie menovej suverenity na európsku autoritu v súčasnosti jeho kodifikácia ani neprichádza do úvahy.

Skutočnosť, že menové právo je súčasťou finančného práva na Slovensku vyplýva z historických a teoretických súvislostí. Máme za to, že menové právo bolo, je a bude podsystémom (pododvetvím) finančného práva aj napriek tomu, že z pohľadu prameňov, ktoré ho upravujú, už možno hovoriť skôr o európskom menovom práve. Z hľadiska teoretických súvislostí možno poukázať najmä skutočnosť, že právne

---

Slovenskej republiky. Komentár. Heuréka. Šamorín. 2004. s. 61) táto viazanosť konať len v medziach legislatívy sa vzťahuje aj na samosprávu. Domnievame sa, že povinnosť konať iba na základe ústavy, v jej medziach a v rozsahu a spôsobom, ktorý ustanoví zákon sa vzťahuje na všetky orgány verejnej moci, teda aj na Národnú banku Slovenska, ktorá je v súčasnosti styčným subjektom Európskej centrálnej banky v záležitostiach týkajúcich sa menovej oblasti. Bolo by nespravodlivé, aby akýkoľvek orgán verejnej moci mohol svojvoľne konať v právnych vzťahoch, čím by bola nesporne ohrozená právna istota účastníkov konkrétneho právneho vzťahu.

[28] JÚDA, V. In. SLAŠŤAN, M., JÚDA, V. : Teória štátu a práva. Vybrané problémy v kontexte európskej integrácie. Nitra : Katedra politológie a európskych štúdií, Univerzita Konštantína Filozofa v Nitre. 2008 s. 223.

[29] Napríklad v § 732 a § 733 zákona č. 513/1991 Zb. Obchodný zákonník v znení neskorších predpisov.

[30] Pozri JÚDA, V. : Teória práva. Univerzita Mateja Bela Právnická fakulta. Banská Bystrica. 2011. s.42 a nasl.

odvetvie tvorí relatívne rozsiahla množina právnych noriem, ktoré upravujú určitý druh spoločenských vzťahov, či určitú oblasť života spoločnosti[31]. Majú teda spoločný predmet právnej regulácie, pričom v rámci finančného práva sú to finančné vzťahy, resp. vzťahy súvisiace s financiami a peniazmi. A nakoľko mena je právnou formou peňazí, jej právna úprava spadá do finančného práva. V tejto súvislosti možno poukázať aj na názor vyjadrený v odbornej spisbe, kde sa uvádza, že odvetvia práva majú dva aspekty : logický a historický. Z logicko-systematického hľadiska rozdelenie závisí od toho, aké kritérium sa použije ako *principum divisionis.* Prakticky pri žiadnom triedení sa systém práva nekryje s komplexom prameňov práva, nakoľko počas legislatívneho procesu nezriedka dochádza ku kombinácii rôznorodých noriem v jednom a tom-istom predpise. Klasifikácia práva teda slúži vlastne k triedeniu právnej vedy, je vodítkom vytvorenia systematiky, prostredníctvom ktorej právna veda spoznáva a spracováva právo. Z historického a sociologického hľadiska vytváranie právnych odvetví je závislé na spoločenských podmienkach, potrebách a záujmoch v rámci vývojovej etapy konkrétneho štátu, na vedeckých tradíciách, na stabilizácii jednotlivých disciplín na právnických fakultách.[32] Aj v kontexte uvedeného máme za to, že menové právo aj po vstupe Slovenskej republiky do eurozóny je (a aj naďalej bude) súčasťou finančného práva.

5. Záver

Menové právo, tak ako každé právne odvetvie, resp. pododvetvie, sa neustále mení a vyvíja. Nedochádza však len k zmenám právnej úpravy, ale aj zmenám v oblasti teoretických otázok týkajúcich sa menového práva. Menové právo totiž nemožno skúmať len ako „holú" právnu úpravu, ale je potrebné ho skúmať aj v kontexte právnej vedy. Slovinský a Giršek uvádzali, že veda o finančnom práve, ktorého súčasťou je aj menové právo, vznikala a rozvíjala sa postupne v úzkej spojitosti s celkovým rozvojom vedeckých poznatkov o štáte a práve[33]. Teoretické poznatky, najmä získané a publikované právnickou vedeckou a pedagogickou obcou, sú taktiež prínosom k skúmaniu právnej úpravy otázok spojených s menou, jej reguláciou, a pod. Súčasné menové právo nie je možné pochopiť bez historických súvislostí, ktoré mali dopad nielen na spôsob určenia emitenta meny, stanovenia rozsahu jeho nezávislosti od štátnych orgánov, resp. iných orgánov verejnej správy, ale aj na otázky riadenia menovej politiky v štáte. V rámci historického vývoja Slovenskej republiky možno poukázať najmä na tieto tri ekonomické, politické a spoločenské udalosti, ktoré mali dopad na menové právo, a to: 1. vznik Slovenskej republiky (rok 1993) a ustanovenie Národnej banky Slovenska ako rozhodujúcej inštitúcie pre určovanie menovej politiky štátu; 2. vstup Slovenskej republiky do Európskej únie (rok 2004) a rešpektovanie európskych pravidiel, k čomu sa Slovenská republika zaviazala podpísaním

---

[31] OTTOVÁ, E. Teória práva, 3. vydanie, Heuréka, Šamorín, 2010. s. 237.
[32] Pozri napr. BOGUSZAK, J., ČAPEK, J., GERLOCH, A. Teorie práva. Praha : ASPI Publishing, 2004. s.95 a nasl.
[33] SLOVINSKÝ, A., GIRÁŠEK, J., Československé finančné právo. Druhé prepracované a doplnené vydanie. OBZOR Bratislava. 1979. s.10.

prístupových zmlúv; 3. zavedenie eura ako zákonnej meny na Slovensku (rok 2009) a s tým súvisiaci vstup Slovenskej republiky do eurozóny. Práve posledná udalosť vniesla do chápania menového práva na Slovensku najväčšie zmeny. Národná banka Slovenska ako centrálna banka sa v rámci menovej oblasti stala „závislou" od pravidiel uvedených v európskych právnych predpisoch, ako aj pravidiel stanovených Európskou centrálnou bankou. Národná banka Slovenska už nie je emisnou bankou, a máme za to, že už ju nemožno označovať ani za tzv. garanta meny (tým sa de facto stala Európska centrálna banka). Máme však za to, že jej možno dať prívlastok „spolugarant meny", a to z dôvodu, že stále (ako aj iné centrálne banky eurosystému) plní množstvo úloh v menovej oblasti. Základ menového práva už netvorí slovenská právna úprava, ale európska úprava. Slovenská právna úprava je značne oklieštená, pričom väčšinou odkazuje na európsku právnu úpravu. Chápanie menového práva tak ako bolo chápané v minulosti, ako vnútroštátne právo, už teda nie je možné, pričom možno skôr hovoriť o európskom menovom práve, ktoré je však aj naďalej podsystémom, resp. pododvetvím finančného práva.

Zoznam použitej literatúry

Knihy:

BABČÁK, V. a kolektív Finančné právo na Slovensku. Bratislava : Ing. Miroslav Mračko, EPOS, 2017. 504 s. ISBN 978-80-562-0191-6.

BOGUSZAK, J., ČAPEK, J., GERLOCH, A. Teorie práva. Praha : ASPI Publishing. 2004, 348 s. ISBN80-7357-030-0.

BUJŇÁKOVÁ,, M. Slovenské finančné právo II. diel. Vysokoškolské učebné texty Univerzita P. J. Šafárika v Košiciach. Právnická fakulta. Košice. 1994. ISBN 80-7079-299-8.

DAUDRIKH, Y., SZAKÁCS, A. Colné a menové právo. 1. vydanie. Bratislava : Wolters Kluwer s. r. ., 2022. 148 s. ISBN978-80-571-0456-8.

DRGONEC, J. Ústava Slovenskej republiky. Komentár. Heuréka. Šamorín. 2004, 811 s. ISBN 80-89122-05-1.

GONDA, V. Peniaze a monetárne teórie. IURA EDITION, spol. s r. o., Bratislava, 2000, 147 s. ISBN80-88715-63-6.

GRÚŇ, Ľ. Menové, bankové a devízové právo. Vydavateľské oddelenie Právnickej fakulty UK. Bratislava. 1996. 299 s. ISBN 80-7160-083-0.

JÚDA, V. : Teória práva. Univerzita Mateja Bela Právnická fakulta. Banská Bystrica. 2011. 160 s. ISBN 978-80-557-0158-5.

KUBINCOVÁ, S., LEITNEROVÁ, L. Finančné právo I. časť. Právna úprava rozpočtov, meny, devízového práva a práva finančného trhu. Belianum. Vydavateľstvo UMB, Banská Bystrica. 2015. 402 s. ISBN 978-80-557-0877-5.

KUBINCOVÁ, S., LEITNEROVÁ, L. Európske menové právo a menové právo na Slovensku. Ing. Miroslav Mračko epos. Bratislava. 2018. 254 s. ISBN 978-80-562-0233-3.

OTTOVÁ, E. Teória práva, 3. vydanie, Heuréka, Šamorín, 2010. s. 226. ISBN 80-7160-200-0.

SIDAK, M., DURAČINSKÁ, M. a kol. Finančné právo. 1. vydanie. Bratislava : C. H. Beck, 2012. 480 s. ISBN 978-80-89603-04-6.
SLAŠŤAN, M., JÚDA, V. : Teória štátu a práva. Vybrané problémy v kontexte európskej integrácie. Nitra : Katedra politológie a európskych štúdií, Univerzita Konštantína Filozofa v Nitre. 2008. 323 s. ISBN 978-80-969554-8-0.
SLOVINSKÝ, A., GIRÁŠEK, J., Československé finančné právo. Druhé prepracované a doplnené vydanie. OBZOR Bratislava. 1979. 400 s. 65-021-79.
VEČEŘA, M., GERLOCH, A., SCHLOSSER, H., BERAN, K., RUDENKO, S. Teória práva, 5. rozšírené a doplnené vydanie, Bratislava : Eurokódex, 2013. 351 s. ISBN 978-80-8155-001-0.

Zborníky a časopisy:

CAKOCI, K., ČERVENÁ, K., Peniaze v minulosti a dnes. In. eds. HESEKOVÁ, S., PONIŠT, V. 30 rokov Zákona o Národnej banke Slovenska. Národná banka Slovenska, Právnická fakulta Univerzity Komenského v Bratislava, Bratislava, 2023. s. 22-30 ISBN 978-80-8043-258-4.
KUBINCOVÁ, S. Právne postavenie centrálnej banky po roku 1918, In: Biatec : odborný bankový časopis. - Bratislava : Národná banka Slovenska. 2011. Roč. 19, č. 2 (2011), ISSN 1335-0900. s. 13-18.
KUBINCOVÁ, T. Vplyv ekvitálneho práva na procesnú činnosť súdov v Slovenskej republike. In. Acta Iuridica Sladkoviciensia. V., Právnické štúdie. Sládkovičovo. Fakulta práva Janka Jesenského, 2013. s. 91-105, ISBN 978-80-89267-96-5.

Internetové zdroje:

Stanovisko Kancelária Národnej rady SR, Odbor legislatívy a aproximácie práva číslo:740/2000-Sckr. k návrhu skupiny poslancov Národnej rady Slovenskej republiky na vydanie ústavného zákona, ktorým sa mení a dopĺňa Ústava Slovenskej republiky č. 460/1992 Zb. v znení ústavného zákona č. 244/1998 Z.z. a ústavného zákona č. 9/1999 Z.z. (tlač 643).

Euromena de lege ferenda
Euro currency de lege ferenda

Mgr. Viliam Poništ, PhD.[1]
Národná banka Slovenska

Abstrakt
Hoci sa to nemusí javiť, ale euro (a aj iné meny) sa v súčasnosti dostávajú pod čoraz väčší tlak zákonodarcov, a to z viacerých hľadísk. Sú tu snahy potláčať používanie hotovosti, čím sa má eliminovať šedá ekonomika (znižovať kriminalita). No na druhej strany sú v legislatívnom procese aj návrhy, ktorými sa postavenie hotovosti má posilniť. Nejde pritom len o snahy národných štátov zakotviť postavenie hotovosti priamo do ústavy, ale aj snaha zákonodarcu EÚ (konečne) zakotviť právo na prijímanie hotovosti v sekundárnom práve EÚ. Takisto je tu daný globálny trend digitalizácie aj vo financiách, a z tohto hľadiska prichádza do úvahy príprava digitálnej meny, v našom prípade digitálneho eura. Článok sa venuje týmto trendom, snaží priniesť rozumné dôvody a argumenty pre jednotlivé legislatívne iniciatívy a priniesť racionálne hľadisko, ktoré často absentuje – v mnohých prípadoch sa aj legislatíva, zdá sa, vytvára pocitovo – často populisticky.

Kľúčové slová
Hotovosť, právo na hotovosť, euro, mena, digitálna mena, platby

Abstract
Although it may not seem like it, the euro (and other currencies) are currently coming under increasing pressure from legislators on a number of fronts. There are attempts to curb the use of cash to eliminate the grey economy (to reduce crime). On the other hand, there are also proposals in the legislative process to strengthen the position of cash. This is not only about national states trying to enshrine the status of cash directly in their constitutions, but also about the EU legislator (finally) enshrining the right to receive cash in secondary EU law. There is also a given global trend towards digitalisation in finance, and in this respect the preparation of a digital currency, in our case the digital euro, comes into consideration. The article discusses these trends, tries to bring reasonable reasons and arguments for the various legislative initiatives and to bring a rational point of view that is often absent - in many cases, legislation also seems to be created by feeling - often populistically.

---

[1] Článok vznikol v rámci realizácie projektu VEGA 1/0212/23 Finančné inovácie ako determinant súčasnej a anticipovanej regulácie na finančnom trhu (výzvy a riziká).

Keywords
Cash, right to cash, euro, currency, digital currency, payments

1. Úvod

Súčasný vývoj v oblasti peňažných a finančných systémov, hotovosti a menovej politiky prináša významné zmeny a výzvy, ktoré majú potenciál zásadne ovplyvniť každodenný život jednotlivcov aj fungovanie ekonomík. V eurozóne sú zákonným platidlom euromince a eurobankovky, t.j hotovosť. Integrácia na úrovni spoločnej meny sa začala podpis Maastrichtskej zmluvy a hotovostné euro sa dostalo do obehu v roku 2002. A môžeme konštatovať, že 20 rokov neskôr je hotovostné euro ústredným ústrednou, nenahraditeľnou zložkou platobného styku platobného styku, je stále jedným z „najhmatateľnejších" symbolov európskej integrácie.[2] Nie je však všetko také ako sa zdá. Euro, ako aj iné svetové meny, sa ocitajú pod čoraz väčším tlakom zo strany zákonodarcov, ktorí sa snažia reagovať na nové spoločenské a technologické trendy. Jedným z najvýraznejších fenoménov je snaha o potláčanie používania hotovosti s cieľom eliminovať šedú ekonomiku a znižovať kriminalitu. Na druhej strane však existujú aj iniciatívy na posilnenie postavenia hotovosti, vrátane návrhov na jej zakotvenie do ústav jednotlivých štátov či do sekundárneho práva Európskej únie.

Tieto protichodné legislatívne snahy reflektujú širšie globálne trendy digitalizácie, ktoré neobchádzajú ani oblasť financií. Príprava digitálnych mien, ako je v prípade Európy digitálne euro, je čoraz viac v centre pozornosti. Digitalizácia sľubuje priniesť efektívnejšie a transparentnejšie finančné systémy, avšak zároveň vyvoláva otázky ohľadom bezpečnosti, súkromia a dostupnosti finančných služieb pre všetkých obyvateľov.

Tento článok sa venuje aktuálnym trendom v legislatívnych iniciatívach týkajúcich sa hotovosti a digitalizácie peňazí. Cieľom je poskytnúť dôkladnú analýzu rôznych legislatívnych návrhov, ponúknuť racionálne dôvody a argumenty pre jednotlivé prístupy, a upozorniť na potrebu rozvážnych a odborných riešení v oblasti peňažnej politiky. V kontexte mnohých populistických a emocionálne ladených diskusií je dôležité zamýšľať sa aj nad reálnymi dôsledkami iniciatív. Takisto nie je možné vyberať iba určité predpisy alebo ich časti, ale práve naopak. Je dôležité vidieť meniaci sa systém v kontexte a perspektíve.

Článok sa delí na dve hlavné kapitoly. Jedna kapitola je venovaná boju o hotovosť. Ide o boj v rovine práva - legislatívy, keď na jednej strane právo na platby v hotovosti legislatívne obmedzujeme, aby sme ho mohli na druhej strane posilniť, a to práve z dôvodu, že je v ostatnom čase obmedzované. Možno to vyznie paradoxne, ale aj takéto prístupy tu môžeme vidieť. Hoci sa táto kapitola venuje súčasnému stavu, tak poskytuje

---

[2] ZISKOVSKY, L. – LOBNIK, L. Bargeld aus rechtlicher Sicht, In: ÖBA, ročník 71, august/2023, s. 579.

náhľad toho ako to vyzerá s budúcnosťou platieb v hotovosti. Druhá hlavná kapitola sa venuje digitálnemu svetu a tomu, čo nám môže priniesť zavedenie digitálnej meny.

2. „Boj o hotovosť"

Boj o zachovanie možnosti platieb v hotovosti prebieha tak na legislatívnej úrovni zo strany príslušného normotvorca, ale aj v reálnom živote pri používaní tej, ktorej platby. Nakoniec to budeme my platiaci, ktorí rozhodne o tom, či hotovosť „prežije". Pokiaľ nebude vôľa platiť hotovosťou, tak tá postupne zanikne. Avšak na legislatívnej úrovni tento „boj" prebieha trochu inak. Na jednej strane normotvorca obmedzuje platby v hotovosti, ale na druhej strane prijíma aj normy, ktoré majú posilniť postavenie hotovosti a povinnosť jej akceptácie v spoločnosti. Nech to znie akokoľvek protichodne, či paradoxne, tak musíme konštatovať, že realita je taká.

Takáto dichotómia sa potom môže preniesť aj do právnej praxe. Napríklad aj súdy na jednej strane považujú bezhotovostný platobný styk ako doplnok toho hotovostného s nemožnosťou vynucovať si ho (Rozsudok Krajského súdu v Žiline zo dňa 30. 8. 2022, sp. zn. 30S/138/2020), a na druhej strane, ak má osoba dostatok finančných prostriedkov na účte a rozhodne sa použiť hotovosť tak takáto platba môže označená ako netransparentný spôsob platby za dodávateľské faktúry formou hotovosti (Rozsudok Krajského súdu v Trenčíne zo dňa 25. 1. 2022, sp. zn. 11S/27/2021). Všetko však závisí od samotného kontextu.

Čerstvý príklad toho ako je to s hotovosťou môžeme vidieť pri prijímaní zákona o dani z finančných transakcií, podľa ktorého má byť zdaňovaný výber hotovosti vo výške 0,8 % bez horného limitu (pre právnické osoby a fyzické osoby podnikateľov) a pôvodne aj zavedená povinnosť umožniť platbu kartou alebo inými elektronickými platobnými prostriedkami (táto povinnosť bola počas hlasovania v Národnej rade Slovenskej republiky bola vypustená). Hoci z dôvodovej správy nebolo zrejmé prečo práve takáto zmena, tak z vyjadrení ministra financií sa dozvedáme, že ide o zabráneniu prechodu na hotovostnú ekonomiku. To všetko v krajine, ktorá ako prvá zaviedla „právo na hotovosť" do ústavy. Môžeme sa iba domnievať, že skutočný dôvod pre zavedenie takéhoto práva do Ústavy SR potom nemal spoločné nič s reálnou ochranou používania hotovosti.

2.1 Obmedzovanie platieb v hotovosti

V prvom rade je nutné zdôrazniť, že menová politika, do ktorej patrí aj postavenie meny euro ako zákonného platidla patrí pri štátoch, ktorých je menou, do výlučnej právomoci EÚ. V zásade teda členské štáty platiace eurom nesmú prijímať žiadne vnútroštátne predpisy, ktoré by menu euro akýmkoľvek spôsobom upravovali. S menou určitého štátu sa spája aj jej povinná akceptácia. V našom prípade akceptácia meny euro znamená uznávanie eurobankoviek a euromincí ako zákonného platidla, ktoré musí byť v princípe prijímané ako platobný prostriedok pri peňažných transakciách. Táto akceptácia je zásadná pre fungovanie eura ako jednotnej meny v eurozóne. Zákonné platidlo musí byť všeobecne prijímané. To znamená, že eurobankovky a euromince by mali byť v princípe akceptované pri plnení peňažných povinností, či už ide o verejnoprávne alebo súkromnoprávne platby. Avšak akceptácia nemusí byť absolútna. Členské štáty môžu stanoviť určité výnimky, pokiaľ tieto výnimky nezasahujú do všeobecného princípu, že peňažné povinnosti môžu byť splnené platbou v hotovosti. Tieto výnimky musia byť odôvodnené a musia zohľadňovať verejný záujem. Členské štáty majú právomoc upravovať spôsoby plnenia peňažných povinností.[3] Teda je to Európska únia, ktorá môže prijímať obmedzenia pre euro ako menu, a potom členské štáty, ktoré môžu prijímať predpisy, ktoré môžu obmedziť platby v hotovosti pri spôsoboch plnenia peňažných povinností.

2.1.1 Obmedzovanie hotovosti Na Slovensku

Na Slovensku má hotovosť pomerne silné postavenie, ale to neznamená, že sa niekedy nemôžeme stretnúť s oznamom v predajni, že taká, ktorá prevádza neprijíma hotovosť, t.j. je možná iba „platba kartou". Teda často to nie je zákonodarca (štát), ktorý by obmedzoval používanie hotovosti, ale samotní podnikatelia. Podnik označený takýmto oznamom nielenže porušuje zákon č. 566/1992 Zb. o Národnej banke Slovenska v znení neskorších predpisov, ale aj vo vzťahu k spotrebiteľovi ide o nedovolené konanie,[4] nehovoriac o trestnoprávnych dôsledkoch takéhoto konania.[5]

Pokiaľ ide o jej obmedzovanie, tak zákonodarca postupne pomaly pridáva výnimky z platieb v hotovosti. Historicky to boli koncesionárske poplatky, ktoré nebolo možné zaplatiť v hotovosti. Nikto nemusí prijať ani poškodené peniaze. Neskôr sa vylúčili peňažné dary pre politické strany, ktoré môžu strany prijímať iba prevodom z iného účtu. Súdne a správne poplatky je možné hradiť v hotovosti iba do 300 eur, aj to iba vtedy, ak je na to konkrétny úrad vybavený. Takisto bol prijatý celkom samostatný predpis, ktorým bola zavedená horná hranica pre platby v hotovosti. Pomerne prekvapivým bolo prijatie novelizácie zákona č. 461/2003 Z. z. o sociálnom poistení v znení neskorších predpisov (ďalej iba „Zákon o SP"), ktorý už neumožňuje zaplatiť poistné v hotovosti, ale iba bezhotovostným prevodom alebo poštovou poukážkou (§ 142 ods. 6). V legislatívnom procese bol aj zákon, ktorým sa mení a dopĺňa zákon č. 34/2002 Z. z. o nadáciách a o zmene Občianskeho zákonníka v znení neskorších predpisov a ktorým sa menia a dopĺňajú niektoré zákony, ktorý na základe pripomienok Ministerstva financií SR doplnil pre poskytovanie finančných prostriedkov

---

[3] To vyplýva z rozsudku Súdneho dvora EÚ vo veci Johannes Dietrich a Norbert Häring proti Hessischer Rundfunk C-422/19 a C-423/19.
[4] § 4 ods. 2 písm. c) zákona č. 108/2024 Z. z. o ochrane spotrebiteľa a o zmene a doplnení niektorých zákonov.
[5] § 273 Trestného zákona – trestný čin „Ohrozovanie obehu peňazí".

do súkromnej nadácie, ich poskytovanie výlučne formou bezhotovostného platobného styku na účet súkromnej nadácie (zákon nakoniec nebol prijatý).

2.1.2 Obmedzenia hotovosti na úrovni EÚ

Z pohľadu práva EÚ je obmedzení podstatne menej. Napríklad v zmysle čl. 11 nariadenia Rady (ES) č. 974/98 z 3. mája 1998 o zavedení eura, podľa ktorého platí, že s výnimkou vydávajúceho orgánu a osôb osobitne určených vnútroštátnymi právnymi predpismi vydávajúceho členského štátu, žiadna strana nie je povinná prijať pri akejkoľvek jednej platbe viac ako 50 mincí. Ďalšia výnimka z povinnosti prijímať hotovosť (z pohľadu práva EÚ) je v zmysle čl. 5 ods. 1 nariadenia Európskeho parlamentu a Rady (EÚ) č. 651/2012 zo 4. júla 2012 o vydávaní euromincí majú zberateľské euromince postavenie zákonného platidla iba vo vydávajúcom členskom štáte (členské štáty majú prijať opatrenia s cieľom odrádzať od používania zberateľských euromincí ako platobného prostriedku), t.j. nie je možné nimi platiť v iných členských štátoch. Eurobankovky nemali žiadne obmedzenie.

Bol to teda vnútroštátny zákonodarca, ktorý kládol hotovosti „polená pod nohy". Z pohľadu EÚ bolo iba minimum reštrikcií. Pomerne zásadné obmedzenie nastalo prijatím Nariadenia Európskeho parlamentu a Rady (EÚ) 2024/1624 z 31. mája 2024 o predchádzaní využívaniu finančného systému na účely prania špinavých peňazí alebo financovania terorizmu. V zmysle čl. 80 tohto nariadenia osoby obchodujúce s tovarom alebo poskytujúce služby môžu prijímať alebo uskutočňovať platby v hotovosti len do výšky 10 000 EUR alebo zodpovedajúcej výšky v národnej alebo cudzej mene bez ohľadu na to, či sa daná transakcia vykonáva ako jediná operácia alebo v niekoľkých operáciách, ktoré sú zjavne prepojené.

2.1.3 Dôvody pre obmedzenie platieb v hotovosti

Obmedzovanie platieb v hotovosti patrí vo všeobecnosti medzi pomerne citlivé otázky, pričom často dochádza k prijatiu takejto úpravy na základe všeobecných dôvodov bez ďalšej analýzy. Ako uvádza Heseková „medzi hlavné dôvody, ktoré smerujú k potrebe legislatívne zakotviť povinnosť bezhotovostnej platby v obchodnom styku nad určitý limit, môžeme zaradiť snahy o zamedzenie daňovým podvodom a únikom, opatrenia na boj proti praniu špinavých peňazí, na boj proti korupcii a trestnej činnosti, či ochranu pred financovaním terorizmu."[6]

[6] HESEKOVÁ, S. OBMEDZENIE PLATIEB V HOTOVOSTI V LEGISLATÍVE SLOVENSKEJ REPUBLIKY. In: Právní rozpravy 2019: recenzovaný sborník příspěvků z mezinárodní vědecké konference. Hradec Králové, Magnanimitas akademické sdružení, 2019, s. 160; dostupné: https://www.vedeckekonference.cz/library/proceedings/pr_2019.pdf

Keď nazrieme do dôvodovej správy zákona, ktorým sa menil Zákon o SP[7] zistíme, že je to v prvom rade boj proti šedej ekonomike, nakoľko práve bezhotovostný platobný styk možno považovať za jeden z nástrojov, ktorým sa dá eliminovať podiel šedej ekonomiky. Do šedej ekonomiky, v rámci legálneho platobného styku, patrí aj platenie bankovkami a práve bezhotovostným platobným stykom sa dá jej podiel eliminovať. Medzi ďalšie dôvody bolo zaradené nebezpečenstvo krádeže, či možnosti výskytu chýb pri počítaní, možnosť výskytu falošných peňazí, ale aj dodatočné náklady na zabezpečenie bezpečnosti, šírenia ochorení, potreba osobného kontaktu. Ministerstvo financií SR zásadnú pripomienku k vyššie uvedenému zákonu, ktorým sa mení a dopĺňa zákon č. 34/2002 Z. z. o nadáciách a o zmene Občianskeho zákonníka v znení neskorších predpisov, odôvodnilo tým, že hotovostná forma príspevkov a darov do súkromnej nadácie by mohla predstavovať priestor na pranie špinavých peňazí a priestor pre legalizáciu príjmov z trestnej činnosti.[8]

Bezhotovostný platobný styk možno považovať za jeden z nástrojov, ktorým sa dá eliminovať podiel šedej ekonomiky, t. j. nelegálneho pohybu peňazí, ktoré štát nemá registrované vo svojich záznamoch. Do šedej ekonomiky, v rámci legálneho platobného styku, patrí aj platenie bankovkami a práve bezhotovostným platobným stykom sa dá jej podiel eliminovať.

Za nevýhody hotovostného platobného styku možno považovať aj nebezpečenstvo krádeže, možnosť výskytu chýb pri počítaní, možnosť výskytu falošných peňazí v obehu, dodatočné náklady na zabezpečenie bezpečnosti (trezory, ozbrojená ochrana), možnosť šírenia ochorení, potreba osobného kontaktu a pod.

Aké boli dôvody pre zavedenie hornej hranice na platby v hotovosti na úrovni EÚ? Nariadenie bolo prijímané s cieľom primerane zmierniť riziká vyplývajúce zo zneužívania veľkých hotovostí by sa mal pre celú Úniu stanoviť limit vzťahujúci sa na veľké hotovostné platby nad 10 000 EUR (18 recitálu). Ako sa ďalej uvádza v recitály k nariadeniu využívanie veľkých hotovostných platieb je ľahko zneužiteľné na pranie špinavých peňazí a financovanie terorizmu a táto zneužiteľnosť nebola dostatočne zmiernená požiadavkou, aby osoby obchodujúce s tovarom podliehali pravidlám boja proti praniu špinavých peňazí pri uskutočňovaní alebo prijímaní hotovostných platieb vo výške 10 000 EUR alebo viac. Je viac ako otázne, či vôbec nejaký maximálny limit pre platby v hotovosti je efektívny alebo nie, a či vôbec malo zavedenie tejto hranice v niektorých krajinách (vrátane Slovenska) nejaký efekt. Ako uviedli kolegovia z Rakúskej národnej banky jednotný hotovostný strop EÚ nebude účinný v boji proti praniu špinavých peňazí a nezákonným činnostiam vrátane financovania terorizmu.

---

[7] Ide o zákon č. 125/2022 Z. z., ktorým sa mení a dopĺňa zákon č. 461/2003 Z. z. o sociálnom poistení v znení neskorších predpisov a ktorým sa menia a dopĺňajú niektoré zákony.
[8] Dostupné: https://hsr.rokovania.sk/124572023-/?csrt=873212136988950541

Naopak, spôsobí len to, že zločinci presunú nelegálne činnosti na iné platobné prostriedky.[9]

Ako je zrejmé, tak na vnútroštátnej úrovni ako aj na úrovni EÚ je ako základný dôvod pre obmedzovanie hotovosti práve strach z toho, že hotovosť vo väčších (ale aj menších množstvách) môže pochádzať z nelegálnej činnosti. Takýmto spôsobom sa má potláčať šedá ekonomika (zabránením možnosti prať špinavé peniaze) a terorizmus. Iba vedľajšie sú tie, že je v obehu sú falošné peniaze (hoci v tom čase bolo zachytených falzifikátov veľmi málo) alebo riziko krádeže (čo samozrejme neznižuje riziko phishingu, či pharmingu alebo iných podvodov za účelom vylákania prístupových údajov k účtom platiteľov a následnej online krádeže) a podobne.

Pri pozorovaní dôvodov pre obmedzovanie hotovosti to môže vyzerať tak, že každý, kto platí v hotovosti je z pohľadu normotvorcu (vnútroštátneho alebo únijného) potenciálny kriminálnik. Ako uvádza Schneider „hlasy" volajúce po obmedzení alebo zrušení hotovosti tvrdia, že prísnejšia a komplexnejšia kontrola štátu nad finančnými tokmi a prostriedkami jednotlivcov bude účinne bojovať proti kriminalite, tieňovej ekonomike a terorizmu. Podľa jeho názoru však máme slabé empirické dôkazy.[10]

Tu by sme preto mali zastaviť tendencie spájať zákonné platidlá – v súčasnosti jediné zákonné platidlá s tým, že sú to peniaze kriminálnikov. Je na orgánoch činných v trestnom konaní, aby odhaľovali trestnú činnosť, a ten, kto chce platiť v hotovosti by nemal byť považovaný za kriminálnika. Platí predsa aj AML legislatíva na základe, ktorej pri neobvyklej obchodnej operácií musí príjemca peňazí urobiť starostlivosť voči klientovi, následne môže byť začatá aj investigatíva zo strany finančnej jednotky, ktorá bude posudzovať možnosti klienta platiť vysokými sumami v hotovosti. Je úlohou štátu vytvoriť podmienky pre orgány činné v trestnom konaní, aby mohli efektívne zisťovať pôvod finančných prostriedkov, ale to neznamená, že by sme mali zakázať používanie väčšej hotovosti. Každý, kto chce platiť väčšou sumou v hotovosti by sa mal byť vedomý všetkých rizík s tým spojených, ale nemal by byť obmedzovaný.

Len na margo si dovoľujeme uviesť, že z dôvodových správ (odôvodnenia ako takého) nebolo zrejmé, že by sa tieto predpoklady zakladali na dátach. Aj sama Európska centrálna banka, ktorá sa ex post a z vlastnej iniciatívy zaoberala obmedzení platieb v hotovosti na účely sociálneho poistenia uviedla vo svojom stanovisku, že „nie je jasné, ako môže k boju proti šedej ekonomike prispieť odstránenie možnosti platby v hotovosti verejnoprávnej inštitúcii, akou je Sociálna poisťovňa, ktorá túto platbu v hotovosti zaznamenáva na svojich účtoch a môže takéto informácie zdieľať s inými

---

[9] SCHROTH, M., VYBORNY, M., ZISKOVKY, L. Should the use of cash be limited? In: Monetary Policy & the Economy, Q1-Q2/22, ISSN 2309–3323, s. 117.

[10] SCHNEIDER, F. Restricting or Abolishing Cash: An Effective Instrument for Fighting the Shadow Economy, Crime and Terrorism? Working Paper No. 1708, April 2017, Johannes Kepler University of Linz, s. 18.

verejnými (napr. daňovými) orgánmi."[11] Argument o boji proti šedej ekonomike sa stáva pri legislatívnych návrhoch k obmedzovaniu používania hotovosti evergreenom. Pritom je veľmi málo štúdií, ktoré by tento argument podporovali. Môžeme len predpokladať, že zákonodarca, resp. zástancovia daného argumentu vychádzajú z toho, že za nelegálny tovar a služby sa platí v hotovosti alebo aj za celkom legálne služby a pri predaji tovaru, ale „bez bločku", či „bez faktúry" sa takisto využíva táto platba. Takisto aj korupcia je založená na hotovosti, no ako je z mnohých aj zverejnených káuz zrejmé, tak hotovosť je ba jednou z foriem – ten, kto chce úplatky brať, ich príjme aj vo forme poskytnutia služby, či dokonca vo forme lesných plodov, či hríbov. Zo štúdie Deutsche Bundesbank[12] je zrejmé, že ani vysoký podiel hotovostných platieb na celkových platbách nie je vždy znakom veľkého tieňového sektora. Nemecko a Rakúsko sú krajiny s vysokým podielom hotovosti a relatívne malým tieňovým sektorom. Na druhej strane vo Švédsku sa platby v hotovosti vykonávajú len zriedka, ale existuje tam stredne veľký tieňový sektor. Napriek tomu sa však zdá, že v mnohých prípadoch existuje korelácia medzi intenzitou používania hotovosti a veľkosťou tieňovej ekonomiky krajiny, a to napríklad: Španielsko, Taliansko a Grécko majú vysokú úroveň používania hotovosti a veľkú tieňovú ekonomiku. A naopak krajiny s relatívne nízkym využívaním hotovosti majú tiež tendenciu mať menšiu tendenciu mať menšiu tieňovú ekonomiku (napr. v anglosaských krajinách, Švajčiarsku, Holandsku a Francúzsku). Dobre to zhrnul Schneider, keď uvádza, že keďže hotovosť nie je ani motiváciou, ani dôvodom šedej ekonomiky, zločinu alebo teroristických útokov, jej zrušenie by neviedlo k veľkému zvýšeniu blahobytu.[13] Šedá ekonomika ani korupcia alebo iné ekonomické trestné činy nezaniknú jej neopodstatneným obmedzovaním, či dokonca úplným odstránením. Tu Deutsche Bundesbank dokonca uvádza, že zrušenie hotovosti by neodstránilo tieňovú ekonomiku, ale zvýšilo by náklady na nelegálne platby. Tým by sa mohol znížiť rozsah tieňovej ekonomiky odhadom o 2 - 3 %. V tejto súvislosti robil zaujímavý výskum McAndrews, ktorý svoj záver zhrnul tak, že „hotovosť nepodnecuje zločin, rovnako ako kondómy nepodnecujú žiadostivosť alebo čisté ihly nepodnecujú závislosť."[14]

2.2 Posilňovanie postavenia hotovosti

Popísali sme aktuálne spôsoby obmedzovania hotovosti. Tak ako dochádza k obmedzovaniu platieb v hotovosti, tak dochádza k posilňovaniu práva na platby v hotovosti. Bude to však iba v mantineloch, ktoré stanovia legálne a legitímne nastavené obmedzenia pre takéto platby.

---

[11] Stanovisko Európskej centrálnej banky zo 7. marca 2023 k obmedzeniu úhrad poistného na verejné sociálne poistenie v hotovosti (CON/2023/7), dostupné: https://eur-lex.europa.eu/legal-content/SK/TXT/PDF/?uri=CELEX:52023AB0007&qid=1720687424448

[12] MAI, H. Bargeld, Freiheit und Verbre-chen, Deutsche Bank Research, EU-Monitor 12. Januar 2017, ISSN 1612-0264, s. 9.

[13] SCHNEIDER F. Restricting or Abolishing Cash: An Effective Instrument for Fighting the Shadow Economy, Crime and Terrorism? Working Paper No. 1708, April 2017, Johannes Kepler University of Linz, s. 19.

[14] MCANDREWS, J. THE CASE FOR CASH. ADBI Working Paper 679. Tokyo: Asian Development Bank Institute. 2017, s. 14.

2.2.1 Na Slovensku

Podľa všetkého je Slovensko úplne prvý štát, ktorému sa mu podarilo „pretlačiť" do ústavy, ako základného zákona štátu, ustanovenie o práve na platbu v hotovosti.

Novelou Ústavy Slovenskej republiky vykonanou ústavným zákonom č. 241/2023 Z.z. ktorým sa dopĺňa Ústava Slovenskej republiky č. 460/1992 Zb. v znení neskorších predpisov (ďalej len „Ústava SR") bol pridaný čl. 39a, ktorého cieľom bolo zaviesť „právo na hotovosť" medzi základné práva a slobody. Týmto ustanovením sa malo zaručiť vydávanie hotovosti ako zákonného platidla. Ďalej má mať každý právo vykonať platbu za nákup tovarov a poskytnutie služieb v hotovosti zákonným platidlom, pričom prijatie takejto platby je možné odmietnuť len z primeraných alebo všeobecne uplatňovaných dôvodov. Takisto sa zaručuje aj právo vykonať hotovostnú operáciu v banke alebo pobočke zahraničnej banky.

Právo na platby v hotovosti je teda tak priznané ako potešujúca je snaha zákonodarcu zaviesť takéto právo. Na druhej strane, aj vzhľadom na nedostatky tejto úpravy v Ústave SR, ktorá vyvoláva viac otázok ako by dávala odpovedí, nie je takéto zavedenie „práva na hotovosť" zvládnuté po vecnej stránke.[15] Dokonca si miestami protirečí, čím bagatelizuje samotní právo na platbu v hotovosti za tovary a služby.

Len na margo môžeme poukázať na to, že viaceré krajiny sa pohrávajú s myšlienkou zavedenia práva na platby v hotovosti. Slovensko môžeme považovať za pioniera v tejto oblasti, a teda ideologicky ako inšpiráciu, no z vecnej stránky samotný obsah „práva na hotovosť" nie je práve nasledovania hodným príkladom. Svoje výhrady (viac, či menej opodstatnené) adresovala aj Európska centrálna banka.

Tieto výhrady zopakovala ECB aj v prípade Slovinska, ktoré si zobralo za príklad práve čl. 39a Ústavy SR. Hoci znenie, ktoré navrhujú v Slovinku nie je doslovne to isté ako máme na Slovensku, je trochu sofistikovanejšie (a neprotirečí si), no výhrady ECB sú v tom istom duchu.

2.2.2 Na úrovni EÚ

Pri najnovších legislatívnych snahách sa na úrovni EÚ hovorí o prijímaní digitálneho eura, no zabúda sa spomenúť, že v jednom „balíku" s nariadením Európskeho parlamentu a Rady o zavedení digitálneho eura je prijímanie aj nariadenie o eurobankovkách a eurominciach ako zákonnom platidle. Z hľadiska zakotvenia platieb v hotovosti ide o viac ako očakávané nariadenie, nakoľko v súčasnosti nie je

---

[15] Bližšie: PONIŠT, V. Zakotvenie „práva na hotovosť" v Ústave Slovenskej republiky. In: Justičná revue č. 12/2023, roč. 75, s. 1389 – 1404, ISSN 1335-6461; PONIŠT, V. Ústavné „práva na hotovosť" – ako ďalej? In: Justičná revue č. 6-7/2024, roč. 76, s. 637-646, ISSN 1335-6461.

v primárnom alebo sekundárnom práve zakotvený status euromincí a eurobankoviek, t.j. hotovosti ako takej a povinností s ňou s spojených. Teda nie je stanovené expresis verbis povinnosť prijímať hotovosť a ani nie sú presne zadefinované možnosti pre jej odmietnutie. Predmetné nariadenie by to mohlo a malo zmeniť.

Návrh nariadenia sa zameriava na zabezpečenie dostupnosti a akceptácie hotovosti – eurobankoviek a euromincí ako zákonných platidiel v celej eurozóne. Hlavným cieľom tohto nariadenia je garantovať, že eurobankovky a euromince budú naďalej dostupné a uznávané ako platidlo medzi obyvateľmi a podnikmi, a to aj v kontexte (možného) zavádzania digitálneho eura v budúcnosti.

Nariadenie by sa malo vzťahovať na vyrovnávanie peňažných dlhov, ak by sa mli vyrovnať v hotovosti. A uplatňuje aj na ex ante jednostranné vylúčenie platieb v hotovosti a na prístup k hotovosti, a to tak, že ich vylučuje (nie je stanovená výnimka z povinnej akceptácie). Nariadenie by sa nemalo uplatňovať na platby za tovar alebo služby zakúpené na diaľku vrátane online prostredia.

Postavenie eurobankoviek a euromincí ako zákonného platidla by v zmysle návrhu malo zahŕňať ich povinné akceptovanie, a to v plnej nominálnej hodnote s možnosťou splniť povinnosť platby. Príjemca platby by nemal byť oprávnený odmietnuť eurobankovky a/alebo euromince, ktoré sú predmetom ponúkanej platby. Takisto by sa mali zakázať prirážky k vyrovnaniu dlhu eurobankovkami a euromincami. Platiteľ bude mať možnosť splniť povinnosť platby tak, že príjemcovi platby ponúkne eurobankovky a euromince. Čo je z právneho hľadiska viac ako dôležitý faktor, nakoľko sa ponúknutím hotovosti nemôže dostať do omeškania, ak druhá strana odmietne a nebude na to dôvod.

Keď už hovoríme o dôvodoch pre odmietnutie hotovosti, tak príjemca platby bude oprávnený odmietnuť eurobankovky a euromince v ktoromkoľvek z týchto prípadov:

- ak k odmietnutiu dôjde dobromyseľne a ak sa takéto odmietnutie zakladá na oprávnených a dočasných dôvodoch[16] v súlade so zásadou proporcionality so zreteľom na konkrétne okolnosti, ktoré príjemca platby nemôže ovplyvniť;
- ak sa príjemca platby pred uskutočnením platby dohodol s platiteľom na inom platobnom prostriedku.

Oprávnené dôvody budú môcť zahŕňať v prípade bankoviek s vysokou nominálnou hodnotou situáciu, v ktorej je hodnota ponúkanej bankovky zjavne neprimeraná v porovnaní so sumou, ktorá sa má vyrovnať a vo výnimočných prípadoch situáciu, keď je predmetom ponúkanej platby hotovosť a podnik nemá v danom okamihu k dispozícii žiadnu hotovosť na vydávanie alebo keď by podnik v dôsledku danej platby nemal

[16] Pokiaľ ide o preukázanie, že v konkrétnom prípade existovali takéto oprávnené a dočasné dôvody a že odmietnutie bolo primerané, dôkazné bremeno znáša príjemca platby.

k dispozícii dostatok hotovosti na vydávanie na uskutočňovanie bežných každodenných obchodných transakcií.

Členské štáty budú musieť zabezpečiť dostatočný a účinný prístup k hotovosti na celom svojom území, teda vo všetkých svojich rôznych regiónoch vrátane mestských a mimomestských oblastí. Takisto budú mať povinnosť monitorovať prístup k hotovosti na celom svojom území, teda vo všetkých svojich rôznych regiónoch vrátane mestských a mimomestských oblastí. Členské štáty budú musieť predkladať Komisii a Európskej centrálnej banke správu, v ktorej budú informácie o vnútroštátnych výnimkách zo zásady povinného akceptovania, podrobné údaje a posúdenie situácie v členskom štáte, pokiaľ ide o akceptovanie platieb v hotovosti a prístup k hotovosti, ako aj nápravné opatrenia, ktoré boli prijaté na zlepšenie situácie (ak by to bolo potrebné), ale aj uplatnené sankcie vrátane peňažných sankcií. Keď už uvádzame sankcie, tak treba dodať, že od členských štátoch EÚ sa okrem iných povinností, z ktorých niektoré už boli spomenuté, bude vyžadovať stanovenie pravidiel, pokiaľ ide o sankcie (a to vrátane peňažných sankcií a pokút inej ako trestnej povahy), ktoré budú uplatniteľné pri porušení tohto nariadenia, a prijmú všetky opatrenia potrebné na zabezpečenie ich uplatňovania. Stanovené sankcie by mali byť účinné, primerané a odrádzajúce.

Samozrejme návrh nariadenia môže zmeniť svoje ustanovenia a určite aj zmení, takže dnes ešte presne nevieme ako bude reálne vyzerať povinnosť prijímať hotovosť a aké budú výnimky, ale vidíme aspoň prvú lastovičku - pokus o reálnu úpravu tejto problematiky na úrovni EÚ.

2.2.3 Dôvody pre posilňovanie platieb v hotovosti

V prvom rade si dovolíme poukázať na jeden paradoxný dôvod, ktorý bol v dôvodovej správe uvedený. Predkladatelia totiž uviedli, že „v poslednej dobe sme zároveň aj svedkami rôznych iniciatívnych krokov vedúcich k postupnému obmedzeniu predmetného práva formou všeobecne záväzných právnych noriem. I z uvedeného dôvodu je zavedenie práva na hotovosť do ústavy jedným zo spôsobov, ako riešiť v prospech spoločnosti akékoľvek pokusy o striktné obmedzenie a konečnú likvidáciu práva platiť v hotovosti vrátane súvisiaceho práva na súkromie." Teda predkladatelia - poslanci vedomí si toho, že sami obmedzujú hotovosť sa ju takto snažili chrániť - takýmto spôsob chrániť právo na platby v hotovosti pred sebou samými.

Ďalšie dôvody pre zavedenie „práva na hotovosť" do Ústavy SR boli v mnohom dôvody legitímne, nakoľko každý by mal možnosť rozhodnúť sa, že chce platiť v hotovosti (v zákonných peniazoch). Takto má dochádzať k napĺňaniu slobody v obchodných vzťahoch. Takisto aj s ohľadom na právo na súkromie. Zrušenie hotovosti by malo dopad na nízkopríjmové skupiny obyvateľstva, ale aj charitatívne organizácie „žijúce" z finančných zbierok.

Alebo tiež nie úplne legitímne dôvody ako tomu bolo navodeniu strachu, že prípade odklonu od hotovosti by došlo ešte aj k väčšiemu rozvoju kryptomien. V diskusných reláciách potom prišlo aj na tému zavádzania digitálneho eura a obranu obyvateľstva voči tomuto kroku (zachovaním práva na platby v hotovosti).

Pokiaľ sme poukázali na iniciatívu zo Slovinska, tak v odôvodnení k návrhu právnej úpravy uvádzajú, že dôvod k zavedeniu práva na hotovosť sú (aj) nebezpečenstvá digitalizácie a digitálnych peňazí - CBDC, digitálneho občianskeho preukazu. Vzhľadom na vyjadrenia niektorých vplyvných osôb v súvislosti s digitálnymi peniazmi a aktivity jednotlivých vlád (Florida, Slovensko) vzniká oprávnená obava, že zavedenie digitálnych peňazí a postupné ukončenie používania hotovosti je primárne určené vládam na kontrolu a monitorovanie finančných údajov občanov, čo znamená, že je ohrozené súkromie a finančná sloboda občanov.

Strach je mocný nástroj, ktorý často ovplyvňuje prijímanie zákonov. Politici a zákonodarcovia môžu využiť obavy verejnosti na presadenie právnych predpisov, ktoré by inak ani neboli predmetom diskusie. Aj v prípade presadzovania práva na hotovosť do ústav krajín to vyzerá prioritne na strach, ktorý je hnacou silou takýchto úprav. Pokiaľ ide o samotné „právo na hotovosť" vieme sa o ňom rozprávať bez toho, aby bolo nutné strašiť obyvateľstvo, no ako je zrejmé strach funguje (vždy).

Z hľadiska EÚ je to v podstate iba garantovanie určitého statusu, ktorý doteraz nebol expresis verbis legislatívne upravený. Zabezpečenie akceptovania platieb v hotovosti a dostatočného a účinného prístupu k hotovosti.

3. Digitálne euro

Z pohľadu de lege ferenda je práve zavedenie digitálneho euro najväčším očakávaním. Hoci sa na verejnosti často stretávame s názorom, že digitálne euro má nahradiť hotovosť, tak aj Európska centrálna banka a jej čelní predstavitelia neúnavne vysvetľujú, že digitálne euro má hotovosť dopĺňať, a nie ju nahradiť. Použitie hotovosti pre elektronické/digitálne platby je viac ako limitujúce, a pokiaľ budeme čoraz viac platiť v online svete, tak hotovosť ako peniaze centrálnej banky nemá alternatívu. Dôležitá otázka preto znie: môžu centrálne banky vyvinúť novú formu verejnej digitálnych peňazí, ktorá (1) zabezpečí univerzálny prístup k platbám a menovej systému, (2) podporuje hospodársku súťaž a inovácie, (3) chráni súkromie osobných údajov a (4) podporuje účinnú menovú politiku? To je výzva, ktorú centrálna banky na celom svete riešia spustením nových projektov centrálnych bánk na digitálnych mien vrátane projektu ECB zameraného na digitálne euro.[17] Návrh nariadenia

[17] Pozri: SUMMER, M., HERMANKY, H. A digital euro and the future of cash. In: Monetary Policy & the Economy, Q1-Q2/22, ISSN 2309-3323, s. 106.

o digitálnom eure sa nachádza v legislatívnom procese, takže ešte nevieme celkom presne ako bude konečná verzia vyzerať.

Nariadenie sa usiluje o zosúladenie a harmonizáciu pravidiel týkajúcich sa hotovostného a digitálneho eura, aby obidve formy peňazí centrálnej banky mohli koexistovať bez narušenia právnych a ekonomických základov eurozóny. Zdôrazňuje sa, že digitálne euro má dopĺňať hotovosť, nie ju nahradiť. Zdôrazňuje pritom, že hotovosť a digitálne euro sú ako zákonné platidlá rovnako dôležité. Teda zrovnoceňuje hotovosť s jej digitálnou formou, ktorú sme doteraz nepoznali. Elektronické peniaze, ktoré bežne používane v elektronickom platobnom styku nie sú peniaze centrálnej banky, ale iba finančný záväzok voči konkrétnej finančnej inštitúcii. Digitálne euro naopak, sú peniaze centrálnej banky a reprezentujú digitálnu hotovosť.

Ako sa uvádza aj v odôvodnení k návrhu nariadenia, keďže sa peniazmi centrálnej banky vo fyzickej forme ako takými nedokážu riešiť potreby rýchlo sa digitalizujúceho hospodárstva, mohlo by to viesť k postupnému odstráneniu menovej kotvy pre peniaze komerčných bánk. Preto je potrebné zaviesť novú formu oficiálnej meny ako zákonného platidla, ktorá je bezriziková a prispeje k vizualizácii zameniteľnosti peňazí v nominálnej hodnote emitovaných rôznymi komerčnými bankami. Alebo je to aj inak uvedené ďalej, a to tak, že v situácii, keď samotná hotovosť nedokáže uspokojiť potreby digitalizovaného hospodárstva, je mimoriadne dôležité podporiť finančné začlenenie zabezpečením univerzálneho, cenovo dostupného a jednoduchého prístupu k digitálnemu euru jednotlivcom v eurozóne, ako aj jeho široké prijímanie pri platbách.

Základnou definíciou v návrhu nariadenia je pojem „digitálne euro", ktorým sa má rozumieť digitálna forma jednotnej meny, ktorú majú k dispozícii fyzické a právnické osoby. V zmysle tohto návrhu má Európska centrálna banka výlučné právo povoliť emisiu digitálneho eura, pričom emitovať digitálne euro môžu Európska centrálna banka a národné centrálne banky. Digitálne euro potom predstavuje priamy záväzok ECB alebo národných centrálnych bánk voči používateľom digitálneho eura. Teda na rozdiel od elektronických peňazí, kde je tento nárok iba voči banke, t.j. ide o záväzok konkrétnej súkromnej banky, nie centrálnej banky.

Rovnako ako pri hotovosti aj digitálne euro by malo mať rovnaké postavenie zákonného platidla, to znamená jeho povinné prijímanie za úplnú nominálnu hodnotu s možnosťou splniť povinnosť platby. Takisto sa zakazujú aj prirážky k platbe dlhu digitálnym eurom. V súlade s možnosťou digitálneho eura splniť povinnosť platby splní platiteľ povinnosť platby tým, že ponúkne príjemcovi platby digitálne euro. Teda obdobne ako pri hotovosti, rozdiel nastáva však pri výnimkách. Digitálne euro totiž má oveľa širšiu možnosť pre neprijímanie ako hotovosť. Čo je logické, keďže musí byť ako zákonné platidlo v rovnakom postavení ako hotovosť, tak jeho obsah sa môže líšiť iba prostredníctvom výnimiek.

Pokiaľ ide teda o výnimky, príjemca platby by mal byť oprávnený odmietnuť digitálne euro v ktoromkoľvek z týchto prípadov (čl. 9 návrhu nariadenia):

- ak je príjemca platby podnikom, ktorý zamestnáva menej ako desať osôb alebo ktorého ročný obrat alebo celková ročná súvaha nepresahuje 2 milióny EUR, alebo je neziskovým právnym subjektom, ako sa vymedzuje v článku 2 ods. 18 nariadenia Európskeho parlamentu a Rady (EÚ) 2021/695, pokiaľ neprijíma porovnateľné digitálne platobné prostriedky;
- ak je odmietnutie uskutočnené v dobrej viere a ak sa takéto odmietnutie zakladá na legitímnych a dočasných dôvodoch v súlade so zásadou proporcionality vzhľadom na konkrétne okolnosti, ktoré sú mimo kontroly príjemcu platby;
- ak je príjemca platby fyzickou osobou konajúcou v rámci výlučne osobnej alebo domácej činnosti;
- ak sa príjemca platby pred platbou dohodol s platiteľom na odlišných platobných prostriedkoch podľa článku 10, t.j. platí tu expresis verbis uvedený zákaz jednostranného vylúčenia platieb v digitálnom eure.

Teda je zrejmé, že nie každý musí prijímať digitálne euro. Dokonca ani na úrovni bežných obyvateľov to nemusí byť. Takisto v prípade podnikov, ktoré nezamestnávajú dostatok zamestnancov alebo nemajú dostatočný obrat, t.j. napríklad lokálne obchody. Použiteľnosť digitálneho eura teda bude nižšia ako v prípade hotovosti. Samozrejme ide o výnimku, t.j. pokiaľ uvedené subjekty budú chcieť prijímať digitálne euro, tak môžu.

Funkcia digitálneho eura ako uchovávateľa hodnoty má byť obmedzená, t.j nebude možné odkladať si vysokú sumu v tejto forme. Limit by mal byť nižší ako je horný limit pre platby v hotovosti. Na rozdiel od elektronických peňazí by malo byť digitálne euro použiteľné tak online ako aj pri offline službách, t.j. bez potreby pripojenia na internet.

4. Očakávania *de lege ferenda*

Čo teda môžeme očakáva na národnej úrovni, čo čaká euro ako menu u nás? V prvom rade visí veľký otáznik nad úpravou platieb v hotovosti v Ústave SR. Výhrady, ktoré ECB predniesla sú čiastočne namieste a Európska Komisia tiež nevykazuje spokojnosť s takouto úpravou. Teda bude na zákonodarcovi, aby upravil znenie čl. 39a Ústavy SR do vyhovujúcej podoby, prípadne úplne vypustil toto ustanovenia. Samozrejme prichádza do úvahy aj možnosť neurobiť nič, čo by nás mohlo priviesť pred Súdny dvor EÚ. Tu sa však z právneho hľadiska otvárajú zaujímavé dimenzie, keď sa do rozporu s právom EÚ (a výlučnou právomocou EÚ) dostala do konfliktu priamo ústava členského štátu. Otázka totiž znie, či Ústava SR je nad právom EÚ alebo nie. Pokiaľ nie je, tak sme stratili suverenitu, no pokiaľ je tak prichádza do úvahy otázka výlučnej právomoci EÚ, a teda, ktorá skutočnosť bude mať prednosť (či výlučná právomoc EÚ alebo Ústava SR ako základný zákon Slovenskej republiky).

Ďalšou zaujímavou oblasťou, ktorú by sme mohli sledovať je aj vývoj okolo Zákona o SP. Podľa názoru ECB nie je v poriadku ani novela, ktorá vylúčila hotovosť ako jednu z možností pre platby poistného. Táto otázka by mohla byť predložená (príslušným subjektom) na posúdenie súladu s právom EÚ Ústavnému súdu SR. Bolo by zaujímavé vidieť ako sa súd s touto otázkou vysporiada, a to tak pre formálne porušenie legislatívneho procesu, keď novela nebola predložená na konzultačnú povinnosť ECB, hoci to vyžaduje Zmluva o fungovaní EÚ, ako aj z vecného hľadiska.

Teda tieto právne predpisy by sa mohli dočkať určitej novelizácie, a to či už pred rozhodnutím niektorého zo súdnych orgánov - Súdneho dvora EÚ, resp. Ústavného súdu SR alebo aj bez týchto rozhodnutí.

Čerstvým prípadom je daň z výberu hotovosti, ktorá by mala zasiahnuť právnické osoby a fyzické osoby - podnikateľov. Takáto daň je nepochybne bariérou pre hotovosť. Keď v roku 2015 chcelo Írsko zaviesť daň na výber hotovosti z bankomatov (v maximálnej výške 2,5 eur na platobnú kartu za rok) ECB vo svojom stanovisku uviedla, že by takáto úprava mohla ovplyvniť štatút zákonného platidla a navrhla prehodnotiť dané opatrenie, pričom zdôraznila aj to, že by to mohlo vytvoriť precedens pre možné budúce zdanenie kanálov na prístup k eurobankovkám.[18] Je teda otázne, či sa slovenský zákonodarca rozhodne takúto daň nakoniec ponechať, zrušiť, prípadne ju dokonca rozšíriť aj na ostatné fyzické osoby po vzore Maďarska.

Samozrejme, ak by bola prijatá príslušná legislatíva na európskej úrovni budeme musieť zosúladiť náš právny poriadok s prijatou úpravou. Dnes to vidíme napríklad na hornej hranici platieb v hotovosti, keď náš právny poriadok umožňuje platby v hotovosti
do výšky 15 000 eur, no na úrovni EÚ bola prijatá úprava, ktorá umožňuje tieto platby iba do výšky 10 000 eur. Táto úprava ešte neplatí, takže slovenský zákonodarca má čas, ale túto zmenu v konečnom dôsledku vykonať bude musieť.

Za relevantnú právnu úpravu na úrovni EÚ, na ktorú bude musieť zákonodarca reagovať bude nariadenie o eurobankovkách a eurominciach ako zákonnom platidle a nariadenie o zavedení digitálneho eura. Okrem toho, že bude musieť zosúladiť naše právne predpisy s tým ako ich bude vnímať právo EÚ v menovej oblasti, ktorá patrí do výlučnej právomoci EÚ, t.j. naša legislatíva nie, že nemôže byť s ňou v rozpore, ale ani by nemala byť (pokiaľ presne nekopíruje znenie, hoci ani to nie je vítané).

Z hľadiska práva EÚ sú to práve uvedené dva návrhy nariadení, ktoré budú dotvárať rámec pre euro zákonné platidlo tak u nás ako aj celej eurozóne. Načrtli sme niektoré

[18] OPINION OF THE EUROPEAN CENTRAL BANK of 10 December 2015 relating to stamp duty on cash withdrawals from automated teller machines (CON/2015/55).

základné charakteristiky, no tie zároveň nakoniec ani nemusia platiť. Všetko bude závisieť od podoby týchto predpisov, t.j. od podoby, v ktorej budú nakoniec prijaté. Tak v Rade EÚ ako aj v Európskom parlamente prebiehajú k obsahu a jeho zneniu mnohí diskusie a zasadnutia, takže dnes ešte naozaj nevieme v akej podobe nakoniec budú prijaté.

Na otázku, čo čaká euro de lege ferenda sme viac, či menej odpovedali. Stupňuje sa tlak na „boj o hotovosť". Na jednej strane stoja zástancovia obmedzovania hotovosti s cieľom eliminovať šedú ekonomiku, zvyšovať výber DPH alebo celkovo daní (minimalizovať daňové úniky). Pôjde najmä o vlády a štátny aparát ako taký (do neho nemôžeme zaradiť centrálne banky, ktoré stoja alebo by aspoň mali stáť na opačnej strane – v zásade platí, že žiadna centrálna banka nechce prísť o svoj „produkt" - hotovosť. I keď po etablovaní digitálnej formy meny sa situácia môže zmeniť). Pritom jednoduchý daňový systém s adekvátnym nastavením daňových sadzieb s transparentným prerozdeľovaním takýchto príjmov štátneho rozpočtu dokáže priniesť väčší afekt ako obmedzovanie hotovosti. Na druhej strane budú zástancovia hotovosti, slobody a súkromia, ktorých cieľom je jej zachovanie. Pritom môže ísť o dosť nehomogénnu skupinu. Nehomogénnu skupinu v tom, že pôjde tak o osoby, ktoré nemusia mať alebo nechcú mať účet v banke, nepoužívajú platobné karty a platia výlučne v hotovosti, osoby staršie alebo aj osoby, ktoré sú zástancami kyptoaktív, na ktorých si cenia práve súkromie a anonymitu platieb (do určitej miery), t.j. to čo ponúka aj hotovosť. Odhliadnuc od eura ako takého, aj pri platobných službách nevyhnutne nastáva finančno-technologický posun, ktorý prinesie zmenu a mnohé výzvy. Tento posun bude „výzvou pre regulátorov a legislatívcov, ktorí musia reflektovať vplyv a rozsah inovácií na oblasť poskytovania finančných služieb v rozsahu nevyhnutnom pre bezpečné a zdravé poskytovanie finančných služieb a ochrany finančných spotrebiteľov."[19] Podstaty eura sa však tento finančno-technický pokrok nedotkne, keďže ten sa zameriava na elektronické peniaze. Digitálne euro však bude určitým spôsobom fintech – jeho samotnú podobu ešte nepoznáme, takže bude viac ako zaujímavé sledovať postupný vývoj tohto projektu.

Tento boj sa bude vyostrovať, no v konečnom dôsledku rozhodne platiaci, či chce a bude chcieť euro hotovosť alebo digitálne euro používať. Legislatíva potom bude reagovať aj na tieto skutočnosti (okrem už vyššie uvedených).

Dejiny nám ponúkajú cenné lekcie pre pochopenie budúcich trendov. Pri analyzovaní finančných inovácií je nutné zdôrazniť, že aj napriek súčasným technologickým pokrokom zostanú staršie systémy, v tomto prípade hotovosť, relevantné. Aj keď elektronické/digitálne platby neustále rastú (môžu byť do určitej miery zabrzdené novou transakčnou daňou), hotovosť má unikátne výhody, pre ktoré je aktuálna, ako

---

[19] HAMŘÍK, M. FinTech - náčrt výziev nielen pre spotrebiteľa. In: HLAVATÝ, I. (ed.) SPOTREBITEĽ NA FINANČNOM TRHU. Bratislava: Ekonóm, 2018, s. 51.

napríklad jednoduchosť používania, súkromie a nezávislosť od technológie, čo z nej robí neoddeliteľnú súčasť platobného systému aj v budúcnosti. Tieto výhody ju robia obzvlášť užitočnou pre určité skupiny obyvateľstva a rôzne neočakávané situácie. Budúcnosť hotovosti však nie je len súťaž medzi hotovosťou a digitálnymi technológiami, ani sa neobmedzuje len na platby ako také. Diskusia by sa nemala zameriavať iba na technológiu (formu) ale skôr na sociálnu a ekonomickú úlohu (funkciu) peňazí.[20]

5. Záver

Euro, ako jednotná mena pre väčšinu členských štátov EÚ, zohráva kľúčovú úlohu v ekonomickej a politickej integrácii kontinentu. De lege ferenda, teda z pohľadu budúcej legislatívy, sa očakávajú významné zmeny a inovácie, ktoré by mohli posilniť stabilitu a funkčnosť eura v dynamickom globálnom prostredí. Jednou z najvýznamnejších očakávaných zmien je zavedenie digitálneho eura. Digitálne euro by mohlo poskytnúť potrebné riešenia, ktorými by sa znížila závislosť na súkromných platobných systémoch.

Zavedenie digitálneho eura si vyžiada nový legislatívny rámec. Právny rámec musí zabezpečiť ochranu súkromia používateľov, bezpečnosť transakcií a integráciu s existujúcimi platobnými systémami.

Európska únia kladie veľký dôraz aj na zelenú transformáciu ekonomiky. Budúce legislatívne opatrenia budú pravdepodobne podporovať ekologické investície a zohľadňovať udržateľnosť napríklad aj pri výrobe euromincí a eurobankoviek (v procese je príprava III. série).

Otázke znie, či aj kryptoaktíva, ktoré sú častým dôvodom pre zavádzanie práva na platby v hotovosti do ústav (alebo aspoň snahou) budú mať vplyv na budúcnosť eura. Každopádne predstavujú kryptoaktíva výzvu aj pre eurosystém, no v súčasnosti nepredstavujú riziko pre funkciu eura ako zákonného platidla. Teda nepočíta sa s tým, aby sa niektoré kryptoaktívum stalo zákonným platidlo v eurozóne, ako sa stalo napríklad v El Salvadore.

Budúcnosť eura v legislatívnej oblasti je plná výziev aj príležitostí. Zavedenie digitálneho eura, podpora zelených financií a ďalšia finančná integrácia sú kľúčovými oblasťami, ktoré budú formovať budúcu podobu eura. Tieto opatrenia dúfajme prispejú k stabilite, efektívnosti a udržateľnosti menového systému, čo je nevyhnutné pre prosperitu a jednotu Európskej únie.

[20] Pozri: LEPECQ, G., LILLBERG, P. The Future of Cash? CashEssentials, 2021, s. 33.

Pokiaľ ide o budúcnosť euro hotovosti vo všeobecnosti, tak zmienený boj prebieha a uvidíme kam až jeho výsledok povedie legislatívu, t.j. či k väčším obmedzeniam alebo väčšej voľnosti. Vlády jednotlivých krajín sa vždy budú snažiť hotovosť ako takú obmedzovať, nakoľko v nej vidia jeden z hlavných dôvodov pre daňové úniky, či šedú ekonomiku. Zároveň treba dodať že existuje veľa výhrad a rizík spojených so samotným odstránením hotovosti, ktoré by sa museli vziať do úvahy[21] v prípade najkrajnejšieho riešenia, ktoré zatiaľ nie je na stole.

Zoznam použitej literatúry

Zborníky a časopisy:

GIKAS, G., HYZ, A., TAGKAS, P. Abolishing cash in Europe: the benefits and drawbacks of electronic transactions. In: Central European Review of Economics & Finance, vol. 23, 1/2018, 59 – 68 s., ISSN 2082-8500.

HAMŘÍK, M. FinTech - náčrt výziev nielen pre spotrebiteľa. In: HLAVATÝ, I. (ed.) SPOTREBITEĽ NA FINANČNOM TRHU. Bratislava: Ekonóm, 2018, s. 42 – 51. ISBN 978-80-225-4569-3.

HESEKOVÁ, S. Obmedzenie platieb v hotovosti v legislatíve Slovenskej republiky. In: Právní rozpravy 2019: recenzovaný sborník příspěvků z mezinárodní vědecké konference. Hradec Králové, Magnanimitas akademické sdružení, 2019. 160-168 s., ISBN 978-80-87952-28-3.

MAI, H. Bargeld, Freiheit und Verbrechen, Deutsche Bank Research, EU-Monitor 12. Januar 2017, 23 s., ISSN 1612-0264.

MCANDREWS, J. THE CASE FOR CASH. ADBI Working Paper 679. Tokyo: Asian Development Bank Institute. 2017, 16 s.

LEPECQ, G., LILLBERG, P. The Future of Cash? CashEssentials, 2021, 37 s.

PONIŠT, V. Zakotvenie „práva na hotovosť" v Ústave Slovenskej republiky. In: Justičná revue č. 12/2023, roč. 75, s. 1389 – 1404, ISSN 1335-6461.

PONIŠT, V. Ústavné „práva na hotovosť" – ako ďalej? In: Justičná revue č. 6-7/2024, roč. 76, s. 637-646, ISSN 1335-6461.

SCHNEIDER F. Restricting or Abolishing Cash: An Effective Instrument for Fighting the Shadow Economy, Crime and Terrorism? Working Paper No. 1708, April 2017, Johannes Kepler University of Linz, 38 s.

SCHROTH, M., VYBORNY, M., ZISKOVKY, L. Should the use of cash be limited? In: Monetary Policy & the Economy, Q1-Q2/22, 109 – 119 s., ISSN 2309–3323.

SUMMER, M., HERMANKY, H. A digital euro and the future of cash. In: Monetary Policy & the Economy, Q1-Q2/22, 91 – 108 s., ISSN 2309–3323.

ZISKOVSKY, L. – LOBNIK, L. Bargeld aus rechtlicher Sicht, In: ÖBA, ročník 71, august/2023, 578 - 586 s., ISSN 1015-1516.

[21] GIKAS, G., HYZ, A., TAGKAS, P. Abolishing cash in Europe: the benefits and drawbacks of electronic transactions. In: Central European Review of Economics & Finance, vol. 23, 1/2018, s. 67;

Rozsudok Súdneho dvora EÚ vo veci Johannes Dietrich a Norbert Häring proti Hessischer Rundfunk C-422/19 a C-423/19.
Rozsudok Krajského súdu v Žiline zo dňa 30. 8. 2022, sp. zn. 30S/138/2020.
Rozsudok Krajského súdu v Trenčíne zo dňa 25. 1. 2022, sp. zn. 11S/27/2021.
Zákon č. 108/2024 Z. z. o ochrane spotrebiteľa a o zmene a doplnení niektorých zákonov.
Zákon č. 300/2005 Z. z. trestný zákon v znení neskorších predpisov.
Zákon č. 566/1992 Zb. o Národnej banke Slovenska v znení neskorších predpisov.
Zákon č. 461/2003 Z. z. o sociálnom poistení v znení neskorších predpisov.
Ústava Slovenskej republiky č. 460/1992 Zb. v znení neskorších predpisov.
OPINION OF THE EUROPEAN CENTRAL BANK of 10 December 2015 relating to stamp duty on cash withdrawals from automated teller machines (CON/2015/55).
Stanovisko Európskej centrálnej banky zo 7. marca 2023 k obmedzeniu úhrad poistného na verejné sociálne poistenie v hotovosti (CON/2023/7).
Nariadenie Európskeho parlamentu a Rady (EÚ) 2024/1624 z 31. mája 2024 o predchádzaní využívaniu finančného systému na účely prania špinavých peňazí alebo financovania terorizmu.
Nariadenie Rady (ES) č. 974/98 z 3. mája 1998 o zavedení eura.
Nariadenie Európskeho parlamentu a Rady (EÚ) č. 651/2012 zo 4. júla 2012 o vydávaní euromincí.

Spoločná mena euro vo vizibilite európskeho systému finančného dohľadu

The common currency euro in the visibility of the european system of financial supervision

JUDr. Michal Úradník, PhD.
Právnická fakulta Univerzity Mateja Bela v Banskej Bystrici

Abstrakt

Európsky systém finančného dohľadu vznikol ako legislatívno-ekonomická odpoveď na svetovú hospodársku krízu z roku 2008, a to s imanentným cieľom, predchádzať finančným krízam. Organizačne štruktúrovaný mechanizmus má za cieľ aj ochranu spoločnej meny. Od prijatia eura v roku 2009 bolo realizovaných pomerne veľké množstvo regulácií v oblasti, či už peňažného obehu alebo finančného trhu ako takého. Jedným z nich je aj sprísňovanie podmienok poskytovania úverov na bývanie. Pozornosť sa preto sústreďuje na vybrané zmeny v oblasti finančného trhu, ktoré sledovali nielen zvýšený dohľad nad finančným trhom, ale aj ochranu eura. Prednostne sú analyzované výročné správy z činnosti orgánov tohto systému. Akcent je kladený aj na zmeny právnej úpravy a ich vplyv na recipienta právnej normy, primárne bežných fyzických osôb ako finančných spotrebiteľov.

Kľúčové slová

finančný trh, Európsky systém finančného dohľadu, banková únia, Národná banka Slovenska, euro, spotrebiteľ

Abstract

The European System of Financial Supervision was created as a legislative-economic response to the global economic crisis of 2008, with the immanent aim of preventing financial crises. The organizationally structured mechanism also aims to protect the common currency. Since the adoption of the euro in 2009, a relatively large number of regulations have been implemented in the area of money circulation or the financial market as a whole. One of these is the tightening of the conditions for housing loans. Attention is therefore focused on selected changes in the financial market area, which have pursued not only increased supervision of the financial market, but also the protection of the euro. Preferably, the annual reports on the activities of the authorities of this system are analysed. Emphasis is also placed on the changes in legislation and their impact on the recipients of the legislation, primarily ordinary individuals as financial consumers.

Keywords

financial market, European system of financial supervision, banking union, National Bank of Slovakia, euro, consumer

1. Úvod

Presné časové vymedzenie snáh smerujúcich k vytvoreniu systému dohľadu nad finančným trhom nie je úplné objektívne, pretože s istou mierou zovšeobecnenia tieto existovali už s počiatkom trhu.[1] V priestore Európskej únie je však potrebné vnímať aj integračné snahy a vytvorenie vnútorného trhu. S prihliadnutím na Oznámenie Európskej komisie k implementácii tzv. Akčného plánu[2] možno konštatovať, že jedným z dominantných impulzov nielen pre rozvoj európskeho finančného trhu, ale aj spôsobu výkonu dohľadu nad jeho činnosťou bolo zavedenie meny euro. Myšlienka spoločnej meny členských štátov Európskeho hospodárskeho spoločenstva sa prvýkrát objavila v memorande Európskej komisie z 24. októbra 1962 (Marjolinovo memorandum) a Komisia v ňom navrhla, aby sa colná únia do konca 60. rokov 20. storočia pretvorila na hospodársku úniu, v ktorej by boli stanovené neodvolateľné výmenné kurzy mien jednotlivých členských štátov Spoločenstva. [3]

Zavedením meny eura sa vytvorila jedinečná príležitosť poskytnúť Európskemu spoločenstvu moderný finančný systém, ktorý by minimalizoval kapitálové a sprostredkovateľské náklady, a súčasne podporil investície a rast zamestnanosti. Avšak už vtedy si Komisia uvedomovala, že štrukturálne zmeny spôsobené zavedením meny eura vytvoria pre regulačné a dozorné orgány náročnú situáciu. Zároveň predstavila zámer vytvorenia pravidiel dohľadu nad bankovým sektorom, ako aj sektorom poistenia a cenných papierov, pričom sa mali zohľadniť aj výsledky vtedajších prác grémií, ako napríklad Bazilejského výboru pre bankový dohľad alebo Fóra európskych komisií pre cenné papiere (FESCO).[4] Uvedené vyplýva už z Akčného

[1] Napríklad: V rámci globalizácie služieb finančného trhu boli na európskej úrovni ešte v 70. rokoch 20. storočia vytvorené dve fóra pre multilaterálnu spoluprácu v oblasti bankového dohľadu: 1) Groupe de Contact – výbor orgánov bankového dohľadu Európskeho hospodárskeho priestoru bol kreovaný, aby sa zaoberal otázkami implementácie bankovej regulácie a postupov dohľadu a 2) Skupina pre bankový dohľad bola vytvorená Výborom guvernérov centrálnych bánk členských štátov Európskeho hospodárskeho spoločenstva a predznamenala dnešné usporiadanie organizované Európskou centrálnou bankou. - SCHELLER, H. K. *Európska centrálna banka - história, úlohy a funkcie.* 2006. s. 114. Dostupné online (cit. 5.7.2024): http://www.nbs.sk/_img/Documents/_vzdelavanie/ucitelia/ECB_historia_ulohy_funkcie.pdf

[2] Akčný plán Európskej komisie pre finančné služby (Európskou úniou používaná skratka je „FSAP", pozn. autora) je všeobecne považovaný za plán obsahujúci kľúčové prvky pre vytvorenie integrovaného európskeho trhu finančných služieb a bol schválený v Lisabone v marci 2000.

[3] SCHELLER, H. K. *Európska centrálna banka - história, úlohy a funkcie.* 2006. s. 17. Dostupné online (cit. 5.7.2024): http://www.nbs.sk/_img/Documents/_vzdelavanie/ucitelia/ECB_historia_ulohy_funkcie.pdf

[4] Oznámenie Komisie z 11. mája 1999 s názvom „Implementácia rámca pre finančné trhy: akčný plán" [KOM(1999) 232 v konečnom znení – neuverejnené v úradnom vestníku]. s. 2, 14, 15. Dostupné online (cit. 23.1.2022): https://eur-lex.europa.eu/legal-content/DE/TXT/PDF/?uri=CELEX:51999DC0232&from=EN

plánu, apelujúceho na odstránenie právnych medzier úniového práva v oblasti výkonu dohľadu.[5]

Prvé obavy z dosiahnutia prezentovaných cieľov vyplývajú z Lamfalussyho správy,[6] ktorá konštatovala, že aj keď Akčný plán Európskej komisie pre finančné služby predstavuje správnu odpoveď na niektoré problémy,[7] nebude sa realizovať s požadovanou naliehavosťou, keďže mal byť dokončený až v roku 2005, pričom rezultovala potrebu jeho komplexnej reformy.

Hospodárska a finančná kríza z roku 2008 naplno zodpovedala dlho diskutované otázky o neúčinnosti vtedajšieho systému dohľadu nad finančným trhom, kreovanom najmä na mikroprudenciálnom dohľade, bez zásadnejšej výmeny informácii a spolupráce medzi jednotlivými orgánmi dohľadu a štátmi Európskej únie. Na podklade de Larosièrej správy bol ako odpoveď na finančnú krízu s účinnosťou od 1. januára 2011 kreovaný Európsky systém finančného dohľadu, pozostávajúci z Európskeho výboru pre systémové riziká (ďalej aj „ESRB"), Európskeho orgánu pre bankovníctvo (ďalej aj „EBA"), Európskeho orgánu pre poisťovníctvo a dôchodkové poistenie zamestnancov (ďalej aj „EIOPA"), Európskeho orgánu pre cenné papiere a trhy (ďalej aj „ESMA"), Spoločného výboru európskych orgánov dohľadu a príslušných orgánov dohľadu uvedených v čl. 1 ods. 2 nariadení Európskeho parlamentu a Rady EÚ č. 1093/2010, č. 1094/2010 a č. 1095/2010,[8] vrátane Európskej centrálnej banky, pokiaľ ide o úlohy, ktoré sú jej zverené nariadením Európskeho parlamentu a Rady EÚ č. 1024/2013.

---

[5] Strategisches Ziel 3: Moderne Aufsichtsregeln und Überwachung. In *Mitteilung der Kommission – Umsetzung des Finanzmarktrahmens: Aktionsplan.* Dostupné online (cit. 4.8.2024): https://eur-lex.europa.eu/legal-content/DE/TXT/PDF/?uri=CELEX:51999DC0232&from=EN

[6] LAMFALUSSY, A. Final report of the committee of wise men on the regulation of european securities markets. z 15.02.2001. Brusel. Dostupné online (cit. 10.8.2024): https://www.esma.europa.eu/sites/default/files/library/2015/11/lamfalussy_report.pdf

[7] Napríklad: 1) rýchle tempo zmien na finančných trhoch, 2) problémy legislatívy a jej implementácie, 3) rozdiely v právomociach vnútroštátnych orgánov, 4) absencia spoločného vzoru dohľadu, a iné.

[8] Nariadenie Európskeho parlamentu a Rady (EÚ) č. 1093/2010 z 24. novembra 2010, ktorým sa zriaďuje Európsky orgán dohľadu (Európsky orgán pre bankovníctvo) a ktorým sa mení a dopĺňa rozhodnutie č. 716/2009/ES a zrušuje rozhodnutie Komisie 2009/78/ES v platnom znení.
Nariadenie Európskeho parlamentu a Rady (EÚ) č. 1094/2010 z 24. novembra 2010, ktorým sa zriaďuje Európsky orgán dohľadu (Európsky orgán pre poisťovníctvo a dôchodkové poistenie zamestnancov), a ktorým sa mení a dopĺňa rozhodnutie č. 716/2009/ES a zrušuje rozhodnutie Komisie 2009/79/ES v platnom znení.
Nariadenie Európskeho parlamentu a Rady (EÚ) č. 1095/2010 z 24. novembra 2010, ktorým sa zriaďuje Európsky orgán dohľadu (Európsky orgán pre cenné papiere a trhy) a ktorým sa mení a dopĺňa rozhodnutie č. 716/2009/ES a zrušuje rozhodnutie Komisie 2009/77/ES v platnom znení.

2. Vplyv Európskeho systému finančného dohľadu na stabilitu finančného trhu a ochranu spotrebiteľa

Prvotne je potrebné poznamenať, že vplyv na euro je vnímaný v súvislosti so zabezpečením menovej stability, a tým aj predchádzaniu vzniku negatívnych externalít, ktoré by mohli viesť k opakovaniu finančnej krízy.

Európsky systém finančného dohľadu je kreovaný na zásade „dodržiavaj alebo vysvetli", uplatňovanej najmä v súvislosti varovaniami a odporúčaniami,[9] resp. s usmerneniami a odporúčaniami, [10] ktoré jednotlivé orgány dohľadu vydávajú a spočíva v podstate, že ak adresát tohto právneho aktu nemá v úmysle jeho obsah dodržiavať, je povinný vysvetliť svoj odmietavý prístup. Exempli causa, ESRB po vydaní prvého súboru varovaní v oblasti trhu s nehnuteľnosťami v roku 2016, vydal v roku 2019 varovania pre jednotlivé krajiny o strednodobých zraniteľných miestach v sektore nehnuteľností, a to v Českej republike, Spolkovej republike Nemecko, Francúzsku, na Islande a v Nórsku. Podľa ESRB väčšina dostupných ukazovateľov cien nehnuteľností na bývanie naznačila ich nadhodnotenie v Nemecku. Spolkový úrad dohľadu nad finančnými službami (Bundesanstalt für Finanzdienstleistungsaufsicht) síce oznámil, že príjme odporúčanie, avšak uvedené nástroje neboli v Nemecku zavedené.[11] Na základe ďalšieho posúdenia vývoja trhu s nehnuteľnosťami Európsky výbor pre systémové riziká v decembri 2021 rozhodol vydať dve odporúčania pre Nemecko a Rakúsko, a päť varovaní pre Bulharsko, Chorvátsko, Maďarsko, Lichtenštajnsko, ale aj pre Slovensko. Rozhodným kritériom boli zistenia, o nedostatočnosti prijatých opatrení.[12] Podľa súčasnej správy ESRB je v porovnaní s rokom 2021 len niekoľko zmien, pričom kombinácia makroprudenciálnej politiky v piatich krajinách, ktoré predtým dostali odporúčania ESRB (Rakúsko a Fínsko) alebo varovania (Maďarsko, Lichtenštajnsko a Slovensko), sa toho času považuje za primeranú, avšak v prípade ostatných krajín EHP zahrnutých do analýzy politiky v roku 2021 zostáva hodnotenie nezmenené, ako napríklad aj v Bulharsku, Chorvátsku, Dánsku, Nemecku a Luxembursku.[13] Vo výročnej správe 2023 ESRB výslovne konštatoval, že ustálenie trhov s rezidenčnými nehnuteľnosťami zatiaľ netrvá dostatočne dlhú dobu, aby viedlo k podstatnej úprave hodnotenia rizík z roka 2021.[14]

---

[9] Bližšie: článok 16 nariadenia Európskeho parlamentu a Rady EÚ č. 1092/2010.

[10] Bližšie: články 16 a 17 ods. 3 nariadení Európskeho parlamentu a Rady EÚ č. 1093/2010, č. 1094/2010 a č. 1095/2010.

[11] Varovanie Európskeho výboru pre systémové riziká o strednodobých zraniteľných miestach v sektore rezidenčných nehnuteľností v Nemecku (ESRB/2019/11) z 27. júna 2019. Dostupné online (cit. 16.08.2024): https://www.esrb.europa.eu/pub/pdf/warnings/esrb.warning190923_de_warning~6e31e93446.en.pdf

[12] K uvedenému bližšie: ESRB vydáva nové varovania a odporúčania týkajúce sa zraniteľných miest v oblasti nehnuteľností na bývanie v strednodobom horizonte. Dostupné online (cit. 16.08.2024): https://www.esrb.europa.eu/news/pr/date/2022/html/esrb.pr220211~9393d5e991.en.html

[13] ESRB zverejňuje následnú správu o zraniteľnosti sektora rezidenčných nehnuteľností. Dostupné online. (cit. 16.08.2024): https://www.esrb.europa.eu/news/pr/date/2024/html/esrb.pr240201~2abae96aef.en.html

[14] Výročná správa ESRB 2023. Dostupné online (cit. 16.08.2024): https://www.esrb.europa.eu/pub/reports/ar/html/index.sk.html

Z uvedeného potom vyvstáva logická otázka o skutočnej účinnosti vydávaných odporúčaní či usmernení, keďže napriek deklarovanej snahe o ich implementáciu jednotlivými orgánmi dohľadu členských štátov je neviditeľná ruka trhu Adama Smitha silnejšia.

V tomto kontexte sa odôvodňuje poukázať aj na postupné sprísňovanie podmienok poskytovania úverov na bývanie v Slovenskej republike. S istou mierou právnej abstrakcie prispelo k sprísneniu podmienok aj prijatie samotného zákona č. 90/2016 Z. z. o úveroch na bývanie a o zmene a doplnení niektorých zákonov v platnom znení (ďalej ako „zákon o úveroch na bývanie").[15] S účinnosťou od 1. mája 2018 bol totiž novelou označeného zákona zavedený limit na podiel výšky celkovej zadlženosti k príjmu spotrebiteľa. V čase do 13. decembra 2016 zostalo v účinnosti Odporúčanie NBS č. 1/2014 zo 7. októbra 2014 v oblasti politiky obozretnosti na makroúrovni k rizikám spojeným s vývojom na trhu retailových úverov,[16] ktoré v čl. 4 ods. 1 precizovalo odporúčanie, aby banky poskytovali úvery na bývanie s maximálnou hodnotou LTV[17] na úrovni najviac 90%,[18] pričom poskytnuté úvery prekračujúce takúto hodnotu mali mať klesajúcu tendenciu.

Následným opatrením Národnej banky Slovenska č. 10/2016, ktorým sa ustanovujú podrobnosti o posúdení schopnosti spotrebiteľa splácať úver na bývanie v platnom znení dochádzalo k ďalšiemu sprísňovaniu podmienok. Najvýraznejšie zmeny boli realizované v časti ukazovateľa schopnosti spotrebiteľa splácať úver na bývanie a limitu podielu výšky celkovej zadlženosti k príjmu spotrebiteľa, pričom podľa § 2 ods. 2 označeného opatrenia limit ukazovateľa schopnosti spotrebiteľa splácať úver na bývanie nemôže prekročiť hodnotu 1. Sprísnenie podmienok je vizibilné napríklad aj pri celkovej výške nákladov na zabezpečenie nevyhnutných podmienok na uspokojovanie základných životných potrieb spotrebiteľa,[19] či zavedeným limitom ukazovateľa zabezpečenia úveru na bývanie. V kontexte snahy o spomalenie rastu zadlžovania slovenských domácností pôsobí pomerne asystematicky § 7 ods. 2 Opatrenia č. 10/2016, upravujúce poskytovanie tzv. rizikových úverov, a to najmä

[15] Z dôvodovej správy vyplýva, že prijatie zákona o úveroch na bývanie sledovalo primárny cieľ, a síce implementáciu smernice Európskeho parlamentu a Rady 2014/17/EÚ zo 4. februára 2014 o zmluvách o úvere pre spotrebiteľov týkajúcich sa nehnuteľností určených na bývanie a o zmene smerníc 2008/48/ES a 2013/36/EÚ a nariadenia (EÚ) č. 1093/2010. Implementácia súčasne sledovala vytvorenie právneho rámca pre racionálnejšie a efektívnejšie fungovanie trhu úverov na bývanie v rámci harmonizovaného vnútorného trhu. - Dôvodová správa k zákonu č. 90/2016 Z. z. o úveroch na bývanie a o zmene a doplnení niektorých zákonov. Dostupné online (cit. 22.8.2024): https://www.najpravo.sk/dovodove-spravy/rok-2016/90-2016-z-z.html

[16]Dostupné na internete: https://www.nbs.sk/_img/Documents/_Legislativa/_Vestnik/ODPORUC_NBS_1_2014.pdf (cit. 22.8.2024).

[17] pomer úveru a jeho zabezpečenia.

[18] V čase prijímania Odporúčania NBS č. 1/2014 sa hodnota LTV pri relatívne významnej časti nových úverov na bývanie približovala úrovni 100 %. – K tomu pozri: Prehľad k odporúčaniu NBS č. 1/2014. Dostupné online (cit. 22.8.2024): https://www.nbs.sk/_img/Documents/_Dohlad/Makropolitika/odporucanie_retailove%20uvery_prehlad_2014-10-07.pdf

[19] s účinnosťou od 1. januára 2020 sa výška nákladov spotrebiteľa v zásade zvýšila o 40% uvedeného rozdielu

s ohľadom na jeho novelu vykonanú Opatrením NBS č. 7/2018 a Opatrením NBS č. 10/2019. Rezultánne možno konštatovať, že Opatrenie č. 7/2018 splnilo cieľ znižovania počtu úverov na bývanie, a to najmä z dôvodu znižovania hodnôt[20] súvisiacich s jeho poskytnutím, avšak Opatrením NBS č. 10/2019 bola hodnota celkového objemu nových úverov na bývanie zabezpečených nehnuteľnosťou s dátumom uzavretia zmluvy v tom istom kalendárnom štvrťroku v pomere 20% nahradená hodnotou 22% a doplnením ďalšej obmedzujúcej 20% polročnej hranice. Možno sa preto domnievať, že týmto zvýšením dochádza ku kvartálnemu nárastu počtu úverov.

Podľa správy ESRB z februára 2022 by mala Národná banka Slovenska (ďalej aj „NBS") zvážiť precizáciu už existujúceho rámca prijatých opatrení, ako aj reflektovať na predlžovanie splatnosti úverov, vzhľadom na dôchodkový vek dlžníkov. Prípadne by vnútroštátny orgán mohol zvážiť obnovu proticyklického kapitálového vankúša alebo zavedenie vankúša na krytie systémového rizika. [21] Na to reagovala Národná banka Slovenska novelou opatrenia č. 10/2016 uskutočnenou opatrením č. 5/2022 z 23. augusta 2022, ktorým sa mení a dopĺňa opatrenie Národnej banky Slovenska z 13. decembra 2016 č. 10/2016, ktorým sa ustanovujú podrobnosti o posúdení schopnosti spotrebiteľa splácať úver na bývanie v znení neskorších predpisov. Tým NBS zaviedla aj vekové hranice rozhodné pre limit na podiel výšky celkovej zadlženosti k príjmu, ktorý sa z hodnoty 8 znižuje v prípade spotrebiteľa, ktorý ku dňu posúdenia žiadosti o úver dovŕšil 41 rokov veku a termín konečnej splatnosti úveru na bývanie nastane po dovŕšení jeho 65 rokov. Obdobne tak aj zvýšením miery proticyklického kapitálového vankúša z 1% na 1,5 rozhodnutím NBS z 20. júna 2022 účinným od 1. augusta 2023,[22] pričom vankúš na krytie systémového rizika nie je momentálne určený.[23]

Druhou rovinou vplyvu na stabilitu spoločnej meny sú úrokové sadzby poskytovaných úverov, keď zavedenie záporných sadzieb Európskou centrálnou bankou podnecovalo banky, viac spoliehajúcich sa na vklady, aby sa zapájali do rizikovejších aktivít, a to práve na ochranu ziskovosti. Zloženie bankových vkladov je pritom kľúčové pri prenose sadzieb menovej politiky pod nulovú dolnú hranicu.[24] Nízke úrokové sadzby

---

[20] Do 30. júna 2018 bola hodnota limitu pre ukazovateľ zabezpečenia úveru na bývanie vo výške 1 (§7 ods. 1 opatrenia NBS č. 10/2016), objem poskytnutých úverov na bývanie zabezpečených nehnuteľnosťou pri ktorých ukazovateľ zabezpečenia úveru na bývanie prekračuje hodnotu 0,9 nemohol presiahnuť 10 % z celkového objemu nových úverov na bývanie zabezpečených nehnuteľnosťou s dátumom uzavretia zmluvy v tom istom kalendárnom štvrťroku. S účinnosťou od 1. júla 2018 (opatrenia NBS č. 7/2018) došlo k derogácii uvedených hodnôt 1, 0,9 a 10% a nahradením hodnotami 0,9, 0,8 a 20%.

[21] Vulnerabilities in the residential real estate sectors of the EEA countries, February 2022. s. 120-121. Dostupné online (cit.12.03.2022): https://www.esrb.europa.eu/pub/pdf/reports/esrb.report220211_vulnerabilities_eea_countries~27e571112b.en.pdf?421b2a7ec415416f4b9d6732d18af8d3

[22] Proticyklický kapitálový vankúš (CCyB). Dostupné online (cit. 30.8.2024): https://nbs.sk/financna-stabilita/nastroje-fs/ccyb/

[23] Vankúš na krytie systémového rizika (SyRB). Dostupné online (cit. 30.8.2024): https://nbs.sk/financna-stabilita/nastroje-fs/syrb/

[24] GRANDI, P. - GUILLE, M. Banks, deposit rigidity and negative rates. In: Journal of International Money and Finance. Volume 133, May 2023, 102810. DOI: https://doi.org/10.1016/j.jimonfin.2023.102810. Dostupné

viedli k nárastu poskytnutých úverov, pričom otázka zadlženosti a schopnosti splácania poskytnutých úverov je aktuálnou najmä v kontexte trhovej bubliny cien nehnuteľností, ako aj v prípade neočakávaných situácii, akou bola pandémia Covid-19[25] či problémy známych finančných inštitúcii. Niektorí odborníci preto navrhli rozšíriť rozsah ochrany vkladov na všetky vklady, a to bez ohľadu na ich výšku.[26] Podľa ESRB rozšírenie poistenia vkladov zvýši objem finančných prostriedkov, ktoré sú v súčasnosti mimo bankového systému, čo zníži spochybňovanie stability bánk. [27]

Z pohľadu autora ale nie je zrejmé, o aký systém ochrany vkladov by malo ísť, pretože v podmienkach Slovenskej republiky sú všetky vklady v bankách chránené a Fondom na ochranu vkladov kryté do sumy 100 000 eur.[28] Predmetné vychádza z postupnej harmonizácie práva, keď v novembri 2015 Komisia navrhla zriadiť európsky systém poistenia vkladov (EDIS), ktorý vychádza zo systému vnútroštátnej ochrany vkladov upravených smernicou Európskeho parlamentu a Rady 2014/49/EÚ zo 16. apríla 2014 o systémoch ochrany vkladov a zabezpečuje, že všetky vklady do 100 000 EUR sú chránené prostredníctvom vnútroštátnych systémov ochrany vkladov v celej Európskej únii, pričom krytie vkladov na úrovni 100 000 eur už predtým upravovala smernica Európskeho parlamentu a Rady 2009/14/ES z 11. marca 2009, ktorou sa mení a dopĺňa smernica 94/19/ES o systémoch ochrany vkladov, pokiaľ ide o úroveň krytia a výplatnú lehotu. Uvedené možno na jednej strane vnímať ako pozitívny posun pri unifikácii práva v priestore únie, na strane druhej a v komparácii so zákonom o ochrane vkladov do istej miery ako „poškodenie" osoby vyplácajúcej náhradu za nedostupný vklad, pretože v čase[29] implementácie tejto smernice sa poskytovala náhrada v plnej výške nedostupného vkladu.

V európskom priestore, resp. aspoň v priestore Eurozóny by prichádzal do úvahy skôr tretí pilier bankovej únie, ktorej právnym základom sú články 114 a 127 ods. 6 Zmluvy o fungovaní Európskej únie a oficiálne je kreovaná na trojpilierovom základe pozostávajúcom z Jednotného mechanizmu dohľadu, Jednotného mechanizmu riešenia

---

online (cit. 28.8.2024): https://www.sciencedirect.com/science/article/abs/pii/S0261560623000116#preview-section-cited-by. K vplyvu nízkych úrokových sadzieb pozri aj: Kakes, J. - Freriks, J. Lessons from Low Interest Rate Policy: How Did Euro Area Banks Respond?. Dostupné online (cit. 28.8.2024): https://ssrn.com/abstract=4600634 or http://dx.doi.org/10.2139/ssrn.4600634

[25] ÚRADNÍK, M. Zvyšovanie úverových kapacít bánk - opatrenie na podporu ekonomiky alebo opatrenie narušujúce finančnú stabilitu pro futuro. In: Právo v podnikání vybraných členských států Evropské unie. [online] 1. vyd. Praha : TROAS, 2020. s. 375-381. ISBN 978-80-88055-10-5. ISSN 2571-4074. Dostupné online (cit. 30.8.2024): https://kpep.vse.cz/aktuality/sbornik-z-mezinarodni-vedecke-konference/.

[26] Heider F. - Krahnen J. P. - Pelizzon L. - Schlegel J. - Tröger T. European lessons from Silicon Valley Bank resolution: A plea for a comprehensive demand deposit protection scheme (CDDPS)". In: SAFE Policy Letter. No. 98, March 2023. cit. 22.8.2024. Dostupné na internete: https://safe-frankfurt.de/policy-center/policy-publications/policy-publ-detailsview/publicationname/european-lessons-from-silicon-valley-bank-resolution-a-plea-for-a-comprehensive-demand-deposit-protection-scheme-cddps.html

[27] European Systemic Risk Board. Addressing banks' vulnerability to deposit runs: revisiting the facts, arguments and policy options. In: The Advisory Scientific Committee. No 15, August 2024. str. 46-47. cit. 29.8.2024. Dostupné na imternete: https://www.esrb.europa.eu/pub/asc/reports/html/index.en.html

[28] zákon č. 118/1996 Z. z. o ochrane vkladov a o zmene a doplnení niektorých zákonov v platnom znení (ďalej len zákon o ochrane vkladov"), ktorý v § 9 ods. 6 upravuje aj výnimku hornej hranice krytého vkladu.

[29] napríklad od 1. novembra 2008 do 29. decembra 2010.

krízových situácii a Jednotného systému ochrany vkladov s európskym prvkom. Je však potrebné osobitne akcentovať, že aj keď potreba zlepšenia dohľadu nad bankami, doplnená napríklad o spoločný systém ochrany vkladov a integrované riadenie bankových kríz, bola schválená v správe predsedov Európskej rady, Komisie a Euroskupiny a prezidenta Európskej centrálnej banky z 26. júna 2012,[30] resp. posilnenie bankového dohľadu odporučil aj Európsky parlament,[31] ako aj samit eurozóny,[32] tretí pilier bankovej únie nebol stále dobudovaný, a to ani potom, ako bol označený za legislatívnu prioritu[33] ešte roku 2021.

V usmerneniach Európskeho orgánu pre bankovníctvo sa uvádza päť kategórií na výpočet súhrnnej váhy rizika, a to kapitál, likvidita a financovanie, kvalita aktív, obchodný model a riadenie a potenciálne straty systému ochrany vkladov. V tejto súvislosti sa žiada dať do pozornosti skutočnosť, keď s účinnosťou od 3. júla 2024 EBA vydal revidované usmernenia k metódam výpočtu príspevkov do systémov ochrany vkladov podľa smernice 2014/49/EÚ, ktorými sa zrušujú a nahrádzajú usmernenia EBA/GL/2015/10. Adresáti revidovaného usmernenia však mohli k jeho uplatňovaniu pristúpiť už po dni jeho zverejnenia. Za najvýznamnejšie zmeny možno označiť stanovenie minimálnych prahových hodnôt pre väčšinu základných ukazovateľov rizika, zlepšenie výpočtu faktora prispôsobenia sa riziku, špecifikáciu účtovania vkladov, pri ktorých je krytie systému ochrany vkladov neisté či objasnenie, ako získavať príspevky po použití prostriedkov systému ochrany vkladov.[34]

Korelát vyššie uvedeného okrem snahy o zabezpečenie stability finančného trhu, a tým rovnako menovej stability spája aj ochranu finančného spotrebiteľa, ktorá je upravená v piatej časti zákona č. 747/2004 Z. z. o dohľade nad finančným trhom a o zmene a doplnení niektorých zákonov v platnom znení. Záujem na zvýšenej miere ochrany majú aj európske orgány mikroprudenciálneho dohľadu,[35] a to napríklad analýzou finančného správania spotrebiteľa a podporou edukácie finančnej gramotnosti. V komparácii sa odôvodňuje poukázať napríklad na novelu zákona o dohľade nad finančným trhom uskutočnenú zákonom č. 108/2024 Z. z. o ochrane spotrebiteľa a o zmene a doplnení niektorých zákonov, ktorá zavádza niekoľko nových inštitútov a Národnú banku Slovenska oprávňuje poskytnúť dohliadaným osobám na úseku

---

[30] Dostupné online (cit. 20.03.2022): http://www.consilium.europa.eu/uedocs/cms_data/docs/pressdata/en/ec/131201.pdf

[31] Uznesenie Európskeho parlamentu zo 7. júla 2010 s odporúčaniami pre Komisiu o cezhraničnom krízovom riadení v bankovom sektore [2010/2006(INI)]. Dostupné online (cit. 28.8.2024): https://eur-lex.europa.eu/legal-content/SK/TXT/?uri=CELEX:52010IP0276

[32] Euro area summit statement z 29.06.2012. Dostupné online (cit. 28.8.2024): http://www.consilium.europa.eu/uedocs/cms_data/docs/pressdata/en/ec/131359.pdf

[33] K tomu pozri: Hospodárstvo - Hospodárska a menová únia, daňová politika a politika hospodárskej súťaže - Banková únia. Dostupné online (cit. 28.8.2024): https://www.europarl.europa.eu/factsheets/sk/sheet/88/bankova-unia

[34] European Banking Authority. Domov. Publikácie a médiá Tlačové správy EBA zverejňuje konečné revidované usmernenia o metódach výpočtu príspevkov do systémov ochrany vkladov. Dostupné online (cit. 30.8.2024): https://www.eba.europa.eu/publications-and-media/press-releases/eba-publishes-final-revised-guidelines-methods-calculating

[35] napr. čl. 8 ods. 2 písm. i) a čl. 9 nariadenia č. 1093/2010.

ochrany finančného spotrebiteľa tzv. „druhú šancu". Ide napríklad o inštitút dobrovoľného opatrenia podľa § 35aa zákona o dohľade nad finančným trhom, keď za zákonom stanovených podmienok je od 1. júla 2024 NBS povinná najneskôr pred začatím konania o uložení opatrenia na nápravu alebo inej sankcie za porušenie povinnosti v oblasti ochrany finančných spotrebiteľov poučiť dohliadaný subjekt o možnosti prijať dobrovoľné opatrenie a o dôsledkoch jeho prijatia. Podľa dôvodovej správy k uskutočnenej novele dosiahnutie nápravy v prospech spotrebiteľov cez dobrovoľné prevzatie zodpovednosti (záväzku) obchodníkom za vlastné protiprávne konanie využitím pôsobenia orgánov dohľadu vyplýva aj z čl. 9 ods. 4 písm. c) nariadenia Európskeho parlamentu a Rady EÚ 2017/2394 z 12. decembra 2017 o spolupráci medzi národnými orgánmi zodpovednými za presadzovanie právnych predpisov na ochranu spotrebiteľa a o zrušení nariadenia (ES) č. 2006/2004 v platnom znení.

3. Záver

Nielen vyššie naznačené súvislosti odôvodňujú vysloviť rezultát, že prepojenie finančného trhu a menovej politiky nachádza synergický prienik v mnohých oblastiach. Úprava parciálnych oblastí totiž vo výsledku sleduje zabezpečenie finančnej a menovej stability. Tomu zodpovedá činnosť nielen národných orgánov dohľadu, ale aj iných systémov akým je aj Európsky systém finančného dohľadu. Napriek niektorým výhradám však možno prezumovať opodstatnenosť štruktúrovaného mechanizmu dohľadu.

Zoznam použitej literatúry

Zborníky a časopisy:

GRANDI, P. - GUILLE, M. Banks, deposit rigidity and negative rates. In: Journal of International Money and Finance. Volume 133, May 2023, 102810. DOI: https://doi.org/10.1016/j.jimonfin.2023.102810.

SCHELLER, H. K. Európska centrálna banka - história, úlohy a funkcie. 2006. s. 114. ISBN 978-92-899-0357-8.

ÚRADNÍK, M. Zvyšovanie úverových kapacít bánk - opatrenie na podporu ekonomiky alebo opatrenie narušujúce finančnú stabilitu pro futuro. In: Právo v podnikání vybraných členských států Evropské unie. [online] 1. vyd. Praha : TROAS, 2020. s. 375-381. ISBN 978-80-88055-10-5. ISSN 2571-4074.

Internetové zdroje:

Heider F. - Krahnen J. P. - Pelizzon L. - Schlegel J. - Tröger T. European lessons from Silicon Valley Bank resolution: A plea for a comprehensive demand deposit protection scheme (CDDPS)". In: SAFE Policy Letter. No. 98, March 2023. cit. 22.8.2024.

Kakes, J. - Freriks, J. Lessons from Low Interest Rate Policy: How Did Euro Area Banks Respond?

III. časť
Inovácie

CBDC, digitálne euro a dopad na poskytovanie platobných služieb

CBDC, digital euro and their impact on provison of payment services

Mgr. Peter Beňo[1]
Národná banka Slovenska

Abstrakt

Článok sa zaoberá problematikou digitálnych mien centrálnych bánk (CBDC) so zameraním na digitálne euro a jeho potenciálny dopad na poskytovateľov platobných služieb. V úvode sa vysvetľuje pojem CBDC, jeho charakteristiky a rozdiely v prístupoch k implementácii. Následne sa článok zameriava na vývoj digitálneho eura, ktorý je v súčasnosti v pokročilej fáze príprav. Diskutuje sa o možných dôsledkoch zavedenia digitálneho eura na poskytovateľov platobných služieb, vrátane technologických a regulačných výziev, ako aj príležitostí na zlepšenie efektívnosti a konkurencieschopnosti. Špeciálna pozornosť je venovaná požiadavkám na technickú infraštruktúru, dodržiavanie limitov na držbu digitálneho eura a zabezpečenie súladu s AML pravidlami, najmä pri offline transakciách.

Kľúčové slová

CBDC, digitálne euro, platobné služby

Abstract

The article deals with the issue of central bank digital currencies (CBDC) with a focus on the digital euro and its potential impact on payment service providers. The introduction explains the concept of CBDC, its characteristics and differences in approaches
to implementation. Subsequently, the article focuses on the development of the digital euro, which is currently in an advanced stage of preparation. The possible consequences of the introduction of the digital euro on payment service providers are discussed, including technological and regulatory challenges, as well as opportunities to improve efficiency and competitiveness. Special attention is paid to technical infrastructure requirements, compliance with digital euro holding limits and ensuring compliance with AML rules, especially for offline transactions.

---

[1] Príspevok bol spracovaný ako výstup v rámci riešenia projektu VEGA č. 1/0212/23 s názvom „Finančné inovácie ako determinant súčasnej a anticipovanej regulácie na finančnom trhu (výzvy a riziká)".

Keywords
CBDC, digital, euro, payment, services

1. Úvod

Digitálne meny centrálnych bánk (CBDC) sú digitálne formy národnej meny, ktoré sú vydávané a spravované centrálnou bankou danej krajiny.[2] Rastúca popularita finančno-technických inovácií napr. v podobe súkromných digitálnych mien, môže ohroziť menový monopol centrálnych bánk a spôsobiť pokles záujmu o používanie tradičných fiat peňazí. Zároveň, anonymita a decentralizovaná povaha mnohých kryptomien, možné daňové úniky a riziko prania špinavých peňazí a financovania terorizmu (ML/TF) často predstavujú vážne výzvy pre štáty pri začleňovaní kryptomien do ich ekonomických a regulačných rámcov.[3] CBDC ako reakcia na možné problémy spojené so súkromnými digitálnymi menami môžu byť vhodným nástrojom na ich mitigáciu. CBDC sú vydávané a garantované centrálnou bankou daného štátu, sú kryté štátom a jeho ekonomickými zdrojmi, čo poskytuje vyššiu úroveň stability a dôveryhodnosti v porovnaní s väčšinou kryptomien. Zároveň CBDC podliehajú prísnej regulácii a dohľadu, čo zaručuje lepšiu ochranu spotrebiteľov a zabraňuje rizikám, ako sú podvody, ML/TF alebo iné nelegálne aktivity.[4] V neposlednom rade CBDC umožňujú rýchlejšie zúčtovanie platieb v porovnaní s tradičnými bankovými prevodmi a môže znížiť transakčné náklady v porovnaní s poplatkami za spracovanie platieb v tradičných finančných inštitúciách.[5]

Berúc do úvahy vyššie pozitíva CBDC mnoho krajín sveta začalo intenzívnejšie pracovať na vývoji vlastných CBDC, ktoré majú potenciál stať sa jednou z najvýznamnejších inovácii v globálnom finančnom systéme. Vhodným príkladom je Čína, ktorá najprv zakázala používanie súkromných kryptomien, no následne sa intenzívne sústredila na vývoj vlastnej digitálnej meny.[6] Tento krok motivoval aj západné štáty, aby seriózne začali zaoberať možnosťami vývoja svojich vlastných digitálnych mien, aby sa predišlo situácii, kde by Čína prostredníctvom svojej digitálnej meny vytvorila konkurenciu iným, západným menám.[7]

---

[2] MU, Y., & MU, A. (2022). CBDC: Concepts, benefits, risks, design, and implications. In SSRN Electronic Journal. Dostupné online (cit. 25.08.2024): http://dx.doi.org/10.2139/ssrn.4234876.

[3] ARSI, S., KHELIFE, S., GHABRI, Y, MZOUGHI, H. Cryptocurrencies: Key Risks and Challenges. In: S., GUESMI, K., & SAADI, S. (2022). Cryptofinance: A new currency for a new economy. Essay. World Scientific Publishing Company. 2021, s. 121-145.

[4] HESS, S. (2020). Regulating central bank digital currencies: Towards a conceptual framework. In SSRN Electronic Journal. Dostupné online (cit. 25.08.2024): https://doi.org/10.2139/ssrn.3582501.

[5] AVGOULEAS, E., BLAIR, W. (2024). A critical evaluation of Central Bank Digital Currencies (CBDCs): Payments' final frontier? In: Capital Markets Law Journal, 19(2), str. 103–112. Dostupné online (cit. 25.08.2024): https://doi.org/10.1093/cmlj/kmae002.

[6] WANG, H. (2022). China's approach to Central Bank Digital Currency. In: University of Pennsylvania Asian Law Review, Vol. 18. Dostupné online (cit. 27.08.2024): https://doi.org/10.2139/ssrn.4036466.

[7] ACKERMAN, A. (2022). What is a central bank digital currency and should the U.S. issue it? In Wall Streat Journal. Dostupné online (cit. 27.08.2024): https://www.wsj.com/articles/should-the-u-s-issue-a-digital-dollar-which-could-compete-with-crypto-assets-11646921329.

Z vyššie uvedených skutočností vyplýva, že CBDC by mohli mať zásadný vplyv na spôsob, akým peniaze obiehajú v ekonomike, a priniesť nové príležitosti, ale aj výzvy pre vlády, finančné inštitúcie a spotrebiteľov.

Pre čitateľov tohto článku bude pravdepodobne najzaujímavejší vývoj v Európe, kde Európska centrálna banka (ďalej len „ECB") pracuje na projekte digitálneho eura. Práve preto sa v tomto článku podrobne zameriame na tento projekt. Bližšie sa pozrieme na to ako vývoj digitálneho eura prebieha a aké dopady môže mať. Vzhľadom na to, že významnú úlohu pri prevádzkovaní infraštruktúry digitálneho majú zohrávať poskytovatelia platobných služieb (napr. komerčné banky) budeme sa zaoberať hlavnými dopadmi práve na tento sektor-

2. Digitálne meny centrálnych bánk

2.1 Pojem CBDC

Hneď na úvod musíme poznamenať, že neexistuje žiadna všeobecne záväzná legálna definícia pojmu CBCD. Pri vymedzení pojmu CBDC je nutné brať do úvahy, že musí obsiahnuť všetky jednotlivé druhy CBDC. Preto musí byť tento pojem zadefinovaný dostatočne široko, aby pokryl rôzne implementácie v rôznych jurisdikciách.

Podľa Banky pre medzinárodné zúčtovanie je CBDC digitálny platobný nástroj, denominovaný v národnej účtovnej mene, ktorý predstavuje priamy záväzok centrálnej banky. Táto definícia je v súlade s tradičným rozdelením peňazí, keďže centrálne banky vydávajú dva hlavné typy peňazí: fyzickú hotovosť a elektronické vklady (rezervy a vyrovnávacie zostatky). Tieto typy peňazí sú záväzkami centrálnej banky.[8]

Medzinárodný menový fond definuje CBCD ako novú forma peňazí, vydanú digitálne centrálnou bankou a určenú na to, aby slúžila ako zákonné platidlo.[9] S touto definíciou sa stotožňuje aj Jack Meaning a kol., podľa ktorých CBDC je elektronický peňažný záväzok centrálnej banky, ktorý môže byť použitý na vyrovnávanie platieb, prípadne ako uchovávateľ hodnoty.[10]

---

[8] BANK FOR INTERNATIONAL SETTLEMENTS (BIS) (2020). Central bank digital currencies: foundational principles and core features. Dostupné online (cit. 27.08.2024): Central bank digital currencies: foundational principles and core features (bis.org).

[9] MANCINI-GRIFFOLI, T, MARTINEZ M., AGUR, I. coll. (2018), Casting Light on Central Bank Digital Currency. Dostupné online (cit. 27.08.2024): https://www.imf.org/-/media/Files/Publications/SDN/2018/SDN1808.ashx.

[10] MEANING, J., DYSON, B., BARKER, J., & CLAYTON, E. (2018b). Broadening narrow money: Monetary policy with a central bank digital currency. In: Bank of England Working Paper No. 724. Dostupné online (cit. 27.08.2024): https://doi.org/10.2139/ssrn.3180720.

Pojem CBDC definujú napr. aj jednotlivé národné centrálne banky - napr. podľa Českej národnej banky, *„CBDC sú digitálne peniaze, ktoré predstavujú priamy nárok držiteľa na centrálnu banku. Rovnako ako súčasné hotovostné peniaze, môžu byť použité ako prostriedok výmeny (na platenie) aj ako uchovávateľ hodnoty (na sporenie). Môžu, ale nemusia využívať technológiu distribuovaného registra. Emitentom CBDC je centrálna banka."*[11]

Na základe týchto definícií môžeme CBDC zhrnúť ako: (i) digitálnu formu hotovosti (digitálne fiat peniaze), (ii) zákonné platidlo, (iii) súčasť obeživa (M0) a (iv) nárok na centrálnu banku. Namiesto tlače peňazí centrálna banka vydáva digitálne peniaze alebo účty, ktoré sú kryté úplnou dôverou a kreditom vlády.[12]

Koncept CBDC, ako sme ho zadefinovali, poskytuje rámec pre porozumenie rôznych prístupov k ich implementácii.

V závislosti od účelu a cieľovej skupiny používateľov môžeme rozlíšiť dva hlavné modely CBDC: veľkoobchodný (wholesale) a univerzálny (retailový).[13] Veľkoobchodný model je určený primárne pre finančné inštitúcie a slúži na medzibankové transakcie a zúčtovanie medzi finančnými inštitúciami. Zameriava sa na efektívnosť a bezpečnosť veľkých platobných systémov a na zníženie rizika pri vysporiadaní transakcií. Na druhej strane však univerzálny (retailový) model je určený pre širokú verejnosť a funguje podobne ako hotovosť, ale v digitálnej forme. Umožňuje ľuďom vykonávať každodenné transakcie, ako sú nákupy alebo prevody peňazí, priamo bez potreby sprostredkovateľa.[14]

Čo sa týka distribúcie CBDC, táto činnosť môže prebiehať dvoma spôsobmi v závislosti od konkrétneho dizajnu a stratégie centrálnej banky. Prvým spôsobom je distribúcia prostredníctvom sprostredkovateľov. V tomto modeli centrálna banka vydáva digitálnu menu a distribuuje ju prostredníctvom komerčných bánk a iných finančných inštitúcií, ktorí zabezpečujú prístup k CBDC pre konečných používateľov. Príkladom môžu byť projekty digitálnych mien ako digitálne euro, kde sa očakáva, že komerčné banky budú hlavnými kanálmi pre distribúciu a správu digitálnych peňazí.[15] Druhým spôsobom je priama distribúcia centrálnej bankou. V tomto modeli centrálna banka distribuuje CBDC priamo konečným používateľom bez potreby sprostredkovateľov.

---

[11] ČESKÁ NÁRODNÁ BANKA (2022) Digitální eníze centrálních bank. Dostupné online (cit. 27.08.2024): https://www.cnb.cz/export/sites/cnb/cs/platebni-styk/.galleries/digitalni-penize-centralnich-bank-cbdc/download/digitalni-penize-centralnich-bank-CBDC.pdf

[12] MU, Y., & MU, A. (2022). CBDC: Concepts, benefits, risks, design, and implications. In SSRN Electronic Journal. Dostupné na internete: http://dx.doi.org/10.2139/ssrn.4234876

[13] WALICZEK, S.,NILI, C. (2024B). CBDCs come in two forms: Retail and wholesale. what's the difference? In: World Economic Forum. Dostupné online (cit. 27.08.2024): https://www.weforum.org/agenda/2024/02/wholesale-retail-cbdcs-difference/

[14] Ibid.

[15] ECB (2023). A stocktake on the digital euro. Dostupné online (cit. 27.08.2024): A stocktake on the digital euro - Summary report on the investigation phase and outlook on the next phase (europa.eu)

Tento prístup môže zahŕňať priame účty vedené v centrálnej banke pre jednotlivcov a podniky, čo môže zjednodušiť prístup k digitálnym menám a znížiť náklady na infraštruktúru.

Z vyššie uvedených faktov vyplýva, že koncept CBDC je dynamický a multifunkčný. S rôznymi definíciami a prístupmi k ich implementácii, ako sú veľkoobchodné a univerzálne modely, a rôznymi spôsobmi distribúcie, CBDC predstavujú významný krok vpred v oblasti digitálnych platieb a finančných služieb. Kľúčovým aspektom bude pochopiť, ako sa tieto digitálne meny adaptujú na rôzne potreby a podmienky v jednotlivých jurisdikciách, a ako môžu prispieť k efektívnejšiemu a inkluzívnejšiemu finančnému systému.

2.2 Príklady implementácie CBDC

CBDC, v súčasnosti chápané ako digitálne centralizované meny, sú relatívne novým fenoménom, avšak snahy o vytvorenie podobných inštitútov sa objavili už v minulosti. V roku 1993 uviedla Fínska banka na trh smart kartu Avant, ktorá predstavovala elektronickú formu hotovosti. Aj keď tento systém bol nakoniec zrušený začiatkom roku 2000, považuje sa za jeden z prvých pokusov o implementáciu CBDC.[16] K marcu 2024 sa už 134 krajín a menových únií, ktoré tvoria 98 % svetového HDP, zaoberá skúmaním potenciálu CBDC – oproti 35 krajín v máji 2020.[17] Aktuálne je 68 krajín vo fáze pokročilého vývoja, či už v podobe testovania, pilotných projektov alebo spustenia.[18]

Vzhľadom na to, že Bahamská centrálna banka koncom deväťdesiatych rokov dvadsiateho storočia identifikovala potrebu urýchlene zlepšiť prístup k digitálnym platbám pre obyvateľov žijúcich na ostrovoch bez pobočiek bánk alebo iných finančných inštitúcií, patria Bahamy medzi prvé štáty, ktoré zaviedli CBDC.[19] Používanie CBDC je bez poplatkov a náklady na infraštruktúru hradí centrálna banka. Digitálna mena Sand Dollar je prístupná na ostrovnom štáte od roku 2020 a je dostupná prostredníctvom mobilných aplikácií a čipových kariet.[20] Napriek zavedeným opatreniam, k marcu 2023 bolo v obehu približne 1 024 169 Sand Dollars, čo stále predstavujú menej než 1 % z celkového množstva bahamských dolárov v obehu.[21] Po Bahamách, ktoré spustili svoju digitálnu menu Sand Dollar v októbri 2020, sa

---

[16] GRYM, A. Lessons learned from the world's first CBDC. In: Bank of Finland. BoF Economics Review. Vol. 8/2000. Dostupné online (cit. 28.08.2024): Lessons learned from the world's first CBDC (bof.fi).

[17] Central Bank Digital Currency tracker. Atlantic Council. (2024). Dostupné online (cit. 28.08.2024): https://www.atlanticcouncil.org/cbdctracker/.

[18] Ibid.

[19] Digital Bahamian Dollar sand dollar. (n.d.-a). Dostupné online (cit. 28.08.2024): https://www.sanddollar.bs/.

[20] Ibid.

[21] BRANCH, S., WARD, L., & WRIGHT, A. (2023). The evolution of Sanddollar. In: Intereconomics. Review of European Economics Policy. Vol. 58, 2023, č. 4., str. 178–184. Dostupné online (cit. 28.08.2024): https://www.intereconomics.eu/contents/year/2023/number/4/article/the-evolution-of-sanddollar.html.

Jamajka v marci 2021 pridala so svojím projektom Jamaica Digital Currency (JDC), čím sa stala druhou krajinou v Karibiku, ktorá zaviedla CBDC.[22] Následne, v októbri 2021, sa k nim pridala Nigéria so svojím digitálnym menovým projektom e-Naira, čím sa stala prvou africkou krajinou, ktorá úspešne zaviedla CBDC do obehového systému.[23] Tieto krajiny sú príkladom rýchlej adaptácie digitálnych mien na rôznych kontinentoch, s cieľom zlepšiť finančnú inklúziu, znížiť náklady na obeh hotovosti a podporiť modernizáciu finančných systémov.

3. Digitálne euro

3.1 Vývoj a aktuálny stav

Európska centrálna banka (ECB) reagovala na vyššie uvedený vývoj projektom digitálneho eura, ktorý má za cieľ preskúmať potenciál digitálnej verzie eura ako doplnku k hotovosti a existujúcim elektronickým platobným systémom. Diskusie medzi centrálnymi bankami EÚ a tvorcami politík o digitálnom eure sa intenzívne rozvíjajú od roku 2019, keď vzostup kryptomien a stablecoinov vyvolal nové výzvy pre globálny finančný systém. ECB reagovala na potrebu zabezpečiť menovú suverenitu a stabilitu eura, a preto začala skúmať možnosti zavedenia CBDC, ktoré by mohlo posilniť existujúce menové a platobné mechanizmy.

Rada guvernérov ECB zriadila v januári 2020 pracovnú skupinu s cieľom ďalšieho pokroku v oblasti digitálnych mien centrálnych bánk (CBDC) v eurozóne.[24] Výsledkom jej činnosti bola Správa o digitálnom eure z októbra 2020, ktorá identifikovala kľúčové dôvody pre zavedenie digitálneho eura.[25] ECB zdôraznila, že digitálne euro by malo podporiť digitalizáciu európskeho hospodárstva a posilniť strategickú nezávislosť Európskej únie. Ďalšími dôvodmi sú pokles úlohy hotovosti ako platobného prostriedku, potreba zabrániť tomu, aby zahraničné CBDC alebo súkromné digitálne platby získali široké využitie v eurozóne, a využitie digitálneho eura ako nového kanála pre menovú politiku. Okrem toho sa digitálne euro má podieľať na zmiernení rizík v oblasti platobných služieb, posilnení medzinárodnej úlohy eura a zlepšení nákladovej efektívnosti a ekologickej stopy menových a platobných systémov.[26] Správa sa zaoberala aj právnymi aspektmi zavedenia digitálneho eura, pričom hlavný záver bol, že primárne právo EÚ umožňuje vydávanie digitálneho eura ako zákonného platidla. To by znamenalo povinnosť akceptovať platby za tovar a služby v digitálnom eure.[27]

---

[22] Jamaica's Central Bank Digital Currency (CBDC) - jam-dex " Bank of Jamaica. Bank of Jamaica. (2023). Dostupné online (cit. 28.08.2024): https://boj.org.jm/core-functions/currency/cbdc/.

[23] Centrálna banka Nigérie (2021). Design paper for the eNaira. Dostupné online (cit. 28.08.2024): https://enaira.gov.ng/design-paper/.

[24] ECB (2020). Report on a digital euro. Dostupné online (cit. 28.08.2024): https://www.ecb.europa.eu/pub/pdf/other/Report on a digital euro~4d7268b458.en.pdf.

[25] Ibid.

[26] Ibid.

[27] Stanovisko ECB k digitálnemu euro zo dňa 31.10.2023 (CON/2023/34). Dostupné online (cit. 28.08.2024): Opinion of the European Central Bank of 31 October 2023 on the digital euro (CON/2023/34) (europa.eu).

ECB v júli 2021 prijal rozhodnutie spustiť projekt digitálneho eura s cieľom pripraviť sa na možné zavedenie digitálneho eura. Projekt digitálneho eura sa realizuje vo viacerých fázach. V úvodnej, výskumnej, fáze, ktorá trvala 24 mesiacov, sa Eurosystém zameral na analýzu funkčného dizajnu, ktorý má byť založený na potrebách používateľov. Vo výskumnej fáze sa tiež analyzovali možné prípady použitia, v ktorých by malo digitálne euro využiteľné, aby splnilo svoje ciele: bezrizikovú, dostupnú a efektívnu formu digitálnych peňazí centrálnej banky.[28] Výskumná fáza prebehla úspešne a jej výsledkom bol návrh digitálneho eura, ktoré by bolo široko dostupné pre občanov a podniky prostredníctvom distribúcie dohliadanými sprostredkovateľmi, ako sú banky. Návrh počíta s digitálnym eurom ako digitálnou formou hotovosti, ktorú by bolo možné použiť na všetky digitálne platby v celej eurozóne. Bol by široko dostupný, bezplatný na základné použitie a dostupný online aj offline. Ponúkol by najvyššiu úroveň súkromia a umožnil používateľom okamžite zúčtovať platby v peniazoch centrálnej banky. Dalo by sa použiť od osoby k osobe, na mieste predaja, v elektronickom obchode a pri vládnych transakciách.[29]

18. októbra 2023 prijala rada guvernérov ECB rozhodnutie o zahájení ďalšej, prípravnej, fázy, ktorá má trvať dva roky. Bude zahŕňať dokončenie súboru pravidiel pre digitálne euro a výber poskytovateľov, ktorí by mohli vyvinúť digitálnu platformu eura a infraštruktúru. Bude zahŕňať aj testovanie a experimentovanie s cieľom vyvinúť digitálne euro, ktoré spĺňa požiadavky Eurosystému aj potreby používateľov, napríklad pokiaľ ide o používateľskú skúsenosť, súkromie, finančnú inklúziu a environmentálnu stopu. ECB bude počas tejto fázy naďalej komunikovať s verejnosťou a všetkými zainteresovanými stranami. Po dvoch rokoch sa Rada guvernérov rozhodne, či prejde do ďalšej fázy príprav, aby sa pripravila pôda pre možnú budúcu emisiu a zavedenie digitálneho eura.[30]

Paralelne s vývojovou a technickou časťou projektu digitálneho eura prebiehajú aj legislatívne práca. Európska komisia dňa 28. júna 2023 zverejnila návrh nariadenia o zavedení digitálneho eura (ďalej len „NoZDE"). V ďalšej časti tohto článku sa budeme venovať analýze niektorých ustanovení tohto článku a jeho potenciálneho vplyvu na poskytovateľov platobných služieb v Európskej únii.

3.2 Digitálne euro a platobné služby

Vývoj digitálneho eura dospel do fázy, kedy nadobudol jasnejšie kontúry. Z tohto dôvodu je na mieste bližšie sa pozrieť na to, aké dopady môže mať digitálne euro nie

[28] ECB (2021). Eurosystem launches digital euro project. Dostupné online (cit. 28.08.2024): https://www.ecb.europa.eu/press/pr/date/2021/html/ecb.pr210714~d99198ea23.en.html.
[29] Ibid.
[30] ECB (2023). Eurosystem proceeds to next phase of digital euro project. Dostupné online (cit. 28.08.2024): https://www.ecb.europa.eu/press/pr/date/2023/html/ecb.pr231018~111a014ae7.en.html.

len na jeho používateľov, ale aj na subjekty, ktorým v súvislosti s ním budú vznikať povinnosti spojené s jeho prevádzkou a distribúciou. Aktuálny dizajn digitálneho eura totiž počíta s tým, že značná časť povinností spojených z jeho prevádzkou a distribúciou dopadne na plecia poskytovateľov platobných služieb ako súkromnoprávnych subjektov.[31] Zároveň však môže digitálne euro priniesť poskytovateľom platobných služieb nové príležitosti. Napríklad, ako navrhuje Eurosystém, ak by obchodníci mimo eurozóny chceli pôsobiť v digitálnom eure, museli by mať účet u poskytovateľa platobných služieb z eurozóny. Digitálne euro by tiež mohlo slúžiť ako platforma pre poskytovateľov platobných služieb na podporu ďalších inovácií a hospodárskej súťaže na rastúcom trhu elektronického obchodu a digitálnych platieb v celej eurozóne.[32]

Prvou zásadnou otázkou je, ktorých subjektov sa majú povinnosti spojené s digitálnym eurom týkať. NoZDE v článku 2 ods. 7 pri definícii poskytovateľa platobných služieb odkazuje na článok 4 bod 11 smernica Európskeho parlamentu a Rady (EÚ) 2015/2366 z 25. novembra 2015 o platobných službách na vnútornom trhu, ktorou sa menia smernice 2002/65/ES, 2009/110/ES a 2013/36/EÚ a nariadenie (EÚ) č. 1093/2010 a ktorou sa zrušuje smernica 2007/64/ES (ďalej len „PSD 2"). V uvedenom článku PSD2 sa dočítame, že poskytovateľom platobných služieb je subjekt uvedený v článku 1 ods. 1 alebo právnická či fyzická osoba, ktoré využívajú výnimku podľa článku 32 alebo 33. Pokiaľ opäť budeme sledovať odkaz v tejto definícii, dostaneme sa k taxatívnemu zoznamu poskytovateľov platobných služieb. Súčasťou tohto zoznamu sú nasledovné typy právnických osôb: úverové inštitúcie, inštitúcie elektronických peňazí, poštové podniky, platobné inštitúcie, ECB a národné centrálne banky, ak nekonajú ako menové orgány alebo iné orgány verejnej moci a členské štáty alebo ich regionálne či miestne orgány, ak nekonajú ako orgány verejnej moci.

NoZDE vo všeobecnosti tento rozsah poskytovateľov nijakým spôsobom nemodifikuje. Platí teda, že vo všeobecnosti sa povinnosti spojené s prevádzkou infraštruktúry digitálneho eura majú vzťahovať na všetky typy poskytovateľov platobných služieb podľa PSD2.

Osobitne NoZDE operuje s pojmom poskytovatelia platobných služieb, ktorí poskytujú platobné služby správy účtu v zmysle PSD2. Na poskytovateľov platobných služieb, ktorí poskytujú platobné služby správy účtu sa vzťahujú niektoré dodatočné povinnosti spojené s vedením platobných účtov v digitálnom eure. NoZDE však jasne nedefinuje, ktorých poskytovateľov platobných služieb sa majú tieto povinnosti týkať. Pokiaľ sa pozrieme na prílohu I. PSD2 zistíme, že „platobné služby správy účtu" nie sú výslovne uvedené v zozname platobných služieb. Niektoré z tam vymenovaných platobných

[31] Napr. ECB (2023). Progress on the investigation phase of a digital euro – fourth report. Dostupné na internete (cit. 28.8.2024): https://www.ecb.europa.eu/euro/digital_euro/progress/shared/pdf/ecb.degov230713-fourth-progress-report-digital-euro-investigation-phase.en.pdf.

[32] ECB (2024). FAQs on a digital euro. Dostupné na internete (cit. 28.8.2024): https://www.ecb.europa.eu/euro/digital_euro/faqs/html/ecb.faq_digital_euro.en.html.

služieb však nevyhnutne predpokladajú, existenciu platobného účtu. Menovite ide o služby uvedené v bode 1,2 a 3 prílohy I. PSD2 - služby umožňujúce vklad hotovosti na platobný účet, ako aj všetky operácie súvisiace s vedením platobného účtu, služby umožňujúce výber hotovosti z platobného účtu, ako aj všetky operácie súvisiace s vedením platobného účtu a vykonávanie platobných transakcií vrátane prevodu finančných prostriedkov na platobný účet vedený u poskytovateľa platobných služieb používateľa alebo u iného poskytovateľa platobných služieb.

Pokiaľ teda chceme stanoviť okruh poskytovateľov platobných služieb, na ktorých sa majú vzťahovať povinnosti podľa NoZDE, môžeme povedať, že poskytovatelia platobných služieb, ktorí majú oprávnenie poskytovať platobné služby podľa bodov 1,2 a 3 prílohy PSD2 majú najširší rozsah povinností. Rozsah povinností ostatných poskytovateľov platobných služieb je zúžený – neuplatňujú sa nich povinnosti spojené s vedením a prevádzkou účtov v digitálnom eure. Pre úplnosť ešte uvádzame, že v aktuálnom stave sa počíta s tým, že poskytovatelia platobných služieb nebudú na poskytovanie platobných služieb v digitálnom eure potrebovať dodatočné povolenie od svojich príslušných orgánov, teda štandardné povolenie na poskytovanie platobných služieb bude zahŕňať aj možnosť poskytovať platobné služby v digitálnom eure.

Ďalej je pre objasnenie možných dopadov NoZDE na poskytovateľov platobných služieb vysvetliť rozsah služieb, ktoré sú s digitálnym eurom spojené. NoZDE v prílohe č. I definuje čo sa rozumie platobnými službami v digitálnom eure. Ide o nasledovné úkony: umožnenie prístupu k digitálnemu euru a jeho používaniu pre používateľov digitálneho eura, umožnenie iniciovať a prijímať transakcie s platbou v digitálnom eure a poskytovanie platobných nástrojov v digitálnom eure pre používateľov digitálneho eura, vedenie platobných účtov v digitálnom eure pre používateľov digitálneho eura, vykonávanie operácií nadobudnutia digitálneho eura a odpredaja digitálneho eura a poskytovanie dodatočných platobných služieb v digitálnom eure popri základných platobných službách v digitálnom eure podľa prílohy II. Zároveň NoZDE v prílohe II. definuje základné platobné služby v digitálnom eure pre fyzické osoby.

V zmysle uvedeného má byť hlavnou povinností poskytovateľov platobných služieb zabezpečiť technickú podporu pre digitálne euro. Poskytovatelia platobných služieb (PSP) budú musieť prispôsobiť svoje systémy, aby umožnili používateľom nadobúdať, držať a používať digitálne euro na platby. Na zabezpečenie poskytovania vyššie uvedených platobných služieb v digitálnom eure bude potrebná aktualizácia existujúcich platobných platforiem a zariadení, aby boli kompatibilné s digitálnym eurom. Technické riešenia majú byť zamerané na zabezpečenie interoperability medzi digitálnym eurom a inými platobnými riešeniami, čím sa zabezpečí jeho široké prijatie a použitie v rámci eurozóny.[33]

Ďalším oblasťou povinností, s ktorou sa budú musieť poskytovatelia platobných služieb vysporiadať je zabezpečenie dodržiavaniu limitov na držbu digitálneho eura. NoZDE tiež stanovuje povinnosti týkajúce sa limitov na držanie digitálneho eura. Poskytovatelia platobných služieb budú musieť implementovať a dodržiavať stanovené limity na množstvo digitálneho eura, ktoré môžu jednotlivci a podniky držať vo svojich digitálnych peňaženkách. Cieľom týchto limitov je zabrániť potenciálnym rizikám pre finančnú stabilitu, ako je napríklad masový odliv vkladov z komerčných bánk.

Významná časť povinností, ktoré majú spadať na poskytovateľov platobných služieb v súvislosti s digitálnym eurom sa týka zabezpečenia dodržiavania medzinárodných sankcií a ochrany pred legalizáciou príjmov z trestnej činnosti a financovaním terorizmu. Čo sa týka medzinárodných sankcií, NoZDE odkazuje na článok 215 Zmluvy o fungovaní Európskej únie. Článok 29 ods. 1 NoZDE ustanovuje poskytovateľom platobných služieb povinnosť preverovať, či je ktorýkoľvek z ich používateľov digitálneho eura osobou alebo subjektom uvedeným v zozname. Toto preverovanie sa má uskutočňovať okamžite po nadobudnutí účinnosti nových alebo zmenených reštriktívnych opatrení a najmenej raz každý kalendárny deň. Platí princíp, že každý poskytovateľ platobných služieb preveruje voči sankčným zoznamom vlastných klientov. Ďalšie preverovanie pri vykonávaní samotných transakcií už nie je potrebné ako vyplýva z článku 29 ods. 2 NoZDE. Pokiaľ poskytovateľ platobných služieb nesplní svoje povinnosti vo vzťahu k preverovaniu svojich klientov voči sankčným zoznamom, vystavuje sa riziku zodpovednosti za škodu, ktorú tým spôsobí.

Osobitný AML režim NoZDE predpokladá pri offline platbách v digitálnom eure. Offline transakciu definuje NoZDE ako transakciu s platbou v digitálnom eure uskutočnenú na malú fyzickú vzdialenosť, pri ktorej sa povolenie a vyrovnanie uskutočňuje v miestnych pamäťových zariadeniach platiteľa aj príjemcu platby. Inak povedané funkcia offline transakcií by používateľom digitálneho eura umožnila platiť bez internetového pripojenia po predfinancovaní ich digitálneho eurového účtu cez internet alebo bankomat. Platby by prebiehali priamo medzi offline zariadeniami – napr. mobilné telefóny alebo platobné karty – patriace používateľom zapojeným do transakcie bez toho, aby sa museli spoliehať na tretie strany.[34] Aktuálna koncepcia offline transakcií je taká, že by mali byť čo najviac obdobné platbám v hotovosti a malo by sa s nimi podobne zaobchádzať, pokiaľ ide o súkromie. S týmto súvisí aj spomínaný

[33] ECB (2024). ECB publishes first progress report on digital euro preparation phase. Dostupné na internete (cit. 12.8.2024): https://www.ecb.europa.eu/press/pr/date/2024/html/ecb.pr240624~7b3d7581e6.en.html
[34] ECB (2024). ECB publishes first progress report on digital euro preparation phase. Dostupné na internete (cit. 28.8.2024): https://www.ecb.europa.eu/press/pr/date/2024/html/ecb.pr240624~7b3d7581e6.en.html

špecifický AML režim pri offline transakciách. Podľa článku 37 ods. 2 NoZDE je poskytovateľom platobných služieb a centrálnym bankám výslovne zakázane uchovávať údaje o offline transakciách. Uvedený prístup je koncepčne úplne odlišný od štandardného prístupu pri evidencií údajov PSP, ktorí v súčasnosti musia evidovať a archivovať údaje o každej transakcii, ktorá sa prostredníctvom nich realizuje.[35] Je zrejmé, že ECB sa pri dizajne digitálneho eura reflektuje na obavy spojené s ochranou súkromia pri jeho používaní. Je potrebné, aby prvky na zabezpečenie súkromia digitálneho eura boli proporcionálne s cieľmi AML/CFT.[36] Na trhu sa objavujú obavy, či takéto nastavenia digitálneho eura nebude prekážkou činnosti dohľadových orgánov. Problematicky sa javí nejasnosť v tom, ako by mali orgány verejne moci postupovať pri sledovaní nezrovnalostí v auditnej stope, ktoré vznikajú pri anonymných offline transakciách. Časté platby blízko prahových hodnôt, vklady v hotovosti alebo výbery sú typickými znakmi, že sa jednotlivci snažia vyhnúť povinnosti hlásenia. Ide o dôležité indikátory, ktoré môžu priviesť analytikov a vyšetrovateľov k tomu, aby preskúmali týchto jednotlivcov v súvislosti s kriminálnymi typológiami. Keďže offline režim platieb digitálnym eurom by mal byť umožnený s cieľom zachovať anonymitu podobnú hotovosti, nie je jasné, ako by finančné inštitúcie vykonávajúce kontroly alebo verejné orgány vedúce vyšetrovanie mali evidovať využité sumy.[37] Bude zaujímavé sledovať ďalší vývoj v tejto oblasti, najmä ako sa tieto nové pravidlá pretavia do praxe a ako budú riešené prípadné výzvy súvisiace s AML/CFT požiadavkami.

4. Záver

Vývoj CBDC napreduje. Vo svete už existujú prvé funkčné a používané riešenia a väčšina štátov sveta CBDC minimálne skúma. CBDC so sebou prinášajú mnohé výzvy, zároveň však majú potenciál stať sa významným prvkom digitálnej ekonomiky.

Európska únia v tejto oblasti nezaostáva a aj keď ešte nepadlo finálne rozhodnutie o zavedení digitálneho eura, vzhľadom na doterajší vývoj a aktuálny stav tohto projektu je už na mieste zamýšľať sa, aký vplyv môže mať zavedenie digitálneho eura na jednotlivých aktérov. Jednými z najviac dotknutých subjektov budú poskytovatelia platobných služieb, ktorí budú vo veľkej miere realizovať operačnú časť prevádzky digitálneho eura a priamy kontakt s jeho používateľmi.

Návrh nariadenia o zavedení digitálneho eura, ktorý Európska komisia predstavila v roku 2023, má zásadné dopady na súčasných PSP. Jedným z kľúčových aspektov je,

---

[35] Napr. § 19 ods. 2 zákona č. 297/2008. Z. z. o ochrane pred legalizáciou príjmov z trestnej činnosti a financovaním terorizmu v znení neskorších predpisov

[36] Eurogroup. Digital Euro Privacy Options, Dostupné na internete (cit. 28.8.2024): https://www.ecb.europa.eu/paym/digital_euro/investigation/governance/shared/files/ecb.degov220404_privacy.en.pdf.

[37] The AML/CFT implications of central bank digital currency and digital euro. Financial intelligence unit of Latvia. Dostupné na internete (cit. 28.8.2024): https://fid.gov.lv/uploads/files/2023/cbdc/CBDC%20Digital%20Euro%20Risks%20Final.pdf

že digitálne euro by poskytlo novú alternatívu k existujúcim platobným riešeniam. S tým súvisí možnosť, že banky a ďalší PSP budú musieť adaptovať svoju infraštruktúru na podporu digitálneho eura, čo môže znamenať významné technologické investície. Navyše, PSP by mali povinnosť ponúkať digitálne euro ako možnosť pre svojich klientov, čo by mohlo ovplyvniť ich doterajšie obchodné modely.

Zároveň sú však nepopierateľné aj výhody. Digitalizácia eura by mohla zjednodušiť platby a znížiť transakčné náklady, čo by v dlhodobom horizonte mohlo zvýšiť efektivitu PSP. Pre poskytovateľov služieb, ktorí budú schopní rýchlo prispôsobiť svoje systémy, môže digitálne euro predstavovať príležitosť získať konkurenčnú výhodu na trhu.

Projekt digitálneho eura sa vysporiada aj s obavami, že digitálne euro ako priamy záväzok centrálnej banky, teda mimoriadne bezpečné peniaze môže spôsobiť odliv vkladov z komerčných bánk. Vzhľadom na zavedenie limitov na držanie digitálneho eura a absenciu úročenia, sa predpokladá, že digitálne euro nebude priamo konkurovať komerčným bankovým účtom, čo by malo minimalizovať riziká odlevu vkladov z bánk.

Celkovo je však zrejmé, že adaptácia na digitálne euro bude vyžadovať od súčasných PSP značné úsilie a investície, ale môže tiež otvoriť nové možnosti na trhu s digitálnymi platbami.

Zdroje

Odborné články

ACKERMAN, A. (2022). What is a central bank digital currency and should the U.S. issue it? In Wall Streat Journal.

ARSI, S., KHELIFE, S., GHABRI, Y, MZOUGHI, H. Cryptocurrencies: Key Risks and Challenges. In: S., GUESMI, K., & SAADI, S. (2022). Cryptofinance: A new currency for a new economy. Essay. World Scientific Publishing Company. 2021, s. 121-145

AVGOULEAS, E., BLAIR, W. (2024). A critical evaluation of Central Bank Digital Currencies (CBDCs): Payments' final frontier? In: Capital Markets Law Journal, 19(2), str. 103–112. Dostupné online (cit. 25.08.2024): https://doi.org/10.1093/cmlj/kmae002

BRANCH, S., WARD, L., & WRIGHT, A. (2023). The evolution of Sanddollar. In: Intereconomics. Review of European Economics Policy. Vol. 58, 2023 , č. 4., str. 178–184.

GRYM, A. Lessons learned from the world's first CBDC. In: Bank of Finland. BoF Economics Review. Vol. 8/2000.

HESS, S. (2020). Regulating central bank digital currencies: Towards a conceptual framework. In SSRN Electronic Journal.

MANCINI-GRIFFOLI, T, MARTINEZ M., AGUR, I. coll. (2018), Casting Light on Central Bank Digital Currency.

MEANING, J., DYSON, B., BARKER, J., & CLAYTON, E. (2018b). Broadening narrow money: Monetary policy with a central bank digital currency. In: Bank of England Working Paper No. 724.

MU, Y., & MU, A. (2022). CBDC: Concepts, benefits, risks, design, and implications. In SSRN Electronic Journal.

WALICZEK, S.,NILI, C. (2024B). CBDCs come in two forms: Retail and wholesale. what's the difference? In: World Economic Forum.

WANG, H. (2022). China's approach to Central Bank Digital Currency. In: University of Pennsylvania Asian Law Review, Vol. 18.

Internetové zdroje

Central Bank Digital Currency tracker. Atlantic Council. (2024).

Digital Bahamian Dollar sand dollar. (n.d.-a).

Jamaica's Central Bank Digital Currency (CBDC) - jam-dex " Bank of Jamaica. Bank of Jamaica. (2023).

Dokumenty verejných inštitúcií

BANK FOR INTERNATIONAL SETTLEMENTS (BIS) (2020). Central bank digital currencies: foundational principles and core features.

Centrálna banka Nigérie (2021). Design paper for the eNaira.

ČESKÁ NÁRODNÁ BANKA (2022) Digitální eníze centrálních bank.

ECB (2020). Report on a digital euro.

ECB (2021). Eurosystem launches digital euro project.

ECB (2023). A stocktake on the digital euro.

ECB (2023). Eurosystem proceeds to next phase of digital euro project.

ECB (2023). Progress on the investigation phase of a digital euro – fourth report.

ECB (2024). ECB publishes first progress report on digital euro preparation phase.

ECB (2024). FAQs on a digital euro.

Eurogroup (2022). Digital Euro Privacy Options,

Stanovisko ECB k digitálnemu euro zo dňa 31.10.2023 (CON/2023/34).

The AML/CFT implications of central bank digital currency and digital euro. Financial intelligence unit of Latvia.

Crowdfunding na Slovensku v roku 2024[1]

Crowdfunding in Slovakia in 2024

doc. JUDr. Simona Heseková, PhD.,
Mgr. Ján Mazúr, PhD., EMPA,
Právnická fakulta Univerzity Komenského v Bratislave

Abstrakt

Slovensko má dlhodobo nerozvinutý kapitálový trh, obzvlášť akciový trh, s rastúcim trendom v oblasti korporátneho dlhopisového financovania. Jeho ambície v oblasti alternatívneho financovania sú však väčšie, o čom svedčí aj rozvoj regulačného sandbox a viacerých crowdfundingových platforiem. V príspevku sa venujeme aktuálnej situácii a trendom, vrátane oblasti prudko sa rozvíjajúcej témy udržateľnosti, v sektore crowdfundingu na Slovensku. Poskytujeme stručný prehľad o regulovaných účastníkoch trhu, ktorí pracujú samostatne alebo ako súčasť ekosystému rizikového kapitálu, ako sú fondy rizikového kapitálu spoluinvestujúce s crowdinvestormi, ako aj o zväčša neregulovaných platformách občianskeho crowdfundingu avšak s porovnateľným objemom a platformách peer-to-peer pôžičiek. Rozoznávame ich význam v spoločnosti, kde tradičné zdroje financovania zostávajú nedostatočné pre určité segmenty. Ukazuje sa, že viaceré crowdfundingové platformy tvoria už etablovanú súčasť financovania nekomerčných aj komerčných projektov. Pozoruhodné je pritom najmä to, ako sa krajina s dedičstvom viacerých bankrotov tradičných finančných a nefinančných poskytovateľov kapitálu v rannom období rozvoja kapitalizmu a relatívne nízkou finančnou gramotnosťou učí využívať a dôverovať alternatívnemu financovaniu.

Kľúčové slová

Crowdfunding, hromadné financovanie, poskytovatelia služieb hromadného financovania, alternatívne financovanie, donačný crowdfunding, odmenový crowdfunding, peer-to-peer pôžičky

Abstract

Slovakia has long had an underdeveloped capital market, especially the stock market, with a growing trend in corporate bond financing. However, its ambitions in alternative finance are greater, as evidenced by the development of a regulatory sandbox and several crowdfunding platforms. In this paper, we discuss the current situation and trends, including the burgeoning topic of sustainability, in the crowdfunding sector in Slovakia. We provide a brief overview of regulated market participants working independently or

---

[1] Článok vznikol v rámci realizácie projektu VEGA 1/0212/23 Finančné inovácie ako determinant súčasnej a anticipovanej regulácie na finančnom trhu (výzvy a riziká).

as part of the venture capital ecosystem, such as venture capital funds co-investing with crowdinvestors, as well as largely unregulated but comparable volume civic crowdfunding platforms and peer-to-peer lending platforms. We recognize their importance in a society where traditional funding sources remain insufficient for certain segments. It turns out that several crowdfunding platforms are already an established part of the financing of both non-commercial and commercial projects. What is particularly remarkable is how a country with a legacy of multiple bankruptcies of traditional financial and non-financial providers of capital in the early development of capitalism and relatively low financial literacy is learning to use and trust alternative financing.

Keywords

Crowdfunding, crowdfunding service providers, alternative finance, donation-based crowdfunding, reward-based crowdfunding, peer-to-peer lending

1. Úvod

Alternatívne financovanie, kam radíme aj hromadné financovanie (crowdfunding), predpokladá určitú mieru rozvoja kapitálového trhu. Slovenská republika má tradične menej rozvinutý kapitálový, najmä akciový trh. Naproti tomu má relatívne silne rozvinuté financovanie privátnym kapitálom a v ostatnom období badáme aj intenzívny rozvoj dlhopisového korporátneho financovania.[2] Dôvody slabého rozvoja kapitálového trhu možno hľadať v historických súvislostiach, dominancii bankového financovania, či celkovej veľkosti ekonomiky a trhu. K rozvoju, osobitne alternatívneho financovania, pritom zaiste neprispeli aj viaceré škandály v podobe bankrotov „netradičných" nebankových (pyramídových, Ponzi) subjektov.[3]

Slovenská republika však nutne potrebuje akcelerovať rozvoj alternatívnych zdrojov financovania, osobitne s ohľadom na zvyšovanie dostupnosti financovania pre malé a stredné podniky, či tzv. startupy.[4] Práve pre tieto účely je práve crowdfunding vnímaný ako vhodný a perspektívny nástroj, ktorý znižuje bariéry tak pre príjemcov, ako aj pre poskytovateľov kapitálu.[5] V neposlednom rade z crowdfundingu benefituje aj podfinancovaný neziskový a mimovládny sektor.

---

[2] Mazúr, J., & Petrovičová, S. (2024). In Search of Sustainable Finance: A Study of Practices on the Slovak Corporate Bond Market. In: Bratislava Law Review, 8(1), 111–128. https://doi.org/10.46282/blr.2024.8.1.737.

[3] Čunderlík, Ľ. (2020). Finančné pyramídy a ich regulačné perspektívy. In: AUC Iuridica, 66(3), 27-35. https://doi.org/10.14712/23366478.2020.22.

[4] Pozri všeobecne napr.: Grambličková, B., Mazúr, J., Barkoci, S. (2023). Právo startupových spoločností: správa, financovanie a duševné vlastníctvo. 496 s. C.H.Beck.

[5] Mazúr, J. (2018). O regulácii investičného crowdfundingu na Slovensku a v EÚ. In: Čunderlík, Ľ. (ed.). Inovatívne formy tvorby peňažných fondov a ich prevodov, 74-84.

Tento príspevok má za cieľ prezentovať nedávny vývoj v oblasti crowdfundingu, resp. po prijatí nariadenia o európskych poskytovateľoch služieb hromadného financovania pre podnikanie[6] „hromadné financovanie", s dôrazom na neinvestičné formy crowdfundingu (donačný a odmenový crowdfunding). Pravidelná správa o fungovaní crowdfundingu v Európe The European Crowdfunding Market Report 2023 identifikovala niekoľko kľúčových trendov v tomto sektore.[7] Zdá sa, že na európskom crowdfundingovom trhu dochádza k miernej saturácii. Hoci absolútne priemerné objemy tohto typu financovania v Európe rástli, rast je prevažne obmedzený na pôžičkový segment crowdfundingu. Vo východnej časti EÚ však stále badať rast. Súčasne je vidno, že počet nových platforiem neustále klesá, čo svedčí o tom, že preniknúť na trh začína byť zložitejšie.

Drvivá väčšina platforiem funguje len v jednom štáte (82,6 % v roku 2022), hoci najmä pre investičný crowdfunding v zmysle novej európskej legislatívy je cezhraničné pôsobenie v rámci EÚ významne sprehľadnené. Relatívne nízke sú aj cezhraničné toky financií na projekty. Väčšina platforiem sa obmedzuje len na jeden model financovania (60 %), 25% poskytuje dva modely financovania a 15 % má 3 a viac modelov financovania.

Postupne sa etablujú kombinované formy financovania, napríklad peer-to-peer pôžičky pre podnikanie aj nákup nehnuteľností, tokenizácia s peer-to-peer pôžičkami, či využívanie minibondov s investičným crowdfundingom (equity). Okolo 2/3 investičných platforiem uvádza, že má aspoň nejakú formu inštitucionálnej spolupráce s tradičnými finančnými inštitúciami. Práve takéto trendy poukazujú na postupné začleňovanie crowdfundingu do hlavného prúdu financovania, nakoľko tradičné finančné inštitúcie majú určitú punc dôveryhodnosti a súčasne veľké množstvo klientov – potenciálnych prispievateľov. Môžeme hypotetizovať, že pre tento trend bolo kľúčové práve jasné nastavenie regulačného prostredia formou prijatia nariadenia.

V príspevku poukazujeme na zaujímavý rozvoj crowdfundingových platforiem na Slovensku, vznik nových regulovaných poskytovateľov služieb hromadného financovania, a to v kontexte krajiny s relatívne nižšou mierou finančnej gramotnosti.[8]

---

https://www.flaw.uniba.sk/fileadmin/praf/Pracoviska/Katedry/KFP/Otazky/Zbornik_Inovativne_formy_tvorby_penaznych_fondov_a_ich_prevodov.pdf.

[6] Nariadenie Európskeho parlamentu a Rady (EÚ) 2020/1503 zo 7. októbra 2020 o európskych poskytovateľoch služieb hromadného financovania pre podnikanie a o zmene nariadenia (EÚ) 2017/1129 a smernice (EÚ) 2019/1937 (Text s významom pre EHP) (ďalej len „nariadenie o európskych poskytovateľoch služieb hromadného financovania").

[7] Shneor, R. et al. (2023). The European Crowdfunding Market Report 2023. Crowdfunding Research Center, University of Agder. https://papers.ssrn.com/sol3/papers.cfm?abstract_id=4713135.

[8] Ako kľúčové indikátory môžeme pre oblasť finančnej gramotnosti označiť meranie PISA v tejto oblasti vedomostí u žiakov, kde sa Slovensko v rokoch 2012 a 2015 umiestnilo pod priemerom štátov OECD

Osobitne sa zameriame na overenie existencie niektorých z vyššie uvedených trendov na slovenských crowdfundingových platformách.

Príspevok je členený na štyri časti a diskusne orientovaný záver. V druhej časti sa venujeme prehľadu v oblasti neinvestičných foriem crowdfundingu: donačného a odmenového crowdfundingu, v tretej sa zameriavame na regulovaný crowdfunding, vrátane peer-to-peer platforiem. Štvrtá časť sa venuje jednému z najzásadnejších regulačných trendov v európskom práve finančných trhov – udržateľnosti a jej potenciálnemu vplyvu na crowdfunding. Napokon v závere komentujeme spoločné lekcie pre celú oblasť crowdfundingu.

2. Neinvestičné formy crowdfundingu

Medzi neinvestičné formy crowdfundingu radíme primárne donačný (donation-based) a odmenový (reward-based) crowdfunding. Neinvestičné formy crowdfundingu bývajú zriedka osobitne regulované a ani aktuálna právna veda neinklinuje k potrebe tieto formy crowdfundingu osobitne regulovať.[9] Fungujú preto obvykle v rámci bežných občianskoprávnych vzťahov, príležitostne s presahmi najmä do obchodného práva a ochrany spotrebiteľov.

Donačný crowdfunding je na Slovensku dlhodobo etablovaným druhom neinvestičného crowdfundingu postavenom na princípe charitatívnej podpory rôznorodých občianskych či neziskových iniciatív. Aj v minulosti došlo na Slovensku k významným zbierkam. Osobitne známou bola zbierka na výstavbu Mohyly Milana Rastislava Štefánika na Bradle[10], či zbierky na Maticu Slovenskú (vrátane tej neslávnej z 90. rokov).[11]

Vďaka donačným platformám sa podarilo podporiť tisícky prevažne charitatívnych či neziskových projektov sumami v rádoch niekoľko desiatok miliónov eur. Len tri

---

s klesajúcou tendenciou (pozri: NBS (2022). Stratégia Národnej banky Slovenska na podporu finančnej gramotnosti. Dostupné online: https://nbs.sk/_img/documents/_ts/191107/nbs_strategiafingram_2019.pdf). Na hodnotení finančnej gramotnosti v rámci merania PISA v roku 2022 sa Slovenská republika nezúčastnila. Na druhú stranu nedávny monitoring úrovne finančnej gramotnosti v EÚ, uskutočnený Európskou komisiou v roku 2023, umiestnil Slovenskú republiku na priemernej úrovni pri meraní správnych odpovedí na 5 základných finančných otázok (pozri: Európska komisia (2023). Monitoring the level of financial literacy in the EU. Flash Eurobarometer 525. Report. https://doi:10.2874/956514.

[9] Kleiner, C. (2021). General Report: The Legal Regulation of Crowdfunding. In: Kleiner, C. ed. Legal Aspects of Crowdfunding, 55. https://doi.org/10.1007/978-3-030-79264-0.

[10] Pozri: https://www.myjava.sk/volny-cas/turisticke-ciele/mohyla-gen-m-r-stefanika-na-bradle-1818sk.htm .

[11] Kodajová, D. (2013). Úvahy slovenských národovcov o potrebe inštitucionalizovať zbieranie pamiatok minulosti. In: Muzeológia a kultúrne dedičstvo, 2, 7-17. https://muzeologia.sk/index_htm_files/MuzologiaKD_2_2013_Kodajova.pdf; SME (2017). Z Národného pokladu Matice slovenskej zmizla časť zlata. https://domov.sme.sk/c/20569161/z-narodneho-pokladu-matice-slovenskej-zmizla-cast-zlata.html.

najväčšie platformy darujme.sk, ludialudom.sk a donio.sk na svojich webstránkach uvádzajú, že kumulatívne sprostredkovali dary na úrovni okolo 60 miliónov eur.[12] Hoci je typická kampaň na týchto platformách na úrovni tisícok eur, rekord dosiahla prednedávnom kampaň projektu „360 ° Pomôžte vzniku nového projektu Michala Kovačiča" s vyzbieranými prostriedkami na úrovni takmer 600 000 eur.[13] Obdobne rekordnými boli viaceré zbierky na podporu obranyschopnosti napadnutej Ukrajiny po celej Európe; úspešné boli aj na Slovensku a mimoriadne úspešné v Českej republike.[14]

Najväčšími platformami odmenového crowdfundingu sú už vyššie spomínaná platforma Donio.sk a Startlab.[15] Platforma Startlab začala vykonávať svoju činnosť v roku 2015 a podľa údajov na webovom sídle vyzbierala 6 143 433 eur, s 1 564 spustenými kampaňami, ktorých úspešnosť sa pohybovala na úrovni 79%. Kampane sú zamerané na verejnoprospešné projekty rôzneho zamerania vrátane sociálnych a ekologicky orientovaných projektov.

Z právneho pohľadu sú neinvestičné formy crowdfundingu pomerne jednoducho konštruované a z verejne dostupných zdrojov neevidujeme nejaké závažnejšie otvorené právne či regulačné otázky. Donačné platformy vystupujú ako poskytovatelia služby sprostredkovania daru medzi poskytovateľom daru – darcom a príjemcom daru – obdarovaným. Príjemca daru obvykle prezentuje na platforme svoj projekt, či životnú situáciu s cieľom získať dary od ostatných používateľov platformy. Platobné služby musia byť zabezpečené poskytovateľmi platobných služieb (napr. bankami), čím sa znižuje riziko zneužitia na strane platformy.

Vzhľadom k tomu, že platformy umožňujú poskytnutie prostriedkov len registrovaným užívateľom, platformy, resp. individuálni príjemcovia daru nemusia podstúpiť registráciu jednotlivých kampaní ako zbierky v zmysle zákona č. 162/2014 Z. z. o verejných zbierkach a o zmene a doplnení niektorých zákonov (ďalej len „zákon o verejných zbierkach"). V zmysle § 2 ods. 1 je zbierkou „získavanie a zhromažďovanie dobrovoľných peňažných príspevkov právnickými osobami oprávnenými vykonávať zbierku podľa tohto zákona od vopred neurčeného okruhu prispievateľov na vopred určený všeobecne prospešný účel alebo na individuálne určenú humanitárnu pomoc pre fyzickú osobu alebo skupinu fyzických osôb, ktoré sa ocitli v núdzi, v ohrození života alebo potrebujú naliehavú pomoc pri postihnutí živelnou pohromou."

---

[12] Konkrétne ide o sumy (k 29.9.2024): Darujme.sk: 32 286 404 eur, Ľudiaľuďom.sk: 22 714 435 eur, Donio.sk (pôsobí aj ako platforma pre odmenový crowdfunding): 14 898 692 eur.

[13] Pozri: https://donio.sk/360tka (k 29.9.2024).

[14] Vyše 307 000 darcov vyzbieralo za ostatných 2,5 roka vyše 877 miliónov českých korún (takmer 35 miliónov eur) cez účelovo zriadenú webstránku https://www.zbraneproukrajinu.cz (dáta k 5.10.2024). Hoci sa nejedná vyslovene o crowdfundingovú platformu, princíp je rovnaký. Na Slovensku iniciatíva https://www.municiapreukrajinu.sk vyzbierala takmer 4,5 milióna eur od takmer 70 000 darcov (k 5.10.2024).

[15] Pozri: https://www.startlab.sk/.

Kľúčovou kvalifikáciou je právna neurčitosť či určitosť okruhu prispievateľov. Hoci oznámenie o kampani a možnosti poskytnúť dar (príspevok) je adresované neurčitému okruhu darcov – prispievateľov, nakoľko je verejné, samotné získavanie a zhromažďovanie sa uskutočňuje už od konkrétnych osôb bližšie identifikovaných pri registrácii používateľov či pri samotnom poskytnutí príspevku. Z týchto dôvodov máme za to, že zákon o verejných zbierkach sa nevzťahuje na pôsobenie donačných platforiem. Navyše vzhľadom k dynamike kampaní, ktoré často reagujú na urgentné spoločenské situácie, je aj registrácia individuálnych zbierok v centrálnej štátnej databáze pomerne nepraktická a nerealizovateľná. Potrebné informácie o kampani, jej organizátoroch a beneficientoch sú beztak zbierané platformou pri registrácii kampane či jej organizátora a tak sprístupniteľné aj štátnym zložkám v prípade právneho dôvodu (páchanie trestnej činnosti a pod.).

3. Investičný crowdfunding (equity-based, peer-to-peer)

Azda najväčší rozmach zažil segment investičného crowdfundingu, v rámci ktorého po prijatí Nariadenia o európskych poskytovateľoch služieb hromadného financovania pôsobí viacero etablovaných aktérov s povolením. K 30.9.2024 má 6 domácich poskytovateľov služieb hromadného financovania vydané povolenie NBS v zmysle čl. 12 nariadenia.[16] Ďalších 25 poskytovateľov pôsobí na Slovensku v zmysle čl. 18 nariadenia. Ako vidno v tabuľke č. 1 nižšie, Slovenská republika má so 6 poskytovateľmi s povolením relatívne vyšší počet poskytovateľov s ohľadom na veľkosť krajiny a jej ekonomiky (porovnateľné s Belgickom, Poľskom, Švédskom, či Českou republikou). Spolu pôsobí aktuálne v EÚ 218 poskytovateľov s povolením podľa čl. 12 nariadenia.

Tabuľka č. 1: Počet európskych poskytovateľov služieb hromadného financovania v zmysle čl. 12 nariadenia o európskych poskytovateľoch služieb hromadného financovania podľa členských štátov (zdroj: register ESMA, sprístupnené 5.10.2024)

Belgicko	8	Holandsko	20	Poľsko	5
Bulharsko	4	Chorvátsko	0	Portugalsko	4
Cyprus	2	Írsko	5	Rakúsko	3
Česká republika	5	Litva	13	Rumunsko	4
Dánsko	2	Lotyšsko	3	**Slovensko**	**6**
Estónsko	1	Luxembursko	0	Slovinsko	0

[16] Ide o platformy: Crowdberry.eu, AcrossCrowd.sk, InvesticiaSlovensko.sk, Crowdmeup.com (k 5.10.2024 nevykazuje aktívne kampane), SunvestDigital.com (k 5.10.2024 vykazuje len 2 aktívne kampane), FarmTremint.eu (k 5.10.2024 nevykazuje aktívne kampane).

Fínsko	1	Maďarsko	0	Španielsko	23
Francúzsko	57	Malta	1	Švédsko	8
Grécko	0	Nemecko	4	Taliansko	39

Zaujímavé je aj rozvrhnutie činností domácich poskytovateľov služieb hromadného financovanie, kedy má polovica poskytovateľov služieb hromadného financovania zapísanú činnosť uľahčenie poskytovania pôžičiek, a polovica túto činnosť spolu s činnosťou umiestňovania prevoditeľných cenných papierov a prijatých nástrojov na účely hromadného financovania bez základu pevného záväzku a prijímanie a postupovanie pokynov klientov v súvislosti s týmito prevoditeľnými cennými papiermi a prijatými nástrojmi. Je možné konštatovať, že v rámci Slovenskej republiky je pomerne vyvážené zastúpenie oboch foriem regulovaného crowdfundingu.

Celkové objemy preinvestovaných prostriedkov cez platformy investičného crowdfundingu nie sú známe, nakoľko nie všetky platformy zverejňujú tieto štatistiky.[17] Napriek tomu možno uviesť niekoľko pozorovaní či trendov. V súlade s európskym trendom uvádzania platforiem do stredného prúdu financovania niektoré platformy sú súčasťou väčších finančných skupín, či majú uzatvorené partnerstvá s tradičnými finančnými inštitúciami (napr. Across Crowd, či Crowdberry). Niektoré tieto platformy majú v rámci svojich skupín aj iných najmä alternatívnych sprostredkovateľov financií, napr. fondy rizikového kapitálu či private equity fondy, čo im umožňuje v špecifických etapách vývoja jednotlivých crowdfundovaných projektov investovať do týchto projektov ďalej (avšak pri zohľadnení obmedzení o konflikte záujmov uvedených v čl. 8 nariadenia o európskych poskytovateľoch služieb hromadného financovania).

Platformy často pôsobia tak v oblasti financovania vlastným kapitálom, ako aj formou pôžičiek (úverov). Niektoré platformy financujú aj realitné projekty, či formou vlastného kapitálu alebo formou úveru, pričom nie je zriedkavé zabezpečenie vo forme záložného práva. Tokenizácia, využívanie kryptomien platformami, či iné obdobné trendy v oblasti fintechu sme zatiaľ na trhu nezaregistrovali. Minimálne jedna platforma využívala metódu tzv. „investorského poolovania", kedy sú podiely investorov držané nepriamo prostredníctvom spoločnosti špeciálneho určenia (SPV), čím investori získavajú spoločne silnejšie postavenie v projektovej spoločnosti a zamedzuje sa tak fragmentácii ich hlasu.

[17] Napriek tomu sa javí, že objem dosiaľ zainvestovaných prostriedkov bude v zmysle zverejnených informácií na platformách minimálne 75 miliónov eur (Crowdbery.eu 60 miliónov eur, InvesticiaSlovensko.sk
15 miliónov eur).

Pôsobenie týchto platforiem na Slovensku už dnes efektívne substituuje relatívne slabo kapitalizovaný sektor rizikového financovania, keďže gro financovania cez platformy smeruje do pomerne sofistikovaných typov podnikov s vysokou pridanou hodnotou ale aj vysokým rizikom (startupov). Ďalšími segmentmi sú eshopy, komunitne orientované projekty (festival) či nehnuteľnosti.

V Slovenskej republike pôsobia aj peer to peer lendingové platformy, kde dlžník je fyzická osoba nepodnikateľ.[18] Tieto platformy však na Slovensku nezaznamenali dosiaľ väčší ohlas a nepublikujú objemy „sprostredkovaných" pôžičiek, v dôsledku čoho je ťažké vyhodnotiť ich impakt. Ich činnosť je vylúčená spod pôsobnosti nariadenia o európskych poskytovateľoch služieb hromadného financovania, ktoré reguluje uľahčovanie poskytovania pôžičiek len vo vzťahu k projektom s podnikateľským charakterom.[19]

4. Udržateľnosť a crowdfunding

Na globálnej úrovni vzrastá na význame aj otázka charakteru projektov financovaných cez crowdfunding, konkrétne problematika udržateľnosti. Tento trend odráža aktuálne a rozsiahle legislatívne zmeny na finančnom trhu, ktoré cielia k nasmerovaniu súkromného kapitálu do udržateľných investícií.[20] Tieto tendencie sú výrazné vo viacerých sektoroch finančného trhu. Medzi najvýznamnejšie recentné zmeny v legislatíve môžeme zaradiť, v bankovom sektore, Nariadenie Európskeho parlamentu a Rady 2024/1623 z 31. mája 2024, ktorým sa mení nariadenie (EÚ) č. 575/2013, pokiaľ ide o požiadavky na kreditné riziko, riziko úpravy ocenenia pohľadávky, operačné riziko, trhové riziko a spodnú hranicu pre výstupné hodnoty a Smernicu Európskeho parlamentu a Rady (EÚ) 2024/1619 z 31. mája 2024, ktorou sa mení smernica 2013/36/EÚ, pokiaľ ide o právomoci v oblasti dohľadu, sankcie, pobočky z tretích krajín a environmentálne a sociálne riziká a riziká v oblasti správy a riadenia.

V oblasti kapitálového trhu je to posun v rámci potreby modifikovať Nariadenie Európskeho parlamentu a Rady (EÚ) 2019/2088 z 27. novembra 2019 o zverejňovaní informácií o udržateľnosti v sektore finančných služieb (ďalej len „SFDR"), ktoré odráža Spoločné stanovisko ESA k posúdeniu nariadenia (Joint ESAs Opinion on the assessment of the Sustainable Finance Disclosure Regulation (SFDR)). V oblasti udeľovania ESG ratingov zohráva významnú úlohu Návrh nariadenia Európskeho

---

[18] Pozri napr.: Žltý melón, https://www.zltymelon.sk, PeerCredit, https://www.peercredit.sk/.

[19] Čl. 1 ods. 2 nariadenia o európskych poskytovateľoch služieb hromadného financovania. Bližšie aj Heseková, S. (2023) Poskytovanie pôžičiek peer to peer spôsobom v kontexte legislatívy upravujúcej poskytovanie úverov spotrebiteľom. Wolters Kluwer.

[20] V koncepte udržateľnosti, ako dlhodobo ústrednom bode Európskej únie, Zmluvy o Európskej únii a Zmluvy o fungovaní Európskej únie (ďalej len „ZFEÚ"), sú vyjadrené jej sociálne a environmentálne rozmery. Nariadenie Európskeho parlamentu a Rady (EÚ) 2020/852 z 18. júna 2020 o vytvorení rámca na uľahčenie udržateľných investícií a o zmene nariadenia (EÚ) 2019/2088.

parlamentu a Rady o transparentnosti a integrite činností poskytovania environmentálnych, sociálnych a správnych ratingov (ratingov ESG), ktoré do veľkej miery zmení podmienky na trhu pri udeľovaní ESG ratingov a v neposlednom rade aj prijaté Nariadenie Európskeho parlamentu a Rady (EÚ) 2023/2631 z 22. novembra 2023 o európskych zelených dlhopisoch a voliteľnom zverejňovaní informácií pri dlhopisoch uvádzaných na trh ako environmentálne udržateľné a pri dlhopisoch viazaných na udržateľnosť.

V rámci problematiky udržateľnosti a jej významu, resp. dopadu na crowdfunding sa viaceré štúdie zameriavajú na aspekty súvisiace s úspešnosťou platforiem, ktoré propagujú udržateľné projekty, ako aj s vôľou investorov uprednostňovať takto orientované projekty a smerovať do nich svoje investície, a to najmä v prípade, ak investície smerujú do "zelených projektov". S týmto súvisí aj základná otázka, či investori uprednostňujú tieto projekty preto, lebo majú očakávanie, že zelené projekty budú výnosnejšie (vzhľadom na ich potenciál a dopyt na trhu), alebo investujú preto, lebo uprednostňujú dosiahnutie pozitívneho vplyvu na životné prostredie alebo pozitívneho sociálneho vplyvu, prípadne ich kombináciu.

Niektoré štúdie naznačujú, že väčšina investorov je ochotná vzdať sa vyššieho výnosu, pokiaľ environmentálny alebo sociálny vplyv projektov, do ktorých sa investuje je dostatočne veľký. Medzi investormi však existujú veľké rozdiely v tom, aký veľký pozitívny vplyv je potrebný, aby sa vzdali vyššieho výnosu.[21] V nadväznosti na tieto zistenia sa vynára aj otázka miery merania pozitívneho vplyvu projektov, metodiky výpočtov tohto vplyvu a reálnosti dát, na základe ktorých sa stanovené metodiky využijú pri určení "impaktu" projektov, respektíve s povinnosťou zverejňovať vplyv projektov, ktoré propagujú zelenosť, na životné prostredie. S týmto súvisia aj ďalšie analýzy zamerané na správanie sa investorov, podľa ktorých ekologický dizajn výrobkov, povedomie o "zelenosti" na trhu, ako aj štádium vývoja alebo realizácie projektu pozitívne ovplyvňujú úspešnosť crowdfundingovej kampane.

Na úspešnosť crowdfundingovej kampane, ktorá je orientovaná environmentálnym smerom, pozitívne vplýva aj charakter projektov. Investori preferujú projekty s dlhším trvaním, projekty v pokročilejších fázach realizácie či vývoja a s vyššou mierou inovatívnosti.[22] Naopak, environmentálna legitimita nemá vplyv na úspešnosť kampane. Táto skutočnosť môže súvisieť aj s tým, že crowdfundingová kampaň trvá iba obmedzenú dobu.[23] Zároveň informačná asymetria je jednou z hlavných výziev

---

[21] Siemrotha Ch., Hornuf, L. (2023). Why Do Retail Investors Pick Green Investments? A Lab-in-the-Field Experiment with Crowdfunders. In: Journal of Economic Behavior and Organization 209, s. 74–90.

[22] Paki, R., Garud, N. (2024). Green Orientation and Crowdfunding Success of Green Projects: Moderating Role of Project Characteristics. In: Proceedings of the 57th Hawaii International Conference on System Sciences, s. 5411-5417.

[23] Corsini, F., Appio, F.P., Frey, M. (2024). Green Crowdfunding: An Empirical Study of Success Factors. In: IEEE Transactions On Engineering Management, Vol. 71.

pri crowdfundingu, keďže potenciálni investori majú v porovnaní s vlastníkom projektu obmedzené znalosti o produkte alebo službe.[24]

Môžeme konštatovať, že aj v tejto oblasti narážame na problematiku transparentnosti vykazovania ESG faktorov, ako aj na problematiku reálnosti výpočtov, metodík a dát odzrkadľujúcich vplyv projektov. Samotnou otázkou zostáva aj povinnosť zverejňovať informácie o deklarovanom vplyve projektov. Činnosť poskytovateľov služieb hromadného financovania je mimo rámca SFDR, ktorá sa sústredí na užší segment „účastníkov finančného trhu" a „finančných poradcov."[25] Tieto otázky sú tak parciálne riešené naprieč legislatívou Európskej únie (ďalej len "EÚ") v rámci finančného trhu, pričom viaceré z nich sú riešené aj v legislatívnych aktoch, ktoré uvádzame vyššie v texte.

Osobitne sa z kategórie projektov, ktoré zohľadňujú ESG faktory vyčleňujú projekty zamerané na znižovanie uhlíkovej stopy a energetiku. Táto špecifikácia projektov je daná aj stanoveným cieľom EÚ urýchliť využívanie obnoviteľných zdrojov energie a tým prispieť k dosiahnutiu cieľa, ktorým je znížiť čisté emisie skleníkových plynov do roku 2030 aspoň o 55 % a do roku 2050 dosiahnuť uhlíkovú neutralitu.[26] Z verejne dostupných zdrojov sa s crowdfundingovými platformami, ktoré sa zameriavajú na zelené projekty, konkrétne na projekty zamerané na zelenú energiu stretávame v 13 štátoch Európy. Dokopy ide o 72 crowdfundingových platforiem, z toho 30 crowdfundingových platforiem disponuje povolením v zmysle nariadenia o európskych poskytovateľoch služieb hromadného financovania a 42 crowdfundingových platforiem predstavuje neinvestičné formy crowdfundingu. Žiadna z týchto platforiem nepôsobí na Slovensku.[27]

Z pohľadu situácie na slovenskom finančnom trhu, konkrétne projektov, ktoré by propagovali udržateľnosť je možné nájsť individuálne kampane, ktoré v rámci popisu projektov obsahujú vyjadrenie, že prispievajú k udržateľnosti. Časť poskytovateľov služieb hromadného financovania so sídlom na Slovensku, svoje kampane smeruje k realitnému crowdfundingu, časť má svoje portfólio projektov rôznorodo orientované. Jeden z poskytovateľov služieb hromadného financovania vyslovene deklaruje

---

[24] Calic, G., Mosakowski, E. (2016). Kicking off social entrepreneurship: How a sustainability orientation influences crowdfunding success. Journal of Management Studies, 53(5),, 738-767; Courtney, C., Dutta, S., Li, Y. (2017). Resolving Information Asymmetry: Signaling, Endorsement, and Crowdfunding Success. Entrepreneurship Theory and Practice, 41(2), s. 265-290.

[25] Pozri čl. 2 SFDR.

[26] The European Green Deal, Dlhodobá stratégia do roku 2050 - Európska komisia (europa.eu).

[27] Medzi štáty, v ktorých pôsobia crowdfundingové platformy, ktoré podporujú projekty zamerané na zelenú energiu, patrí Belgicko, Cyprus, Dánsko, Francúzsko, Grécko, Írsko, Lotyšsko, Taliansko, Litva, Holandsko, Portugalsko, Španielsko a Švédsko. Pozri: List of the best Green energy crowdfunding platforms | CrowdSpace (thecrowdspace.com)

zameranie na udržateľnosť, a to v prepojení na poľnohospodárstvo a potravinársky priemysel.[28]

Úspešné etablovanie crowdfundingových platforiem neinvestičného charakteru na Slovensku a pomerne vysoký objem získaných prostriedkov naznačujú záujem prispievateľov o projekty zamerané na podporu udržateľnosti, či už z environmentálneho alebo sociálneho hľadiska. To, či by sa tento záujem pri investoroch pretavil aj do investičného, regulovaného crowdfundingu, by závisel od viacerých faktorov, tak ako naznačujú už vykonané štúdie. Na formuláciu konkrétnejších záverov v podmienkach Slovenskej republiky by bolo potrebné disponovať aj údajmi zameranými na mieru úspešnosti etablovaných poskytovateľov služieb hromadného financovania a objem prefinancovaných prostriedkov.

Je možno predpokladať, že nakoľko problematika udržateľnosti rezonuje medzi investormi a zároveň sa vytvára legislatívny tlak na presun súkromného kapitálu do udržateľných investícií, táto problematika sa v budúcnosti dotkne aj sektora crowdfundingu. Trend ESG-pozitívnych investičných príležitostí môžeme badať už aj pri najnovších emisiách dlhopisov na slovenskom dlhopisovom trhu, na ktorom dominujú realitné projekty miestnych developerov.[29]

5. Záver

Hoci sa v Európe trh crowdfundingových platforiem jemne saturuje, vo východnej EÚ ešte vidíme rast. Z pohľadu regulovaného investičného crowdfundingu na Slovensku získalo povolenie na svoju činnosť až 6 poskytovateľov služieb hromadného crowdfundingu, čo je vzhľadom na veľkosť Slovenska pomerne vysoké číslo, porovnateľné s inými krajinami. Portfóliá projektov jednotlivých investičných platforiem sú orientované prevažne na startupy, malé a stredné podniky a realitný segment, pre ktoré efektívne dopĺňa nedostatkové rizikové financovanie. Viaceré európske trendy pri využívaní pokročilých fintech funcionalít sa na trhu crowdfundingových platforiem na Slovensku celkom neprejavujú. Rovnako sa nejaví, že by peer-to-peer pôžičky nabrali na trhu významnejšiu trakciu. Ďalšie platformy pôsobia v neinvestičnom crowdfundingu – odmenovom a donačnom – pričom dosahujú porovnateľné objemy ako investičné formy crowdfundingu (čo je však spôsobené primárne tým, že pôsobia na trhu dlhšie).

Pomerne zaujímavým európskym trendom sa stáva financovanie kampaní propagujúcich prínos k udržateľnosti, pričom v oblasti investičného crowdfundingu ide

---

[28] FarmTremint - Keď domáca produkcia je na nezaplatenie.

[29] Mazúr, J., & Petrovičová, S. (2024). In Search of Sustainable Finance: A Study of Practices on the Slovak Corporate Bond Market. In: Bratislava Law Review, 8(1), s. 126, pozri poznámku pod čiarou 39. https://doi.org/10.46282/blr.2024.8.1.737.

najmä o environmentálne orientované projekty. Tento trend zodpovedá aj legislatívnym tendenciám na úrovni EÚ. Máme za to, že postupnou úpravou legislatívy na úrovni EÚ sa vykazovanie informácii o udržateľnosti dotkne aj crowdfundingových platforiem. Nemusí pritom ísť o priamu legislatívnu úpravu, ale skôr o trhovo motivovanú aktivitu vlastníkov projektov, ktorí budú za účelom transparentnosti a zvýšenia atraktivity jednotlivých kampaní deklarovať informácie o udržateľnosti v súlade s legislatívne, či medzinárodne uznanými a preferovanými spôsobmi. Sme toho názoru, že vykazovanie informácii o udržateľnosti má potenciál stať sa súčasťou rozhodovacieho procesu investorov aj v rámci crowdfundingu. Zároveň je potrebné chápať túto problematiku aj z pohľadu informačnej asymetrie a nastavenia pravidiel transparentnosti.

Zoznam použitej literatúry

Knihy:

GRAMBLIČKOVÁ, B., MAZÚR, J., BARKOCI, S. Právo startupových spoločností: správa, financovanie a duševné vlastníctvo. C.H.Beck, 2023, 496 s.

HESEKOVÁ,S.: Poskytovanie pôžičiek peer to peer spôsobom v kontexte legislatívy upravujúcej poskytovanie úverov spotrebiteľom. Wolters Kluwer, 2023.

MAZÚR, J. O regulácii investičného crowdfundingu na Slovensku a v EÚ. In: Čunderlík, Ľ. (ed.). Inovatívne formy tvorby peňažných fondov a ich prevodov, 74-84. 2018.

KLEINER, C. General Report: The Legal Regulation of Crowdfunding. In: KLEINER, C. ed. Legal Aspects of Crowdfunding. Springer, 2021, 571.

SHNEOR, R. et al. The European Crowdfunding Market Report 2023. Crowdfunding Research Center, University of Agder. 2023.

Zborníky a časopisy:

CALIC, G., MOSAKOWSKI, E. : Kicking off social entrepreneurship: How a sustainability orientation influences crowdfunding success. Journal of Management Studies, 53(5),2016, 738-767.

CORSINI, F., APPIO, F.P., FREY, M.: Green Crowdfunding: An Empirical Study of Success Factors. In: IEEE TRANSACTIONS ON ENGINEERING MANAGEMENT, VOL. 71, 2024.

COURTNEY, C., DUTTA, S., LI, Y. : Resolving Information Asymmetry: Signaling, Endorsement, and Crowdfunding Success. Entrepreneurship Theory and Practice, 41(2), 2017, 265-290.

ČUNDERLÍK, Ľ. Finančné pyramídy a ich regulačné perspektívy. In: AUC Iuridica, 66(3), 2020, 27-35.

KODAJOVÁ, D. Úvahy slovenských národovcov o potrebe inštitucionalizovať zbieranie pamiatok minulosti. In: Muzeológia a kultúrne dedičstvo, 2, 2013, 7-17.

MAZÚR, J., & PETROVIČOVÁ, S. In Search of Sustainable Finance: A Study of Practices on the Slovak Corporate Bond Market. In: Bratislava Law Review, 8(1), 2024, 111–128.

PAKI, R., GARUD, N.: Green Orientation and Crowdfunding Success of Green Projects: Moderating Role of Project Characteristics. In: Proceedings of the 57th Hawaii International Conference on System Sciences, 2024, 5411-5417.
SIEMROTHA CH., HORNUF, L.: Why Do Retail Investors Pick Green Investments? A Lab-in-the-Field Experiment with Crowdfunders. In: Journal of Economic Behavior and Organization 209, 2023, 74–90.

Internetové zdroje:

EURÓPSKA KOMISIA. Monitoring the level of financial literacy in the EU. Flash Eurobarometer 525. Report. Európska komisia, 2023. https://doi:10.2874/956514.
NBS. Stratégia Národnej banky Slovenska na podporu finančnej gramotnosti. NBS, 2022.
SME. Z Národného pokladu Matice slovenskej zmizla časť zlata. Petit Press, 2017.
ESMA. Register všetkých poskytovateľov služieb hromadného financovania. https://www.esma.europa.eu.

Právne predpisy:

Nariadenie Európskeho parlamentu a Rady (EÚ) 2020/1503 zo 7. októbra 2020 o európskych poskytovateľoch služieb hromadného financovania pre podnikanie a o zmene nariadenia (EÚ) 2017/1129 a smernice (EÚ) 2019/1937 (Text s významom pre EHP).

Digitálne euro ako digitálna mena centrálnej banky[1]

Digital euro as a central bank digital currency

JUDr. Ladislav Hrabčák, PhD., Ph. D.
Právnická fakulta, Univerzita Pavla Jozefa Šafárika v Košiciach

Abstrakt

Digitalizácia vplýva na štáty, ako aj na medzinárodné integračné zoskupenia, aby sa zamýšľali nad témou digitálnych mien. Európska únia nie je výnimkou. Na pôde Rady a Európskej komisie prebiehajú už po dlhšie obdobie diskusie ohľadom digitálneho eura. Cieľom tohto príspevku je posúdiť aktuálne iniciatívy týkajúce sa digitálneho eura za súčasného načrtnutia ďalšieho možného vývoja s prihliadnutím na iniciatívy iných štátov. Pri spracúvaní uvedeného príspevku bola použitá analýza, syntéza a komparatívna metóda.

Kľúčové slová

mena, menové právo, euro, digitálne euro, Európska únia

Abstract

Digitization is influencing states as well as international integration groups to think about the topic of digital currencies. The European Union is no exception. Discussions regarding the digital euro have been going on for a long time at the level of the Council and the European Commission. The aim of this paper is to assess the current initiatives regarding the digital euro while pointing out further possible developments taking into account the initiatives of other states. The analysis, synthesis and comparative method was used in the processing of the said contribution.

Keywords

currency, monetary law, euro, digital euro, European Union

1. Úvod

Digitálna revolúcia. Takto možno označiť dobu, v ktorej sa aktuálne ľudstvo nachádza.[2] Prudký technologický pokrok ovplyvňuje všetky aspekty života jednotlivcov. Digitálne

---

[1] Táto práca bola podporená Agentúrou na podporu výskumu a vývoja na základe Zmluvy č. APVV-23-0158.

[2] Ako aj uvádza Organizácia spojených národov, tak rozvoj digitálnej ekonomiky je úzko spojený s nárastom objemu digitálnych dát. Preto nosí v názve táto v poradí štvrtá priemyselná revolúcia adjektívum „digitálna" (bližšie pozri: Organizácia spojených národov. Digital Economy Report 2019. Dostupné online (cit. 18.08.2024): https://unctad.org/en/PublicationsLibrary/der2019_overview_en.pdf).

služby a kryptokatíva sú fenomény, ktoré so sebou priemyselná revolúcia 4.0 priniesla.[3] Práve kryptoaktíva sa tešia v súčasnosti veľkej obľube, pričom ich pôvodné využitie ako platobného prostriedku je skôr v úzadí zámeru väčšiny ich držiteľov zhodnotiť svojej finančné prostriedky špekulatívnym nákupom, predajom či výmenou kryptoaktív.[4]

Proces digitalizácie a kryptoaktíva zaiste ovplyvnili aj vývoj v oblasti platobných služieb a pohľad na „štandardné" platobné prostriedky tak, ako sme ich doposiaľ poznali. Tento stav bol akcelerovaný ešte väčšmi v období nebezpečnej nákazlivej ľudskej choroby COVID-19.[5] Reštriktívne vládne opatrenia jednotlivých štátov spôsobili to, že nakupovanie z „kamenných" predajní sa presunulo do online priestoru. Došlo tak ku zásadnej zmene spotrebiteľského správania a následky pretrvávajú dodnes.

Nakupovanie v online priestore je veľmi úzko spojené s bezhotovostnými platbami. V tejto súvislosti možno uviesť, že celkový počet bezhotovostných platieb v eurozóne v prvom polroku 2023 vzrástol o 10,1 % na 67,0 miliárd v porovnaní s prvým polrokom 2022, pričom celková hodnota klesla o 4,5 % na 111,4 bilióna EUR.[6] Smerom do budúcnosti možno predpokladať, že nárast objemu bezhotovostných platieb bude pokračovať, čo však nevyhnutne neznamená úplný zánik hotovosti, ako aj ďalej poukážeme. To majú garantovať aj pripravované iniciatívy na pôde Európskej únie (ďalej aj ako „*EÚ*").

Popri rôznych menách v tom pravom slova zmysle[7] ako euro, americký dolár a podobne existujú paralelne aj kryptoaktíva, ktoré sú dnes dostupné širokej verejnosti.[8] V súčasnosti existujú tisícky kryptoaktív, pričom niektoré z nich sa svojimi vlastnosťami chcú pripodobniť menám v pravom slova zmysle tým, že sa snažia eliminovať niektoré atribúty kryptoaktív, medzi ktoré patrí napríklad vysoká miera volatility. Tieto kryptoaktíva sú známe verejnosti pod označením „stablecoiny". Už

---

[3] Za jeden z ďalších fenomén dneška možno označiť aj napríklad tzv. influencerov, s ktorých činnosťou sú späté viaceré právne otázky (bližšie pozri: napr. RADVAN, Michal. Taxation of Instagram Influencers, Studia Iuridica Lublinensia, vol. 30, no. 2, s. 339-356.).

[4] Bližšie pozri: POPOVIČ, A., SÁBO, J., ŠTRKOLEC, M. Bitcoin a jeho finančno-právne východiská. In: SUCHOŽA, J., HUSÁR, J., HUČKOVÁ, R. Právo obchod ekonomika: zborník vedeckých prác. Košice: UPJŠ, 2020, s. 217-228. ISBN: 978-80-8152-930-6.

[5] Bližšie pozri: Kotkowski R., Polasik M. COVID-19 pandemic increases the divide between cash and cashless payment users in Europe, Economics Letters 209. Dostupné online (cit. 18.08.2024): https://www.sciencedirect.com/science/article/pii/S016517652100416X.

[6] Európska centrálna banka. Payment statistics: first half of 2023. Dostupné online (cit. 18.08.2024): https://www.ecb.europa.eu/press/stats/paysec/html/ecb.pis2023~b28d791ed8.sk.html

[7] K problematike mien a menového práva bližšie pozri: BABČÁK, V. a kol. Finančné právo na Slovensku. Bratislava: EPOS, 2017. 454 s. ISBN 978-80-562-0191-6.

[8] Bližšie pozri: STROUKAL, D., SKALICKÝ, J. Bitcoin a jiné kryptopeníze budoucnosti. Praha: GRADA Publishing, a.s., 2018. 200 s. ISBN 978-80-271-0742-1.

z tohto označenia vyplýva, že tieto digitálne aktíva majú mať relatívne stabilnú hodnotu a sú naviazané na určitú menu, príp. iné aktívum.[9]

Na prvý pohľad sa javí, že stablecoiny nemajú prakticky žiadne riziká (eliminovaním vysokej miery volatility), no opak je pravdou, čo nám aj nedávna minulosť ukázala. Ako konkrétny príklad možno spomenúť algoritmický stablecoin Terra USD (UST). Tento stablecoin bol pôvodne navrhnutý tak, aby mal hodnotu jedného dolára, no rapídne klesol pod jeho hodnotu.[10] Stablecoiny tak nikdy nebudú ekvivalentom vo vzťahu ku štandardným menám.

Okrem vysokej volatility sú tú aj ďalšie existujúce riziká spojené s kryptoaktívami. Kryptoaktíva nie sú podrobované dohľadu centrálnych bánk, nie sú kryté peniazmi a aj z uvedených dôvodov sa naň nevzťahujú rôzne ochranné mechanizmy.[11]

Z uvedených dôvodov sa snažia viaceré štáty, či medzinárodné integračné zoskupenia ponúknuť alternatívu ku týmto digitálnym aktívam, ktoré budú eliminovať vyššie uvedené riziká spojené s kryptoaktívami. Takýmto projektom má byť aj digitálne euro, ktoré sa pripravuje na úrovni EÚ už niekoľko rokov. Aktuálne existujú prvotné legislatívne návrhy, ktoré majú právne zarámcovať túto digitálnu menu.

Keďže ide o relatívne novú problematiku, tak možno konštatovať existenciu výskumného vákua. Veríme však, že v blízkej budúcnosti sa uvedené výskumné a literárne vákuum odstráni a vedecká obec zohrá pri formovaní finálnej podoby digitálneho eura významnú rolu. To sa už čiastočne potvrdilo v rámci verejných konzultácií, do ktorých boli zapojení aj odborníci na danú problematiku. Aj v dôsledku týchto skutočností možno hovoriť o práve finančného trhu, ako o jednom z najdynamickejších subodvetví finančného práva.[12] Digitálne meny centrálnych bánk sú dnes zaiste jednou z najaktuálnejších otázok verejných financií.[13]

---

[9] Ako príklad takéhoto kryptoaktíva možno spomenúť Tether (USDT), ktorého hodnota je naviazaná na americký dolár. Okrem toho môžu byť kryptoaktíva naviazané na komodity ako napr. zlato a pod.

[10] Uvedené súvisí s rapídnym poklesom hodnoty kryptoaktíva Terra (LUNA), ktorá v minulosti patrila medzi veľmi obľúbené krpytokatíva (bližšie: Kryptonoviny. Cena kryptomeny LUNA padla na nulu, stablecoin UST nemá hodnotu ani 20 centov. Dostupné online (cit. 18.08.2024): https://www.kryptonovinky.sk/cena-kryptomena-luna-padla-o-takmer-100-stablecoin-ust-nema-hodnotu-ani-20-centov/).

[11] Pre úplnosť musíme uviesť, že aj napriek týmto skutočnostiam sa EÚ sa snaží vyvíjať určitú aktivitu v záujme ochrany spotrebiteľov na trhoch s kryptoaktívami, čoho dôkazom je aj nariadenie MiCA (bližšie pozri: HRABČÁK, L., ŠTRKOLEC, M. EU Regulation of the Crypto-Assets Market, Bialystok Legal Studies, vol. 29, no. 2, s. 27-45.).

[12] ČERVENÁ, K., PRIEVOZNÍKOVÁ, K.: Regulation of financial services in the Slovak Republic. In: XIIIth International Scientific Conference System of Financial Law: Financial Markets: conference proceedings. Brno: Masarykova univerzita, 2015. s. 186-209. ISBN 9788021078284.

[13] BUJŇÁKOVÁ, M., KICOVÁ, A.: Aktuálne otázky verejných financií. In: Dny práva 2011 – Days of Law 2011: Finance veřejného sektoru (právní a ekonomické aspekty jeho fungování). Brno: Masarykova univerzita, 2012. s. 32-38. ISBN 9788021059146.

Na základe vyššie uvedeného sme si ako cieľ tohto príspevku stanovili posúdiť aktuálne iniciatívy týkajúce sa digitálneho eura za súčasného načrtnutia ďalšieho možného vývoja s prihliadnutím na iniciatívy iných štátov.

Pri spracúvaní uvedeného príspevku bola použitá analýza, syntéza a komparatívna metóda. Analytická metóda bola aplikovaná pri skúmaní legislatívnych iniciatív v oblasti digitálneho eura. V nadväznosti naň sme použili syntézu pri formulovaní záverov a návrhov v rovine de lege ferenda. Komparatívna metóda bola použitá pri porovnaní stavu vývoja digitálnych mien centrálnych bánk doma a vo svete.

2. Digitálne meny centrálnych bánk vo svete

Téma digitálnych mien centrálnych bánk je diskutovaná nie len na pôde EÚ, ale zaoberajú sa ňou aj iné štáty,[14] či medzinárodné organizácie. Tejto problematike sa podrobne venovala Banka pre medzinárodné platby. Podľa jej výskumu sa v roku 2020 venovalo digitálnym menám zo 60 centrálnych bánk až 86 %, pokiaľ ide o skúmanie ich potenciálu. Ďalej, až 60 % z nich už v danom období experimentovali s technológiami, ktoré by mali byť fundamentálnym základom pre digitálne meny a 14 % bolo v štádiu pilotných projektov.[15]

Od roku 2020 sa stav v danej oblasti zásadným spôsobom zmenil a vývoj ďalej napreduje a akceleruje. V roku 2023 už viac ako 100 štátov celosvetovo[16] sa začali zaoberať myšlienkou zavedenia digitálnej meny. Jedných dychom však treba dodať, že väčšina je stále ešte vo výskumnej fáze. To znamená, že k prvotnej emisii vlastnej digitálnej meny musia vykonať množstvo krokov, a to nie len po tej technologickej stránke, ale aj po tej právnej stránke. Už na aktivitách EÚ, ktoré započali v roku 2020, ako aj ďalej poukážeme, je zrejmé, že ide o dlhoročný proces.

Dôvody, ktoré vedú jednotlivé štáty zamýšľať sa nad možnosťou emisie digitálnych mien, sú rôzne. Ako tie najnosnejšie možno spomenúť jednak udržanie menovej suverenity pri konkurencii nových fenoménov, zníženia nákladov na zabezpečenie obehu hotovosti, prevencia pred falšovaním bankoviek, zefektívnenie platobného styku, podpora inovácii v oblasti platobného sektoru a ďalšie.[17]

---

[14] Otázkou zavedenia vlastnej digitálnej meny sa zaoberala napríklad aj Česká národná banka, ktorá v roku 2022 vydala dokument názvom „Digitálne peníze centrálních bank“ (dostupný na: Česká národní banka. Digitální peníze centrálních bank. Dostupné online (cit. 18.08.2024): https://www.cnb.cz/export/sites/cnb/cs/platebni-styk/.galleries/digitalni-penize-centralnich-bank-cbdc/download/digitalni-penize-centralnich-bank-CBDC.pdf .

[15] Tamtiež.

[16] Statista. Number of countries worldwide that are involved in the development of a central bank digital currency (CBDC) from 2017 to 2023. Dostupné online (cit. 18.08.2024): https://www.statista.com/statistics/1386258/cbdc-project-count/

[17] Česká národní banka. Digitální peníze centrálních bank. Dostupné online (cit. 18.08.2024): https://www.cnb.cz/export/sites/cnb/cs/platebni-styk/.galleries/digitalni-penize-centralnich-bank-cbdc/download/digitalni-penize-centralnich-bank-CBDC.pdf

Aktuálne platí, že v digitálnej podobe majú k peniazom centrálnych bánk spravidla prístup len tie finančné inštitúcie,[18] ktoré musia mať v centrálnych bankách účty pre vedenie povinných minimálnych rezerv alebo sú účastníkmi platobných či zúčtovacích systémov prevádzkovaných centrálnymi bankami.[19]

V texte vyššie sme už uviedli určité paralely medzi digitálnymi menami centrálnych bánk a stablecoinami.[20] Aj tu pramenia v očiach verejnosti určité obavy a zdržanlivosť voči digitálnym menám napriek vyššie vymieneným benefitom, ktoré môžu bezpochyby so sebou priniesť. Ako hlavné uvádzané riziko súvisiace s digitálnymi menami centrálnych bánk patrí to, že tie by mohli odčerpať bankovému sektoru značný objem peňažných prostriedkov (vkladov). Táto skutočnosť by mohla ohroziť jednu zo základných funkcií bánk, ktorou je poskytovanie úverov eventuálne by to mohlo viesť k „zdraženiu" úverov, čo je taktiež nežiaduci jav.

V niektorých štátoch sú už digitálne meny realitou. Medzi príklady takýchto štátov je možné spomenúť Nigériu, Bahamy, Jamajku a iné.[21] Spomenuté štáty dokonca pristúpili k tomuto revolučnému kroku už v roku 2022 a zaiste ich možno označiť za premiantov v danej oblasti, ktoré môžu byť akýmsi príkladom pre zvyšok sveta.[22] Vo veľmi pokročilom štádiu je aj Čína so svojim digitálnym yuanom.[23] V roku 2025 alebo v roku 2026 chce uviesť do reálneho obehu digitálnu libru Spojené kráľovstvo Veľkej Británie a Severného írska.[24] V porovnaní s uvedeným štátmi možno z aktivít EÚ cítiť určitú opatrnosť, pokiaľ ide o vlastnú digitálnu menu, čo nie je nevyhnutne zle.

Niektoré štáty sa vybrali inou cestou. Najznámejším príkladom je štát El Salvador, ktorý priznal najznámejšiemu kryptoaktívu Bitcoin štatút zákonného platidla v roku 2021. Ako dôvody tohto postupu boli prezentované jednak zvýšenie efektívnosti

---

[18] K problematike bankového práva bližšie pozri: napr. ČUNDERLÍK, Ľ. - DAUDRIKH, Y. - HESEKOVÁ BOJMÍROVÁ, S. - MAZÚR, J. - RAKOVSKÝ, P. Právo finančného trhu. 1. vydanie. Bratislava: Wolters Kluwer, 2017. 257 s. ISBN 978-80-8168-753-2.

[19] Česká národní banka. Digitální peníze centrálních bank. Dostupné online (cit. 18.08.2024): https://www.cnb.cz/export/sites/cnb/cs/platebni-styk/.galleries/digitalni-penize-centralnich-bank-cbdc/download/digitalni-penize-centralnich-bank-CBDC.pdf.

[20] Bližšie pozri: napr. HRABČÁK, L. Na ceste k digitálnemu euru. In: ŠTRKOLEC, M., VARTAŠOVÁ, A., STOJÁKOVÁ, M., SIMIĆ, S. IV. SLOVENSKO-ČESKÉ DNI DAŇOVÉHO PRÁVA: Zdaňovanie virtuálnych platidiel a digitálnych služieb - COVID-19 a iné aktuálne výzvy pre daňové právo. Recenzovaný zborník vedeckých prác. Košice: UPJŠ, s. 172 – 184. ISBN 978-80-574-0043-1.

[21] Statista. Number of countries worldwide that are involved in the development of a central bank digital currency (CBDC) from 2017 to 2023. Dostupné online (cit. 18.08.2024): https://www.statista.com/statistics/1386258/cbdc-project-count/.

[22] Už aj v Indii sa chystá centrálna banka spustiť pilotný projekt svojej digitálnej meny (bližšie pozri: Advani P. Considering the Possibility of a Central Bank Digital Currency in India. Oxford Business Law Blog. Dostupné online (cit. 18.08.2024): https://www.law.ox.ac.uk/business-law-blog/blog/2021/01/considering-possibility-central-bank-digital-currency-india).

[23] Huang R. A 2024 Overview Of The E-CNY, China´s Digital Yuan. Dostupné online (cit. 18.08.2024): https://www.forbes.com/sites/digital-assets/2024/07/15/a-2024-overview-of-the-e-cny-chinas-digital-yuan/.

[24] Statista. Number of countries worldwide that are involved in the development of a central bank digital currency (CBDC) from 2017 to 2023. Dostupné online (cit. 18.08.2024): https://www.statista.com/statistics/1386258/cbdc-project-count/.

medzinárodných prevodov, zníženie počtu osôb bez bankových účtov a zníženie závislosti na americkom doláre.[25] Ako aj ďalej uvedieme, tak naplnenie týchto vízií je viac ako len problematické. Za zmienku stojí zaujímavý fakt, že v roku 2022 malo viac Salvádorčanov Bitcoinové peňaženky ako bankové účty.[26] Svetové menové autority zaujali k tomuto kroku negatívne reakcie. Možno spomenúť Medzinárodný menový fond, ktorý vopred varoval El Salvador pred priznaním statusu zákonného platidla kryptoaktívu Bitcoin, pretože to vyvoláva množstvo makroekonomických, finančných a právnych otázok, ktoré vyžadujú hĺbkovú analýzu.[27] Z postoja Svetovej banky, ktorá odmietla participovať na implementácii Bitcoinu ako zákonného platidla, možno vyvodiť taktiež negatívne stanovisko tejto menovej autority.[28] Viaceré problémy spojené s Bitcoinom ako zákonným platidlom sa už preukázali aj v praxi.[29]

Skôr ako Bitcoin môžu byť alternatívou ku klasický peniazom v dnešnom digitálnom svete už skôr zmienené stablecoiny. Ako aj napríklad uvádza Česká národná banka, tak stablecoiny môžu zohrať nejakú rolu.[30] Vždy sa však bude jednať o aktíva, ktoré nebudú nikým a ničím garantované, bez akejkoľvek právnej regulácie. Tieto atribúty by nemali mať digitálne meny centrálnych bánk.

Z hľadiska účelu tej-ktorej digitálnej meny možno rozlišovať digitálne meny na veľkoobchodné a retailové digitálne meny. Koncept veľkoobchodných digitálnych mien centrálnych bánk je zameraný na zúčtovanie medzibankových prevodov a súvisiace transakcie. Naopak, retailové digitálne meny centrálnych bánk majú ponúknuť verejnosti alternatívu existujúcu popri tradičných peniazoch tak ako ich poznáme.[31]

Bez ohľadu na účel digitálnej meny je potrebné z právneho hľadiska, vychádzajúc aj z podkladov Banky pre medzinárodné platby, vysporiadať sa s nasledovnými kľúčovými otázkami:

1. ***legitimita pre emisiu digitálnych mien*** – Ide o esenciálnu a kľúčovú otázku, keďže v prípade, ak centrálna banka nemá právny základ na emisiu digitálnej meny, tak je irelevantné riešiť na to nadväzujúce otázky. Právny základ pre emisiu digitálnej meny a tomu prislúchajúca právna úprava podporujú dôveru

---

[25] PWC. El Salvador´s law: a meaningful test for Bitcoin. Dostupné online (cit. 18.08.2024): https://www.pwc.com/gx/en/financial-services/pdf/el-salvadors-law-a-meaningful-test-for-bitcoin.pdf.
[26] Roy A. In El Salvador, More Peaople Have Bitcoin Wallets Than Traditional Bank Accounts. Dostupné online (cit. 18.08.2024): https://www.forbes.com/sites/theapothecary/2021/10/07/in-el-salvador-more-people-have-bitcoin-wallets-than-traditional-bank-accounts/.
[27] PWC. El Salvador´s law: a meaningful test for Bitcoin. Dostupné online (cit. 18.08.2024): https://www.pwc.com/gx/en/financial-services/pdf/el-salvadors-law-a-meaningful-test-for-bitcoin.pdf.
[28] Tamtiež.
[29] Bližšie pozri: Binance. El Salvador: Hackers Leak Code of State Bitcoin Wallet. Dostupné online (cit. 18.08.2024): https://www.binance.com/en/square/post/7163691670425.
[30] Česká národní banka. Digitální peníze centrálních bank. Dostupné online (cit. 18.08.2024): https://www.cnb.cz/export/sites/cnb/cs/platebni-styk/.galleries/digitalni-penize-centralnich-bank-cbdc/download/digitalni-penize-centralnich-bank-CBDC.pdf.
[31] Tento model digitálnej meny sa zvykne označovať aj ako univerzálny.

jednotlivcov vo vzťahu ku peniazom ako takým. Touto otázkou sa už v roku 2021 zaoberal Medzinárodný menový fond vo svojej štúdii a dospel k záveru, že v čase výskumu takmer 80 % centrálnych bánk neboli podľa vtedajších právnych noriem oprávnené emitovať digitálne meny, príp. bola táto otázka veľmi nejasná.[32]

2. ***ochrana osobných údajov používateľov digitálnych mien*** – Ochrana osobných údajov je v prípade hotovostných platieb, dá sa povedať, absolútna. Ako to bude v prípade digitálnych mien? Pred emisiou digitálnych mien bude nevyhnutné, aby sa normotvorcovia zaoberali touto otázkou a našli technologické riešenia a právne garancie, ktorými sa zachová aktuálny štandard ochrany osobných údajov v platobnom styku.
3. ***ochrana integrity finančného systému*** – Často sa zvykne hovoriť, že peniaze sú krvou každého finančného systému. Pri digitálnych menách je však potrebné dbať na to, aby nedošlo k narušenie integrity finančného systému. K tomu by mohlo dôjsť aj v prípade, ak by neboli prijaté adekvátne opatrenia v oblasti boja proti trestnej činnosti v danej oblasti.
4. ***zachovanie možnosti voľby medzi digitálnymi menami a inými formami peňazí*** – Možnosť voľby je veľmi dôležitá. Táto by mala byť, zaiste, zachovaná aj pri implementácii digitálnych mien. Tie by nemali nahrádzať tradičné formy peňazí. Mali by byť len doplnkom k tým aktuálnym. Právna úprava by mala túto skutočnosť garantovať.

Tieto otázky právnej povahy by mali byť určite zodpovedané v prípade každého štátu, či medzinárodnej organizácie, ktoré sa usilujú o zavedenie digitálnej meny centrálnej banky.

V ďalšom texte sa konkrétne zameriame na digitálne euro ako digitálnu menu, ktorá by mal byť vydávaná Európskou centrálnou bankou (ďalej aj ako *„ECB"*). Popíšeme, aký je aktuálny stav vývoja tejto digitálnej meny, v čom nachádza EÚ právny základ na jeho emisiu, ako by mali byť riešené vyššie uvedené otázky a aký je aktuálny a pripravovaný právny rámec

3. Digitále euro, aktuálny stav a ďalší vývoj

Diskusie na pôde EÚ možno datovať od mesiaca október v roku 2020, kedy ECB uverejnila správu, v ktorej sa zaoberala možnosťou emisie digitálnej meny centrálnej banky denominovanej v eurách.[33] Na predmetnej správe pracovali nie len experti z ECB, ale rovnako aj experti z centrálnych bánk štátov tvoriacich eurozónu. ECB

---

[32] Bossu W., Itatani M., Margulis C., Rossi A., Weenink H., Yoshinaga, A., Legal aspects of central bank digital currency: Central bank and monetary law considerations. IMF Working Papers. Dostupné online (cit. 18.08.2022): https://www.imf.org/en/Publications/WP/Issues/2020/11/20/Legal-Aspects-of-Central-Bank-Digital-Currency-Central-Bank-and-Monetary-Law-Considerations-49827.

[33] Európska rada. Smerom k digitálnemu euru. Dostupné online (cit. 18.08.2024): https://www.consilium.europa.eu/sk/policies/digital-euro.

v tomto ohľade neopomenula ani širšiu verejnosť a v období od októbra 2020 do januára 2021 ECB zrealizovala verejnú konzultáciu.

Súčasťou verejnej konzultácie bolo celkovo 18 otázok, ktorých cieľom bolo oboznámiť sa s názormi laickej i odbornej verejnosti. Prvá časť otázok bola zameraná najmä na občanov v úlohe používateľov. Druhá časť otázok sa zase orientovala na odborníkov z finančného, platobného a technologického sektora. Z verejnej konzultácie ECB o digitálnom eure bola spracovaná v apríli 2021 Správa Eurosystému o verejnej konzultácii o digitálnom eure.[34]

ECB dospela po verejnej konzultácii k záveru, že prevažná časť respondentov bola naklonená myšlienke digitálneho eura, a to predovšetkým s prihliadnutím na záväzok Eurosystému, že digitálne euro nevyužije na odstránenie hotovosti alebo na zníženie úrokových mier v ekonomike. Ako aj ďalej poukážeme, tak tento záväzok už nadobúda reálne kontúry v podobe návrhu legislatívneho aktu.

V nadväznosti na tieto prvotné iniciatívy sa začala v júli roku 2021 **tzv. výskumná fáza**, ktorej zámerom by podľa ECB malo byť skúmanie kľúčových otázok súvisiacich s koncepciou a distribúciu digitálneho eura. Táto fáza zároveň zahŕňala aj vývoj prototypov a celkovo trvala 24 mesiacov. Ukončená bola v októbri roku 2023.

Počas tohto obdobia sa ECB snažila priebežne informovať verejnosť cestou správ o pokroku.[35] Predmetné správy boli schvaľované Radou guvernérov.

V októbri 2023 rozhodla Rada guvernérov ECB o začatí **fázy prípravy a experimentovania**, ktorá by mohla trvať cirka 3 roky

Esenciálnou otázkou, pokiaľ ide o emisiu digitálneho eura, ako aj vyplýva z predchádzajúcej časti tohto príspevku, bolo posúdenie toho, či EÚ, resp. ECB, je oprávnená vôbec emitovať takéto digitálne platidlo. V zásade platí, že právny základ pre vydávanie digitálneho eura sa bude líšiť v závislosti od účelu použitia digitálneho eura a jeho statusu, ktorý mu bude po konsenze na úniovej úrovni priznaný. Do úvahy v tomto smere prichádzajú viaceré varianty, s ktorými pracuje aj ECB vo svojom dokumente *„Report on a digital euro"* z októbra roku 2020, a to digitálne euro ako zákonné platidlo, digitálne euro ako nástroj menovej politiky, digitálne euro ako nástroj sprístupnený súkromným subjektom, a digitálne euro ako zúčtovacia jednotka.[36]

---

[34] Európska centrálna banka. Správa Eurosystému o verejnej konzultácii o digitálnom eure. Dostupné online (cit. 18.08.2024): https://www.ecb.europa.eu/pub/pdf/other/Eurosystem_report_on_the_public_consultation_on_a_digital_euro~539fa8cd8d.sk.pdf

[35] Aktuálne boli vypracované celkovo 3 správy o pokroku v rámci projektu digitálneho eura.

[36] Európska centrálna banka. Správa Eurosystému o verejnej konzultácii o digitálnom eure. Dostupné online (cit. 18.08.2024): https://www.ecb.europa.eu/pub/pdf/other/Eurosystem_report_on_the_public_consultation_on_a_digital_euro~539fa8cd8d.sk.pdf

Všeobecnosť ustanovení Zmluvy o fungovaní EÚ, konkrétne čl. 127 a čl. 128, či Štatútu ESCB a ECB vytvára právny základ pre emisiu digitálneho eura v prípade všetkých vyššie zamýšľaných variantov, s ktorými momentálne ECB pracuje vo svojich pracovných dokumentoch. Veľmi dôležitá však bude v tomto ohľade podrobnejšia právna úprava v aktoch sekundárneho práva, a to predovšetkým v smerniciach a nariadeniach. Obdobne budú nútené pristúpiť k prijatiu relevantnej vnútroštátnej právnej úpravy aj štáty tvoriace Eurosystém.

Komisia, uvedomujúc si túto skutočnosť, predstavila dňa 28. júna 2023 *„Balík týkajúci sa jednotnej meny"*. Cieľom tohto balíka je *„(...) zabezpečiť, aby ľudia a podniky mohli naďalej platiť eurobankovkami a euromincami a mať prístup k nim v celej eurozóne, ako aj stanoviť rámec pre možnú novú digitálnu formu eura, ktoré možno Európska centrálna banka emituje v budúcnosti ako doplnok k hotovostnému euru."*[37] Balík pozostáva konkrétne z **dvoch návrhov**, a to:

- legislatívny návrh týkajúci sa postavenia eurovej hotovosti ako zákonného platidla, a
- legislatívny návrh, ktorým sa stanovuje právny rámec pre možné digitálne euro.

I keď na prvý pohľad sa možno javí, že vyššie uvedené návrhy regulujú odlišné otázky, tak ide o návrhy právnych aktov, ktoré sa vzájomne dopĺňajú a úzko spolu súvisia berúc do úvahy hlavný cieľ komisie, ktorý sa sleduje prezentovaným balíkom.

V ďalšom texte našu pozornosť upriamime predovšetkým na druhý spomínaný návrh legislatívneho aktu, a to **návrh nariadenia o zavedení digitálneho eura**. Tento legislatívny návrh má zabezpečiť, aby *„(...) ľudia a podniky mali okrem súčasných súkromných možností aj ďalšiu alternatívu, ktorá im umožní digitálne platiť všeobecne akceptovanou, lacnou, bezpečnou a odolnou formou verejných peňazí v eurozóne (doplňujúcu súkromné riešenia, ktoré existujú v súčasnosti)."*[38]

Treba uviesť, že prijatím tohto legislatívneho návrhu na pôde Rady a Európskeho parlamentu automaticky neznamená zavedenie digitálneho eura. Konečné rozhodnutie bude mať v tomto ohľade ECB.

Projekt digitálneho eura má poskytnúť spotrebiteľom alternatívne celoeurópske platobné riešenie vo vzťahu ku tým existujúcim. To môže prispieť k posilneniu úlohy eura v medzinárodnom meradle. Ako už bolo na viacerých miestach zdôraznené, tak digitálne euro nemá nahrádzať hotovosť, ale má byť k nej akýmsi doplnkom. Tento zámer nakoniec potvrdzuje aj legislatívny návrh týkajúci sa postavenia eurovej hotovosti ako zákonného platidla.

---

[37] Európska komisia. Balík o jednotnej mene: nové návrhy týkajúce sa podpory používania hotovosti a rámca pre digitálne euro. Dostupné online (cit. 18.08.2024): https://ec.europa.eu/commission/presscorner/detail/sk/ip_23_3501

[38] Tamtiež.

Komisia vo svojej tlačovej správe z 23. júna 2023 uvádza, že: „*Digitálne euro by bolo, podobne ako v súčasnosti hotovostné euro, k dispozícii popri existujúcich vnútroštátnych a medzinárodných súkromných platobných prostriedkoch, ako sú karty alebo aplikácie. Fungovalo by ako digitálna peňaženka. Ľudia a podniky by mohli platiť digitálnym eurom kedykoľvek a kdekoľvek v eurozóne.*"[39] Tieto skutočnosti reflektuje aj legislatívny návrh, ktorým sa stanovuje právny rámec pre možné digitálne euro. Právo voľby by tak bolo zachované.[40]

Veľmi dôležitou otázkou, ako už bolo uvedené, je vysporiadať sa s ochranou osobných údajov. V rámci EÚ sa kladie vysoký dôraz na túto sféru a zavedením digitálneho eura sa nemal narušiť tento vysoký štandard ochrany osobných údajov. Z uvedeného dôvodu koncept digitálneho eura bude umožňovať, v prípade jeho zavedenia, okrem online platieb aj offline platby. Týmto sa uchová level ochrany osobných údajov v EÚ, keďže offline platby zabezpečia, aby nikto nebol schopný vidieť, čo jednotlivci platia.

Významné úlohy predpokladá digitálne euro aj pre komerčné banky a iných poskytovateľov platobných služieb. V prípade zavedenia digitálneho eura budú tieto subjekty distribuovať digitálne euro jednotlivcom. Legislatívny návrh predpokladá, aby sa základné služby v digitálnom eure poskytovali bezodplatne. V záujme širokej dostupnosti digitálneho eura bude možné otvorenie účtov na pošte alebo inom verejnom subjekte. To môže byť zaujímavé pre tých, ktorí nemajú bankové účty u komerčných bánk.

S digitálnym eurom sa bude spájať aj povinnosť ho prijímať v rámci Eurozóny. To je charakteristické pre zákonné platidlá. Európski normotvorcovia však pamätajú aj na malých obchodníkov, ktorým táto povinnosť nebude uložená. Túto výluku možno hodnotiť veľmi pozitívne, keďže vynaložené náklady na nevyhnutnú infraštruktúru by boli pre takéto subjekty neprimerane vysoké a v mnohých prípadoch až likvidačné.

Zaujímavým opatrením, s ktorým ráta čl. 16 návrhu, ktorým sa stanovuje právny rámec pre možné digitálne euro, je obmedzenie používania digitálneho eura ako uchovávateľa hodnoty. Predmetné obmedzujúce opatrenie sa bude vzťahovať tak na online platby, ako aj na offline platby. Nariadenie nestanovuje už presné limity, no predpokladá, že ECB bude vyvíjať „*(...) nástroje na obmedzenie používania digitálneho eura ako uchovávateľa hodnoty a rozhoduje o ich parametroch a používaní (...).*"[41] Okrem obmedzenej držby sa digitálne euro nebude ani úročiť.

---

[39] Tamtiež.

[40] V podmienkach Slovenskej republiky bolo postavenie hotovosti posilnené novelizáciou Ústavy Slovenskej republiky č. 460/1992 Zb. v znení neskorších predpisov, kedy sa do tohto predpisu najvyššej právnej sily dostal čl. 39a (bližšie pozri: napr. PONIŠT, V. Ústavné „práva na hotovosť" – ako ďalej?, Justičná revue, vol. 76, no. 6-7, s. 637 – 646).

[41] Čl. 16 ods. 1, návrhu nariadenia Európskeho parlamentu a Rady o zavedení digitálneho eura

Tieto opatrenia, ako už aj existujúce AML nástroje, môžu podľa nášho názoru prispieť k zachovaniu integrity finančného systému, ktorá je, ako sme aj uviedli, veľmi dôležitá.

Ďalší vývoj digitálneho eura je v tomto momente otázny, keďže termíny jednotlivých fáz sa neustále predlžujú. Predpokladáme však, že tlak z vonku prinúti EÚ pristúpiť k prijatiu vyššie uvedeného legislatívneho rámca, ktorý umožní ECB emitovať digitálne euro. Európsky legislatívny rámec vytvára iba základy úpravy digitálneho eura. Vnútroštátna právna úprava bude v tomto projekte zohrávať taktiež nemalú rolu. Sme toho názoru, že práve viaceré otázky budú musieť byť upravené v národných právnych úpravách, keďže vyššie uvedené legislatívne návrhy majú iba rámcovú povahu.

4. Záver

Digitálna éra, v ktorej žijeme, si vyžaduje aj nové riešenia v oblasti finančného systému. Inovácie sú veľmi dôležité a dôkazom toho sú aj bezhotovostné platby, ktoré sa tešia veľkej obľube. Nárast objemu bezhotovostných platieb bol urýchlený v dobe pandémie COVID-19 a naďalej pokračuje aj v post-pandemickom období. Popri tom sa tu objavil fenomén kryptoaktív, ktorý síce jestvuje s nami už niekoľko rokov, no v danom období sa dostal znova do povedomia širšej verejnosti a nie len technologických našincov.

Digitálne meny centrálnych bánk, ako alternatíva ku kryptoaktívam a tradičným formám peňazí, začali byť veľmi diskutovanou témou od roku 2021. Niektoré štáty sa už so svojimi projektmi nachádzajú v realizačnej fáze, iné v rovine prípravnej, či výskumnej. EÚ chce taktiež ponúknuť svojim obyvateľom alternatívu v podobe digitálneho eura.

Digitálne euro, rovnako ako aj iné digitálne meny centrálnych bánk, so sebou vyvoláva viaceré právne otázky. V rámci predmetného príspevku sme identifikovali ako najkľúčovejšie otázky jednak legitimitu pre jeho emisiu, ochranu osobných údajov, zachovanie integrity finančného systému a možnosť voľby. Ako sme aj v našom príspevku uviedli, tak tieto otázky by mali byť v navrhovanej právnej úprave vyriešené adekvátnym spôsobom.

Pokiaľ ide o právny základ pre emisiu digitálneho eura, tak bez nutnosti ďalších zmien Zmluvy o fungovaní EÚ možno konštatovať, že primárne právo umožňuje ECB vydávať digitálne euro. Ochrana osobných údajov je v EÚ na veľmi vysokej úrovni. Offline platby digitálnym eurom by mali poskytnúť používateľom ochranu v obdobnom rozsahu ako je tomu pri hotovostných platbách. Integrita finančného systému by nemala byť ohrozená. Je to dané viacerými zmienenými opatreniami, ktoré sa plánujú zaviesť. Balík návrhov právnych aktov, ako aj bolo uvedené, umožňuje právo voľby medzi digitálnym eurom a tradičnými formami peňazí.

Možno teda sumárne konštatovať, že v prípade prijatia navrhovaných sekundárnych právnych aktov, bude EÚ dostatočne pripravená na to, aby ECB mohla emitovať digitálne euro. Významnú rolu v tomto ohľade bude zohrávať aj vnútroštátna právna úprava v štátov tvoriacich eurozónu, ktorá bude riešiť určité parciálne problémy zohľadňujúce pomery konkrétneho štátu.

Zoznam použitej literatúry

Knihy:

BABČÁK, V. a kol. Finančné právo na Slovensku. Bratislava: EPOS, 2017. 454 s. ISBN 978-80-562-0191-6.

ČUNDERLÍK, Ľ. - DAUDRIKH, Y. - HESEKOVÁ BOJMÍROVÁ, S. - MAZÚR, J. - RAKOVSKÝ, P. Právo finančného trhu. 1. vydanie. Bratislava: Wolters Kluwer, 2017. 257 s. ISBN 978-80-8168-753-2.

STROUKAL, D., SKALICKÝ, J. Bitcoin a jiné kryptopeníze budoucnosti. Praha: GRADA Publishing, a.s., 2018. 200 s. ISBN 978-80-271-0742-1.

Zborníky a časopisy:

BUJŇÁKOVÁ, M., KICOVÁ, A. Aktuálne otázky verejných financií. In: Dny práva 2011 – Days of Law 2011: Finance veřejného sektoru (právní a ekonomické aspekty jeho fungování). Brno: Masarykova univerzita, 2012. s. 32-38. ISBN 9788021059146.

ČERVENÁ, K., PRIEVOZNÍKOVÁ, K. Regulation of financial services in the Slovak Republic. In: XIIIth International Scientific Conference System of Financial Law: Financial Markets: conference proceedings. Brno: Masarykova univerzita, 2015. s. 186-209. ISBN 9788021078284.

HRABČÁK, L. Na ceste k digitálnemu euru. In: ŠTRKOLEC, M., VARTAŠOVÁ, A., STOJÁKOVÁ, M., SIMIĆ, S. IV. SLOVENSKO-ČESKÉ DNI DAŇOVÉHO PRÁVA: Zdaňovanie virtuálnych platidiel a digitálnych služieb - COVID-19 a iné aktuálne výzvy pre daňové právo. Recenzovaný zborník vedeckých prác. Košice: UPJŠ, s. 172 – 184. ISBN 978-80-574-0043-1.

HRABČÁK, L., ŠTRKOLEC, M. EU Regulation of the Crypto-Assets Market, Bialystok Legal Studies, vol. 29, no. 2, s. 27-45.

POPOVIČ, A., SÁBO, J., ŠTRKOLEC, M. Bitcoin a jeho finančno-právne východiská. In: SUCHOŽA, J., HUSÁR, J., HUČKOVÁ, R. Právo obchod ekonomika: zborník vedeckých prác. Košice: UPJŠ, 2020, s. 217-228. ISBN: 978-80-8152-930-6.

PONIŠT, V. Ústavné „práva na hotovosť" – ako ďalej?, Justičná revue, vol. 76, no. 6-7, s. 637 – 646.

RADVAN, Michal. Taxation of Instagram Influencers, Studia Iuridica Lublinensia, vol. 30, no. 2, s. 339-356.

Internetové zdroje:

Advani P. Considering the Possibility of a Central Bank Digital Currency in India. Oxford Business Law Blog.

Binance. El Salvador: Hackers Leak Code of State Bitcoin Wallet.
Bossu W., Itatani M., Margulis C., Rossi A., Weenink H., Yoshinaga, A., Legal aspects of central bank digital currency: Central bank and monetary law considerations. IMF Working Papers.
Česká národní banka. Digitální peníze centrálních bank.
Európska centrálna banka. Payment statistics: first half of 2023.
Európska centrálna banka. Report on a digital euro.
Európska centrálna banka. Správa Eurosystému o verejnej konzultácii o digitálnm eure.
Európska komisia. Balík o jednotnej mene: nové návrhy týkajúce sa podpory používania hotovosti a rámca pre digitálne euro.
Európska rada. Smerom k digitálnemu euru.
Huang R. A 2024 Overview Of The E-CNY, China´s Digital Yuan.
Kotkowski R., Polasik M. COVID-19 pandemic increases the divide between cash and cashless payment users in Europe, Economics Letters 209.
Kryptonoviny. Cena kryptomeny LUNA padla na nulu, stablecoin UST nemá hodnotu ani 20 centov.
Organizácia spojených národov. Digital Economy Report 2019.
PWC. El Salvador´s law: a meaningful test for Bitcoin.
Roy A. In El Salvador, More Peaople Have Bitcoin Wallets Than Traditional Bank Accounts.
Statista. Number of countries worldwide that are involved in the development of a central bank digital currency (CBDC) from 2017 to 2023.

Vstup do eurozóny a zavedení digitální měny centrální banky v ČR

Joining the euro area and the introduction of the central bank's digital currency in the Czech Republic

doc. JUDr. Michal Janovec, Ph.D.
Právnická fakulta Masarykovy Univerzity v Brně

Abstrakt

Tento článek se zabývá možností zavedení digitální měny centrální banky v České republice v kontextu možného využití digitálního eura a ve vazbě na možný vstup ČR do eurozóny. Nejprve je pojednáno o vstupu do eurozóny jakožto obecnému předpokladu pro participaci na digitálním euru, kteréžto jako projekt ECB je již ve svém možném zavedení relativně daleko. Článek se však v obecně rovině zabývá a analyzuje možnosti faktické, tak legislativní pro zavedení digitální měny centrální banky v České republice bez vazby na eurozónu, avšak v tomto ohledu neexistuje v ČR reálný krok směrem k zavedení digitální koruny.

Klíčová slova

Digitální měna; CBDC; tokenizace plateb; měnová unie; digitální euro

Abstract

This article examines the possibility of introducing a digital currency of the central bank in the Czech Republic in the context of the possible use of the digital euro and in relation to the possible entry of the Czech Republic into the euro area. First, the entry into the euro area is discussed as a general prerequisite for participation in the digital euro, which as an ECB project is already relatively far along in its possible introduction. However, the article discusses and analyses in general terms the factual and legislative possibilities for the introduction of a digital currency of the central bank in the Czech Republic without a link to the eurozone, but there is no real step towards the introduction of a digital crown in the Czech Republic.

Keywords

Digital currency; CBDC; payment tokenization; monetary union; digital euro

1. Úvod

Tento článek se skládá ze dvou pilířů, které přestože samostatné a do značné míry nezávislé, jsou a mohou být propojené zejména v podobě plánované evropské digitální měny – digitálního eura. Tato by za jistých okolností mohla být využívána také v České republice. Jednou z možností, jak se účastnit, resp. jak používat digitální euro je právě účast v eurozóně a z tohoto důvodu je pojednání o vstupu do eurozóny právě tím prvním pilířem tohoto článku. Druhým pilířem je pak pojednání a zvážení aspektů přijetí digitální měny emitované centrální bankou v České republice jak z úhlu pohledu samostatné digitální měny, tak případně využití digitálního eura, které výhledově plánuje zavést Evropská centrální banka.

Co se týče přehledu literatury v této oblasti, tak lze konstatovat, že je k dispozici literatura zejména autorských kolektivů z veřejnoprávních institucí – různých centrálních bank, kde je projekt digitální měny centrální banky již nějakou dobu v pohybu. Jedná se zejména o Evropskou centrální banku, Bank of England, Riksbank (švédská centrální banka) a zejména materiály zpracované Bank for international settlement. Česká národní banka také zpracovala vcelku rozsáhlou studii analýzy zavedení digitální měny, stejně tak jako mnohé další centrální banky.
Pro tento článek bude využito zejména metody analýzy a následné syntézy poznání dané problematiky s jistými možnými prvky komparace.

Cílem článku je nejenom představit digitální měnu centrální banky, ale zejména vyhodnotit možnosti, či případně nutné kroky, které by k jejímu zavedení do právního řádu ČR bylo nutné zrealizovat. Autor článku si plně uvědomuje, že téma není nikterak nové a proto nemá ambici deskripcí příliš popisovat typy, druhy a možnosti digitální měny centrální banky, které literatura zná a popisuje. Spíše je zájmem polemika nad tím, co je potřeba učinit, aby taková digitální měna mohla být v ČR zavedena, jestli převažují nějaké výhody, či spíše nevýhody. Mimo to je v článku pojednání o vstupu ČR do měnové unie - eurozóny právě z tohoto důvodu, že je zde reálná možnost participace na digitálním euru.

2. Zavedení jednotné měny euro v České republice[1]

Právě stále trvající postavení ČR v rámci Evropské unie mimo eurozónu je jednou z legislativních „překážek" k použití a využití digitální měny v České republice, přestože by to nebyla digitální koruna. V podstatě se jedná o jednu ze tří možností, jak se dostat blíže k digitální měně. Vedle vstupu do eurozóny a automatické participaci na digitálním euru (které má relativně blízko k realizaci), je druhou možností dohoda ČNB s ECB na zavedení a použití této digitální měny v ČR (poté co bude digitální euro skutečně existovat). Třetí možností je zavedení samostatné digitální koruny emitované ČNB. Všechny tyto tři varianty budou představeny níže a protože je pro první možnost „nutný" vstup do euroóny, je v následující pasáži pojednáno o tomto potenciálním kroku a podmínkách/nutnostech ze strany ČR.

---

[1] Tato podkapitola vychází z JANOVEC, M. Finanční trh a jeho stabilita. 1. vyd. Praha: Wolters Kluwer, 2023, s 129 – 142.

Zavedení jednotné měny euro znamenalo v EU na počátku posun od multiraterálního kurzového systému ERM k novému bilaterárnímu kurzovému mechanismu ERM II (Exchange Rate Mechanism), který zavedl fixování zúčastněných měn na euro. Měna v ERM II má stanovou centrální paritu oproti euru a šíři fluktuačního pásma pro pohyb devizového kurzu. Standardní fluktuační pásmo je ± 15%, je však možné stanovit pásmo užší.[2] Členské země mimo eurozónu se mohou dobrovolně tohoto mechanismu účastnit, navíc u zemí, které mají odložené členství v eurozóně se předpokládá, že se k mechanismu připojí.[3] V současnosti má trvalou výjimku pouze Dánsko, ostatní členské státy musejí po splnění požadovaných konvergenčních kritérií euro přijmout, přičemž nutností je nejprve minimálně dvouletá účast v ERM II, kdy je nutné udržovat kurz národních měn ve stanoveném fluktuačním pásmu bez možnosti devalvace měny. Pokud se zaměříme na ČR, tak z výše uvedeného je evidentní a jasné, že vstup do eurozóny není otázkou, ale spíše povinností a zbývá určit kdy. Nutná je však jednak politická vůle, tj. schválení vstupu do eurozóny parlamentem a jednak splnění podmínek, které jsou dány ze strany EU a nazývají se Maastrichtská konvergenční kritéria. Teprve poté je možné aplikovat mechanismus ERM II a euro zavést.

Vstup ČR do eurozóny je především povinnost vyplývající z mezinárodních závazků, a tak není třeba nikterak zásadně polemizovat nad tím, jestli do eurozóny vstoupit nebo nikoliv. Je však nesporným faktem, že i kdyby to povinnost nebyla, jedná se spíše o politické rozhodnutí, nikoliv ekonomické, neboť z ekonomického pohledu nelze relevantně tvrdit či snad vědecky obhájit, že by vstup do eurozóny byl špatným ekonomickým řešením. Jedná se především o to, že ČR je exportní zemí a tím, že zmizí kurzové riziko a podstatně se sníží transakční náklady dojde k pozitivní podpoře ekonomiky obecně. Co se týče měnové politiky, tak kromě ztráty možnosti ovlivňovat kurz měny, nelze předpokládat, že by došlo ke zhoršení pozice ČR z důvodu přenesení těchto pravomocí na ECB. V současnosti lze pozorovat rozdílné tendence v přístupu ke zvyšování úrokových sazeb v reakci na zvyšující se inflaci. Postup ČNB je v tomto smyslu rychlejší a razantnější, ale není možné konstatovat, že opatrnější přístup ECB směrem ke zvyšování úrokových sazeb by byl horší, resp. negativně ovlivňoval ekonomiku zemí eurozóny oproti té české. Opakovaně již bylo ale zdůrazněno, že tato práce se na měnovou politiku nezaměřuje a z tohoto důvodu je oblast měnové politiky ve vazbě na vstup do eurozóny posuzována jen velmi obecně a okrajově. Nelze ji však vyloučit úplně, neboť bez diskuze je měnová politika vstupem do eurozóny ovlivněna nejvíce.

Samozřejmě je zde druhá otázka, kdy do eurozóny vstoupit, aby na to česká ekonomika byla co nejlépe připravena. Podle výše nastíněných plnění konvergenčních kritérií je

---

[2] Česká národní banka. *Kurzový mechanismus ERM II a kurzové konvergenční kritérium*. Česká národní banka [online], 2003. Dostupné z: https://www.cnb.cz/export/sites/cnb/cs/menova-politika/.galleries/strategicke_dokumenty/ermII_15_07_2003.pdf

[3] BALDWIN, R.E., WYPLOSZ, CH. *Ekonomie evropské integrace*. 4. vyd. Přeložil Stanislav ŠAROCH. Praha: Grada, 2013. s. 360.

všechny v současnosti ČR nesplňuje, ale lze doufat, že blízká budoucnost snad přinese pozitivní korekce a konvergenční kritéria budou plněna zejména ve vztahu k veřejným financím. Po odeznění následků spojených s ekonomickou podporou v pandemickém období a současnými následky inflace a válečným konfliktem, kteréžto všechny negativně ovlivňují ekonomiku v globálním měřítku, by snad mohlo v tomto ohledu přijít vhodnější období pro splnění kritérií.

Novák[4] uvádí, že pro zavedení eura v ČR lze najít řadu argumentů pro i proti. V součtu by však zavedení eura v současnosti pro ČR nebylo přínosné, když makroekonomické nevýhody převažují nad mikroekonomickými přínosy. Takové tvrzení ale spíše působí jako nepodložené konstatování.
Proti tomu stojí relativně zajímavá studie Bakové,[5] která provedla komparaci dopadů přijetí eura na Slovensku, Estonsku, Lotyšsku a Rakousku. V této studii byla právě makroekonomická data porovnávána. Například cenová hladina byla vstupem ovlivněna, ale spíše poklesem této hladiny, což lze očekávat i u ČR. Vliv ekonomického růstu ani nezaměstnanosti (zde data dokládají menší negativní následky v oblasti nezaměstnanosti v době recese u zemí eurozóny) posoudit příliš nelze vzhledem k velké celosvětové hospodářské recesi v roce 2007 / 2008. Oblast ekonomického růstu či přímých zahraničních investic je mnohem více ovlivněna celosvětovými hospodářskými cykly. Obchodní bilance se vybraným zemím po vstupu do eurozóny zlepšila. Rozhodně však v žádné zemi nebyl po přijetí eura pozorován negativní makroekonomický dopad. Autorka konstatuje, že vstup do eurozóny byl spíše přínosem, jen je třeba jej správně načasovat, ideálně do období stability a konjunktury.

Zamrazilová k tomu dodává, že by se s přijetím eura zvýšila rizika plynoucí ze ztráty nezávislé měnové politiky a vstupu do bankovní unie a objevily by se také nové náklady spojené s členstvím v Evropském stabilizačním mechanismu.[6] S přijetím eura by byl spojen i vstup do bankovní unie, jejíž finální architektura není dokončena. Vzhledem k velmi dobrému fungování bankovního dohledu v ČR by i částečná ztráta pravomocí centrální banky v této oblasti znamenala riziko pro finanční stabilitu.[7]

---

[4] NOVÁK, M. In. České noviny, Přijetí eura není aktuálně podle ekonomů výhodné. [online] 30.12.2021. Dostupné z https://www.ceskenoviny.cz/zpravy/prijeti-eura-neni-aktualne-podle-ekonomu-pro-cr-vyhodne/2139103. Autor jako hlavní negativum uvádí ztrátu nezávislosti měnové politiky a tím pádem i kurzové flexibility. To však ale nelze uvádět apriori jako negativum, neboť z ničeho, ani z žádné historické zkušenosti nevyplývá, že by přechod měnové politiky k ECB byl makroekonomickým negativem.

[5] BAKOVÁ, E. Posouzení vlivů přijetí eura v ČR. Diplomová práce, vedoucí práce BLAŽEK, J. Právnická fakulta Masarykovy Univerzity. 2021. s. 94-96.

[6] Jedná se o záchranný fond finanční pomoci pro země eurozóny. Z právního hlediska zapojení do ESM nepředstavuje dodatečné kritérium pro vstup do eurozóny. Fakticky se však očekává, že každý zájemce o členství v hospodářské a měnové unii bude akceptovat závazky z kapitálové účasti v ESM. Nelze se totiž jen jednostranně podílet na výhodách společné měny a přitom se vyhýbat nákladům na upevňování její dlouhodobé stability. Více viz. Europa.eu. *European Stability Mechanism* [online] Dostupné z < https://www.esm.europa.eu/>.

[7] ZAMRAZILOVÁ, E. In. České noviny, Přijetí eura není aktuálně podle ekonomů výhodné. [online] 30.12.2021. Dostupné z < https://www.ceskenoviny.cz/zpravy/prijeti-eura-neni-aktualne-podle-ekonomu-pro-cr-vyhodne/2139103>.

S tímto názorem se však neztotožňuji, neboť je jistě pravda, že dohled ČNB funguje velmi dobře, ale přechod některých zásadních pravomocí na ECB žádné riziko pro finanční stabilitu, ani riziko snížení kvality dohledu nepřináší, a to ani v nejmenším. Jednak nelze relevantně tvrdit, že by ECB byla v dohledu méně důsledná či kvalitní. A dále také zkušenosti ze zemí eurozóny, včetně Slovenska, nepřináší jakoukoliv negativní reálnou zkušenost se snížením kvality dohledu anebo snad v tomto smyslu ohrožení finanční stability, a to ani částečně. Lze tedy shrnout, že vstup ČR do eurozóny je spíše pozitivním krokem. Existuje několik vyloženě a prokazatelně pozitivních následků spojených se vstupem do eurozóny (atraktivita finančního trhu pro euro - investory, odstranění kurzového rizika, snížení transakčních nákladů atp.). Oproti tomu nelze předpokládat a ani objektivně doložit, že by v některém ohledu byl vstup do eurozóny vyloženě negativní, pokud nastane v době ekonomické stability.

Jsem přesvědčen, že z měnově politického hlediska je vstup do eurozóny krokem stabilizačním, zejména pro „malou a výrazně pro exportní ekonomiku" jako je Česká republika.

Zajímavou otázkou k zamyšlení je, jestli měnová unie, konkrétně tedy eurozóna, přispívá anebo může přispět například ke stabilitě finančního trhu. Jsem přesvědčen, že jednoznačná odpověď neexistuje, spíše se lze pouze domnívat na základě některých indicií, že ano. Jednou z indicií je globalizace a mezinárodní propojenost finančního trhu, která bude ještě vyšší v rámci měnové unie a tím pádem také pravděpodobně stabilnější. To podporuje také zjednodušení investování při smazání omezení pramenících z rozdílných měn, na které jsou mnohdy navázány specifické investiční instrumenty, kde kurzové riziko hraje nemalou roli. Na druhou stranu například český finanční trh stabilní bez diskuse je, a to v eurozóně není, tedy dokáže si pomocí vnitrostátních mechanismů stabilitu zajistit. To se také ukázalo v rámci ekonomické krize v roce 2007 / 2008, kdy v ČR nebyla krize finanční, ale „jen" ta ekonomická. Toto konstatování však do jisté míry zase relativizuje velikost vnitrostátního finančního trhu ČR. Ten je velmi malý, v globálním měřítku prakticky bezvýznamný. Pokud by měl český finanční trh doznat značného rozšíření jak z pohledu subjektů na něm působících, tak z pohledu investičních instrumentů obchodovaných, lze se domnívat, že by právě centralizace spojená také s měnovou unií stabilitu spíše podpořila. Jednoznačný závěr však o tomto učinit nelze a jedná se spíše o domněnku na základě výše uvedených indicií.

3. Digitální měna centrální banky v České republice

Digitální měna centrální banky (central bank digital currency – dále také jen jako „CBDC") je institutem a inovací v oblasti platebního styku, tj. jedná se o aktivum, které má za cíl umožnit jistou platební alternaci vůči standardním a zákonným penězům.[8]

Pravděpodobně nejkomplexnější definice CBDC byla prezentovaná Jackem Meaningem, která definuje CBDC jako *„elektronický fiat závazek centrální banky, který lze použít k vypořádání platby nebo jako uchovatel hodnoty".*[9] Existují samozřejmě také jiné definice,[10] avšak podstata těchto definic, resp. jejich obecný význam je velmi podobný.

Záměrem tohoto článku není sice analýza CBDC jako takového, ale spíše zhodnocení možného (ekonomického/monetárního) přínosu a zejména posouzení nutných kroků, resp. vymezení jednotlivých překážek implementace CBDC do právního řádu ČR. Jinými slovy, jak lze dosáhnout toho, aby se mohlo CBDC v České republice realizovat prakticky.

Je však potřeba alespoň základní parametry a možnosti CBDC uvést, neboť použití jednotlivých variant CBDC je samozřejmě také vázáno na vhodnost a systematičnost v daném geograficko – společenském kontextu.

První klíčovou otázkou, jak CBDC využít, determinuje okruh uživatelů, který může být buď pouze velkoobchodní anebo univerzální. Velkoobchodní model počítá pouze s nějakým omezeným okruhem uživatelů typicky jistým způsobem licencovaných finančních institucí ať už v oblasti platebního styku nebo obecně působících na finančním trhu. Univerzální model omezení nezná a je určen i spotřebitelům.

Podle autorizace může být CBDC založeno a spojeno s účty uživatelů, které evidují zůstatky daného platebního instrumentu, případně může být svázáno s tokeny fungujícími na technologii distribuovaného registru. (DLT – distributed ledger technology). Obecně se zejména ve světle boje proti praní špinavých peněz jeví jako univerzálně vhodnější koncepce CBDC založená na účtech, neboť je zde předpoklad ověřování identity uživatelů a s tím spojené monitorování plateb za současného zachování soukromí jednotlivých uživatelů. Oproti tomu tokenové CBDC se blíží více hotovosti, je založeno pouze na použití hesla, které současně ověřuje transakce, přičemž platby jsou depersonifikované, když dochází k užití nějakého zabezpečení

---

[8] V České republice jsou za zákonné peníze považovány peněžní prostředky definované zákonem o platebním styku, tj. bankovky, mince, bezhotovostní peněžní prostředky a elektronické peníze. Srov. § 2 odst. 1 písm. c) zákona č. 370/2017 Sb. o platebním styku.

[9] MEANING, J.et al. *Broadening Narrow Money: Monetary Policy with a Central Bank Digital Currency* Bank of England, 2018. [online] Dostupné z https://www.ecb.europa.eu/press/conferences/shared/pdf/20171106_ECB_Workshop_Money_markets/08_Broadening_narrow_money.pdf> s.2.

[10] Např. ČNB je definuje jako digitální peníze představující pohledávku držitele vůči centrální bance a jsou denominovány v zúčtovací jednotce daného státu. Srov. Česká národní banka. *Digitální peníze centrálních bank* (výstup pracovní skupiny ČNB k problematice CBDC. 2022 [online] Dostupné z < https://www.cnb.cz/export/sites/cnb/cs/platebni-styk/.galleries/digitalni-penize-centralnich-bank-cbdc/download/digitalni-penize-centralnich-bank-CBDC.pdf>. s. 5.

v podobě kryptografie. Je samozřejmě možná také varianta kombinovaná – multifaktorová.[11]

Další teoretické členění spočívá ve vztahu mezi vydavatelem, tedy centrální bankou a uživateli, jestli jde o přímý vztah, kdy zpracovává veškeré platby v reálném čase s evidencí uživatelů. Druhá možnost je zprostředkovatelský model (kdy zprostředkovatelem bude typicky banka), kdy centrální banka eviduje pouze konečné zůstatky na účtech zprostředkovatelů. Případně model hybridní, kdy centrální banka vede účty zprostředkovatelů, kteří jsou zpracovateli plateb v reálném čase, avšak centrální banka disponuje kopiemi účtů koncových uživatelů zprostředkovatelů.[12] Další otázky se týkají úročení zůstatků, tj. může být úročení kladné, žádné nebo i záporné může být taktéž navázáno na některé měnově politické sazby, či úplně samostatně.

Obecně se jeví zatím nejlépe použitelný model univerzální s využitím zprostředkovatelů, kteří poskytují uživatelské rozhraní v rámci mobilní aplikace, což vychází z dosavadních tendencí centrálních bank zabývajících se CBDC intenzivně.[13] Dle mého názoru dává smysl právě univerzální model tak, aby se dostal do širší uživatelské dispozice, přestože zde může reálně hrozit nedostatek likvidity pro komerční banky, kdy se tato z nějaké části přesune do digitální podoby. Z uživatelského hlediska je to nejlépe možné právě za účasti zprostředkovatelů, kteří se mají možnost lépe propojit s koncovými držiteli účtů pomocí dobře nastavených aplikací, či webových rozhraní, které více či méně již vyvinuty mají. Je však jistě třeba, aby existovala evidence, či kontrola pro centrální banku, zda opravdu zůstatek na účtu zprostředkovatele odpovídá součtu zůstatků jednotlivých uživatelů.

Bez hlubšího zkoumání je však jasné, že jsou nutné jisté legislativní změny a současně interpretační nastavení pro některé pojmy, aktivity i oblasti, které si klade za cíl analyzovat následující kapitola.

Je to jednak z důvodu definice peněz (včetně peněz v elektronické formě), tak z pohledu právního rámce nejen v oblasti boje proti legalizaci výnosů trestné činnosti a financování terorismu.

4. Otázky spojené se zavedením CBDC v České republice

---

[11] Srov. Bank for international settlements. Annual Economic Report 2021. Dostupné z <https://www.bis.org/publ/arpdf/ar2021e.pdf> s. 72.

[12] Srov. Bank for international settlements. Annual Economic Report 2021. Dostupné z https://www.bis.org/publ/arpdf/ar2021e.pdf s. 78.

[13] Česká národní banka. *Digitální peníze centrálních bank* (výstup pracovní skupiny ČNB k problematice CBDC. 2022 [online] Dostupné z < https://www.cnb.cz/export/sites/cnb/cs/platebni-styk/.galleries/digitalni-penize-centralnich-bank-cbdc/download/digitalni-penize-centralnich-bank-CBDC.pdf>. s.6.

Je nutné se nejprve zaměřit na samotného emitenta a jeho pravomoc, případně možnosti spojené s vydáváním aktiva, které bude stát vedle dalších (jako jsou bankovky a mince, peníze v elektronické podobě) jako závazek centrální banky.

Základní předpoklady pro emisi CBDC je nutné hledat v zákoně č. 6/1993 Sb. o České národní bance (dále také jen jako „zákon o ČNB"), který ve svém § 2 odst. 2 písm. b) uvádí, že ČNB vydává bankovky a mince s tím, že jejich specifikace je uvedena v § 12 zákona o ČNB. Co se elektronické formy peněz týče, pak je úprava obsažená pod § 32, 34 a 38 zákona o ČNB. Na základě těchto ustanovení může za jistých podmínek ČNB poskytovat bankám úvěry (zde by tedy bylo možné uvažovat o základ pro velkoobchodní CBDC, avšak interpretace pojmu úvěr neodpovídá vztahu centrální banka – komerční banky při použití CBDC). Co se provozování platebních systémů týče, tak i zde je jistá podobnost s CBDC, ale přesto zásadní odlišnost, neboť se ve skutečnosti nejedná o platební systém. ČNB může vést a vede účty svým zaměstnancům, či konkrétním (v zákoně stanoveným) právnickým osobám, avšak i zde je rozsah působnosti velmi restriktivní a omezující oproti potřebám a nárokům pro provádění CBDC.

Co se elektronických peněz týče, tak ty jsou vymezeny zákonem č. 370/2017 Sb. o platebním styku (dále také jako „zákon o platebním styku") a to konkrétně § 4 odst. 1, kdy se jedná o peněžní hodnotu – pohledávku vůči vydavateli proti přijetí peněžních prostředků a jsou uchovávány elektronicky, přičemž jsou přijímány i jinou osobou než tou, které je vydala. Nejedná se však o bankovní vklad[14] a to odlišuje elektronické peníze od elektronických formy peněz,[15] které jsou v ekonomice univerzálně směnitelné.[16]

V podstatě nejjednodušší způsob, bez ohledu na technické a následné legislativní změny by bylo zákonem uznat CBDC, tedy digitální měnu (např. digitální korunu) zákonným platidlem, univerzálně a povinně přijímaným. K tomu, aby mohlo být nějaké aktivum považováno za zákonné platidlo, je třeba jej definovat a uznávat jako měnu. Měna je státem uznávaná forma peněz, které jsou emitované centrální bankou a tím se stává zákonným platidlem (penězi).[17] Zákonné peníze je každý povinen přijmout, pokud se jej nedotýkají zákonné výjimky a z toho plyne jejich univerzálnost, která by v tomto případě otevřela dveře pro CBDC k maximálnímu využití.

K tomu, aby bylo možné CBDC univerzálně využít jako měnu ekvivalentní české koruně by bylo nutné a vlastně také vhodné, aby se digitální měna (digitální koruna) stala

---

[14] Srov. § 79 odst. 1 zákona o platebním styku.

[15] Můžeme také hovořit o hotovost v zaknihované podobě, elektronických peněžních prostředcích nebo dematerializovaných penězích.

[16] Srov. § 2 spojený s § 21 zákona o platebním styku.

[17] Srov. Česká národní banka. Čím je kryta měna. [online] Dostupné z https://www.cnb.cz/cs/casto-kladene-dotazy/Cim-je-kryta-mena/>. Dále srov. §12 - §16 zákona o ČNB ve spojení s §2 zákona č. 136/2011 Sb. o oběhu bankovek a mincí.

zákonným platidlem, resp. měnou. To samozřejmě zahrnuje nejen změnu/doplnění výše specifikovaných právních předpisů, které definují zákonné peníze, ale také předpisy navazující a zejména by bylo třeba zvážit dopad takovéto měny na ústavně zakotvený cíl ČNB, kterým je péče o cenovou stabilitu.[18] Je nutné, aby jakékoliv změny neodchýlili, či neohrozili tento základní Ústavou vymezený cíl ČNB. Jsem přesvědčen, že cenová stabilita, případně péče o cenovou stabilitu nemůže být samotným užitím, resp. právním zakotvením digitální měny ohrožena. Důvody pro takové konstatování je však třeba nalézt v posouzení rizik pro finanční stabilitu, resp. pro stabilitu měnovou. Spíše lze předpokládat, že naopak boj s inflací může být v tomto případě pro ČNB jednodušší, neboť by byla pod přímou dispozicí samotné ČNB.

Finanční stabilita je pojmem širším než měnová stabilita, která je právě jedním ze třech jejich pilířů. Kromě měnové stability (resp. cenové stability) tvoří ještě finanční stabilitu fiskální stabilita (tedy stabilita rozpočtová) a stabilita finančního trhu.

Toto teoretické vymezení ve vztahu k CBDC a jeho zákonném zakotvení je důležité právě proto, že ve všech třech oblastech se více či méně významným způsobem projevují a mohou vyskytovat jisté ekonomické i právní rizika.

5. Rizika spojená se zavedením CBDC

Podle BIS[19] jsou rizika v této oblasti spojená zejména se snížením významu a jistým omezením služeb finančních zprostředkovatelů jako jsou zejména banky. Pokud dojde k tomu, že se přesunou aktiva z bankovních vkladů do CBDC, může dojít k omezení peněz v dispozici bank a tím pádem můžou být hůře dostupné úvěry. To však předpokládá výrazný a významný přesun veřejnosti k CBDC. Tomu lze ale zabránit (omezit) například jistou limitací vlastnictví CBDC pro každého jednoho uživatele.[20] V České republice jsou ze 2/3 dodavatelem likvidity právě vkladatelé,[21] což poukazuje na stále malé využívání investičních nástrojů, a právě v případě ČR by odliv vkladatelů k CBDC mohl jisté riziko znamenat. Na druhou stranu takovou prognózu jako příliš reálnou nevnímám a jsem spíše názoru, že přesun k CBDC by byl velmi pozvolný a nikterak zásadní. K tomu je však třeba dodat, že o něco méně likvidity může mít i pozitivní přínos v podobě zvýšené konkurence pro banky, které se budou muset snažit

---

[18] Srov. čl. 98 zákona č. 1/1993 Sb. Ústava České republiky.

[19] Bank for International Settlements. *Central bank digital currencies: financial stability implications.*[online] 2021. Dostupné z < https://www.bis.org/publ/othp42_fin_stab.pdf>.

[20] Např. ECB počítá u svého projektu digitálního eura ze zavedením a regulováním limitů vlastnictví digitálního euroa. Srov. Návrh Nařízení Evropského parlamentu a Rady o zavedení digitálního eura ze dne 28.6.2023 (dále jen jako „návrh Nařízení"). Srov. Evropská komise. Návrh Nařízení Evropského parlamentu a Rady o zavedení digitálního eura. [online], 28.6.2023, Dostupné z. https://eur-lex.europa.eu/resource.html?uri=cellar:6f2f669f-1686-11ee-806b-01aa75ed71a1.0004.02/DOC_1&format=PDF . s 25

[21] Bilanční suma bank je dlouhodobě ze 2/3 tvořena vklady klientů. Srov. Fio banka, *Představení českého bankovního sektoru - jak se banky v ČR financují a jak hospodaří?* [online]. 2023 Dostupné z < https://www.fio.cz/zpravodajstvi/odborne-clanky/290380-predstaveni-ceskeho-bankovniho-sektoru-jak-se-banky-v-cr-financuji-a-jak-hospodari>.

propagovat a nabízet lepší produkty, a to nejen na straně vkladů, ale také na straně úvěrů, na které tedy bude likvidity méně. Zde je možné najít také pomoc od centrální banky pro poskytování likvidity prostřednictvím úvěrů.

6. Možné přínosy

ČNB[22] uvádí různé potenciální přínosy využití CBDC, mezi které řadí například využití CBDC jako alternativního záložního způsobu placení ke zvýšení provozní odolnosti, zejména tedy jako alternativu pro klasické elektronické platby. Sama hotovost je již víceméně alternativou pro elektronické placení[23] a lze tak konstatovat, že CBDC bude tedy další, druhou alternativou, což lze jistě vnímat pozitivně ve smyslu většího počtu možností platebních metod, které mohou být v různých situacích a na různých místech vzájemně se doplňující. Ve srovnání s hotovostí je zde jednodušší možnost distribuce a použití finančních prostředků, avšak ideálně při existenci off-line plateb. Je pravdou, že existuje jistý předpoklad menšího využívání hotovosti z různých důvodů, avšak se nedomnívám, že právě CBDC by mělo představovat aktivum, které by právě mělo hotovost „vytlačit" z používání. V tomto případě se jedná o úplně jiné způsoby placení a pokud by měla být hotovost potlačena úplně, již by se tak stalo již existujícími elektronickými platebními transakcemi a systémy. Právě pro případy nedostupnosti on-line přístupů, kybernetických útoků či případně prostého nedostatku elektřiny v jistých životních situacích, je stále hotovost důležitou alternativou a možností, která vždy bude dobře doplňovat elektronické peněžní prostředky, či digitální měnu.

Přístup veřejnosti obecně k elektronickým platbám je v ČR relativně bezproblémový a nedomnívám se, že by v této oblasti mohlo CBDC nějak tuto situaci vylepšit. Důvody pro rozšíření dostupnosti elektronických plateb mohou být spíše relevantní v některých ekonomikách, které jsou jistě daleko větší než ČR ale méně vyspělé, tedy také s nižší finanční gramotností. Při využití tokenových CBDC lze uvažovat o jisté anonymitě, avšak se nedomnívám s ohledem na dlouhotrvající a stále intenzivnější boj proti praní špinavých peněz a financování terorismu, že by toto šlo akcentovat jako pozitivum a současně, jsem přesvědčen, že by plná anonymita nebyla vůbec vhodná, neboť pro ni podle mého názoru neexistuje relevantní důvod.

Na druhou stranu jistý standard, možná i zvýšení soukromí, při platbách prostřednictvím CBDC lze presumovat.[24] Přístup k platebním transakcím bude pro

[22] Česká národní banka. *Digitální peníze centrálních bank* (výstup pracovní skupiny ČNB k problematice CBDC. 2022 [online] Dostupné z < https://www.cnb.cz/export/sites/cnb/cs/platebni-styk/.galleries/digitalni-penize-centralnich-bank-cbdc/download/digitalni-penize-centralnich-bank-CBDC.pdf>. s.14.

[23] Česká národní banka. *Digitální peníze centrálních bank* (výstup pracovní skupiny ČNB k problematice CBDC. 2022 [online] Dostupné z < https://www.cnb.cz/export/sites/cnb/cs/platebni-styk/.galleries/digitalni-penize-centralnich-bank-cbdc/download/digitalni-penize-centralnich-bank-CBDC.pdf>. s.15.

[24] Srov. Srov. Bank for international settlements. Annual Economic Report 2021. Dostupné z https://www.bis.org/publ/arpdf/ar2021e.pdf s. 82 a násl.

soukromé subjekty omezen právě faktem, že to budou veřejné digitální peníze, navíc lze očekávat použití různých uživatelských privátních klíčů obhospodařovaných jako digitální ID, přičemž k detailům o držiteli digitálního ID nebude mít centrální banka přístup. Pokud však bude zapojen zprostředkovatel do tohoto systému, nelze potenciální zvyšování soukromí přeceňovat a možná ani očekávat.

7. Pár poznámek k jednotné účetní knize a tokenizaci

Tokenizace[25] aktiv není nikterak novým elementem, velmi často je spojována s platebními službami, krypto-operacemi, případně s emisí tokenů, jakožto investičních, či platebních prostředků více či méně uplatnitelných buďto u emitenta, případně
i u jiných subjektů. Jinými slovy je to varianta elektronických peněz podle zákona o platebním styku. Již výše byla předestřena varianta tokenizované verze CBDC jako jedné z možných podob této digitální měny. Tokenizace samotná má však relativně vysoký potenciál co se týče infrastruktury finančního trhu (financial market infrastrasture – FMI) prostřednictvím jednotné účetní knihy (unified ledger).

Klíčovými prvky pro FMI jsou právě CBDC, společně se soukromými tokenizovanými penězi v podobě tokenizovaných vkladů a dále také tokenizované verze jiných finančních nebo i reálných aktiv. Základním stavebním kamenem pro možnosti využití jednotné účetní knihy je důvěra, kterou poskytují peníze centrální banky, a jejich schopnost propojit klíčové prvky finančního systému. V jednotné účetní knize by bylo možné plně využít všech výhod tokenizace díky konečnosti vypořádání, která vyplývá z toho, že peníze centrální banky sídlí na stejném místě jako ostatní pohledávky. S využitím důvěry v centrální banku má takové sdílené místo velký potenciál posílit měnový a finanční systém.[26]

V situaci, kdy bude CBDC fungovat a bude univerzálně využitelné, naroste právě tokenizace výrazně na významu, sekundárně se zvýší odolnost, rychlost a pravděpodobně také bezpečnost finančního systému. Je to způsobeno výhodami, které poskytuje jednotná účetní kniha a pomocí níž lze předpokládat a očekávat naplnění předestřených tezí.

Jednotná účetní kniha má dvě hlavní výhody. Jednak poskytuje prostor, kde by bylo možné hladce integrovat a automaticky provádět širší škálu podmíněných akcí

---

[25] Jako tokenizace je označována bezpečná metoda ochrany dat. Spočívá v nahrazení důvěrných informací jedinečným identifikátorem, čímž dochází k ochraně osobních dat uživatelů, která jsou nahrazena číselnou řadou - tokenem. Srov. PayU. Tokenizace plateb: o co se jedná a jak funguje. [online] 12.1.2024. Dostupné z https://czech.payu.com/blog/tokenizace-plateb-o-co-se-jedna-a-jak funguje/?gad_source=1&gclid=CjwKCAjwnK60BhA9EiwAmpHZw5ozsDECpRycN-qKjQhiiQOaprEBjRqSQZIPqFzFnFKpz3y83M4SuhoCf20QAvD_BwE.

[26] Bank for International Settlements. Anual Economic Report 2023. [online] 2023. Dostupné z https://www.bis.org/publ/arpdf/ar2023e.pdf s 86.

a finančních transakcí. Tímto způsobem umožňuje simultánní a okamžité vypořádání. Na rozdíl od „krypto světa" zajišťuje vypořádání v penězích centrální banky jedinečnost peněz a konečnost plateb. Druhá výhoda spočívá v tom, že je vše na jednom místě, umožňuje realizaci nových typů podmíněných smluv, které slouží veřejnému zájmu tím, že budou překonány překážky spojené s informačními a motivačními problémy.[27] Umožňuje také automatizovat sekvence finančních transakcí bez potřeby manuálních odsouhlasení, což ve výsledku platební transakce ještě více zrychluje a odstraňuje nejistotu uživatelů. Právě vypořádání v penězích centrální banky zajišťuje jednotnost peněz a konečnost plateb.

Tokenizace by tedy jistě při fungování CBDC profitovala, což platí také naopak a lze očekávat, že i v tomto ohledu můžeme najít důvody pro podporu digitální měny, která s podporou důvěry v centrální banku může nalinkovat novou, ještě rychlejší a efektivnější infrastrukturu finančního trhu.

8. Digitální euro

Digitální euro je název projektu a potenciální digitální měny Evropské centrální banky (dále jen „ECB") již od roku 2021,[28] na základě rozhodnutí Rady guvernérů ECB o spuštění výzkumné fáze o digitálním euru. Ve zprávě o digitálním euru z roku 2020[29] byly však již vymezeny základní důvody[30] a právní aspekty zavedení této digitální měny.

Navržený koncept směřuje k univerzálnímu CBDC, tedy pro všechny účastníky finančního trhu, s tím, že by měl být stanoven limitní strop vlastnictví digitálního eura pro každého zájemce a bude využit zprostředkovatel – poskytovatel platebních služeb, tedy univerzální nepřímý model CBDC.

Základním právním předpisem je prozatím „návrh Nařízení",[31] které bude velmi pravděpodobně poskytovat hlavní právní rámec pro digitální euro. Je třeba poznamenat, že úplně tím základním legislativním stavebním kamenem je Nařízení

---

[27] Bank for International Settlements. Anual Economic Report 2023. [online] 2023. Dostupné z < https://www.bis.org/publ/arpdf/ar2023e.pdf>. s 16-17.

[28] Srov. Panetta, F. Preparing for the euro's digital future [online]. European Central Bank, 14. 7. 2021. Dostupné z: https://www.ecb.europa.eu/press/blog/date/2021/html/ecb.blog210714~6bfc156386.en.html . Je však třeba konstatovat, že polemika a náznaky uvažování ECB o digitálním euru byly již dříve, než byl v roce 2021 tento projekt spuštěn.

[29] European Central Bank. Report on a digital euro. [online]. European Central bank, October 2020. Dostupné z: https://www.ecb.europa.eu/pub/pdf/other/Report on a digital euro~4d7268b458.en.pdf.

[30] Efektivnější finanční systém, snížení nákladů poskytovatelů finančních služeb, alternativa pro soukromé peníze, lepší přístup k euro pro zahraniční investory a ekologické důvody.

[31] Návrh Nařízení Evropského parlamentu a Rady o zavedení digitálního eura ze dne 28.6.2023 (dále jen jako „návrh Nařízení"). Srov. Evropská komise. Návrh Nařízení Evropského parlamentu a Rady o zavedení digitálního eura. [online], 28.6.2023, Dostupné z. https://eur-lex.europa.eu/resource.html?uri=cellar:6f2f669f-1686-11ee-806b-01aa75ed71a1.0004.02/DOC 1&format=PDF.

o zavedení eura,[32] kdy toto nové, zatím jen návrhové Nařízení bude speciálním právním předpisem k tomuto základnímu. V situaci, kdy je již evidentní fakt, že digitální euro není jen otázkou jestli, ale spíše kdy a v jaké přesné podobě, lze předpokládat spíše legislativní kompletaci všech parametrů digitálního eura relativně v blízkém časovém horizontu několika let. Následně poté, co bude legislativní rámec hotov, může Rada guvernérů ECB přijmout rozhodnutí o zavedení digitálního eura.

Pro Českou republiku se může jevit relativně zajímavým čl. 18 Návrhu nařízení, které umožňuje členským státům EU, které nejsou součástí eurozóny zavedení a distribuce digitálního eura i v České republice, stejně tak jako v ostatních státech, které nejsou součástí eurozóny. Je to samozřejmě podmíněno aplikací některých povinností lokální centrální banky vůči ECB. Jedná se o závazek dodržovat veškerá pravidla, pokyny a instrukce vydané ECB, dále také poskytovat veškeré informace o přístupu k digitálnímu euru a jeho používání. Dále je potřeba vytvořit národní legislativní rámec dle návrhu Nařízení v kombinaci s výše specifikovanými národními legislativními požadavky.[33] Mimo to je nutné uzavřít příslušnou dohodu, která by právě zavedení a používání digitálního eura mimo eurozónu umožňovala.

Podobná varianta platí také pro třetí země mimo EU, kde je ale ještě více kladen důraz (podmínka dohody) na aktivní boj proti praní špinavých peněz a financování terorismu, neboť třetí země nemají (nemusejí mít) principiálně shodnou úpravu, kterou v tomto ohledu poskytuje 5. AML Směrnice.[34]

Je otázka, jestli by pro Českou republiku bylo vhodnější (z ekonomického hlediska při zohlednění zásadního politického hlediska) vyvinout a emitovat vlastní digitální měnu anebo se přidat k zemím eurozóny, které velmi pravděpodobně brzy budou moci digitální euro využívat. Pak je tady další otázka, zdali by nebylo efektivnější pokusit se vstoupit do eurozóny a tím digitální euro implementovat automaticky anebo „pouze" uzavřít dohodu a splnit podmínky dle návrhu Nařízení.

Nejprve je třeba uvážit politické hledisko, neboť ekonomické hledisko spojené se vstupem do eurozóny bylo rozebráno již výše a jsem přesvědčen, že neexistuje relevantní ekonomická nevhodnost / nevýhodnost vstupu ČR do eurozóny, spíše naopak. Skutečně je třeba i zde zopakovat, že se jedná o politické rozhodnutí a domnívám se, že stále zde politická vůle není a je to zejména z důvodu nedostatku informací veřejnosti k ekonomickým dopadům zavedení eura. Při nedostatku informací a nevoli voličů k tomuto tématu, zde ani není politická vůle na prosazení vstupu
do eurozóny a z tohoto důvodu se domnívám, že je v tuto chvíli jedinou možnosti

[32] Nařízení Rady (EC) č. 974/98 ze dne 3. května 1998 o zavedení eura.
[33] Srov. Kapitolu VI, čl. 18 Návrhu Nařízení Evropského parlamentu a Rady o zavedení digitálního eura ze dne 28.6.2023. s 50.
[34] Směrnice Evropského parlamentu a Rady (EU) 2015/849 ze dne 20. května 2015.

zavedení digitálního eura uzavření dohody s ECB a ČNB. Je to také vhodnější řešení i v porovnání s vlastní, českou digitální měnou, a to zejména kvůli daleko širší univerzalitě digitálního eura oproti digitální koruně. Univerzalitou mám na mysli zejména použitelnost geografickou, ale také podnikatelskou využitelnost pro společnosti, které obchodují na trzích zemí EU. Současně je neméně podstatné hledisko časové, kdy projekt digitálního eura je již s jistou nadsázkou blízko cílové rovinky, kdežto digitální koruna ještě ani nevyběhla.

9. Závěr

Digitální peníze představují zcela jistě výzvu a možná také nový směr, kterým by se mohly způsoby placení ubírat nebo minimálně rozšířit. Podoby i varianty jsou relativně široké, avšak princip zůstává zachován. Jedná se a bude se jednat řekněme o třetí doplňující platební alternativu. Vedle klasické hotovosti, elektronických peněžních prostředků jsou pak elektronické peníze, vedle kterých na podobné úrovni stojí CBDC jen s tím rozdílem, že emitent je veřejný, obecně důvěryhodný a s širokým dosahem. Česká republika je sice malá, ale zcela jistě rozvinutá ekonomika a motivací pro zavedení, nebo používání CBDC jistě není zaplnění některé z „platebních mezer", které CBDC zaplňují, či mohou zaplňovat v méně rozvinutých ekonomikách. Jedná se spíše o posunutí platebních systému opět směrem k větší digitalizaci, rychlosti, přesnosti a vyššímu zabezpečení. Kroků zejména v legislativní rovině je nutno ujít ještě mnoho a některé z nich se mohou ukázat v budoucnu jako liché, avšak nastolený směr je správný a možná i nevyhnutelný. Výhody, které zavedení CBDC poskytují, jistě převažují nad nevýhodami a riziky.

Tokenizace je také jistě významným tématem spojeným s CBDC a právě spojení digitální měny s tokenizací nejen v oblasti zabezpečení v podobě digitálního ID s sebou přináší potenciál pro novou budoucí architekturu platebních systémů, kdy právě v tomto ohledu jednou takovou „lichou odbočkou" byla / je oblast kryptoaktiv v oblasti platebních systémů, když krypto je chybný systém, který nepřevezme budoucnost peněz zejména z důvodu chybějící důvěry oproti univerzální důvěře v centrální banku a jí vydávané peníze.

Problémem může být současné uspořádání měnového systému, v němž digitální peníze a další pohledávky jsou uloženy v oddělených proprietárních databázích. Tyto databáze musí být propojeny prostřednictvím třetích stran, které posílají zprávy tam a zpět. V důsledku toho musí transakce před konečným vypořádáním odsouhlasit odděleně. S tím, jak služby poskytované prostřednictvím aplikací pro chytré telefony pronikají hluboko do každodenního života lidí, uživatelé očekávají stejně bezproblémové fungování peněžního a finančního systému stejně jako bezproblémové interakce aplikací v jejich chytrých telefonech. Tyto požadavky začínají přerůstat oddělené domény a jejich závislost na procesech "tam a zpět". [35]

Právě tomuto problému se snaží předcházet snahy o tokenizaci v této oblasti. CBDC poskytuje stabilitu a jistotu důvěry centrální banky. Důvěry investorů, ale i prostých spotřebitelů. Současně se jedná o velmi moderní projev digitalizace. Tato umožní prostřednictvím tokenizace odstranění výše zmíněné roztříštěnosti databází peněz a dalších pohledávek a s tím spojených rizik oddělených konfirmací pro finální vypořádání plateb. Peníze centrální banky, v tomto případě zejména CBDC se budou totiž nacházet na stejném místě (díky jednotné účetní knize) jako ostatní pohledávky a tím bude zamezeno dané roztříštěnosti.

Cesta k zavedení digitální měny již byla nastolena a digitální euro je jen otázkou času. Je však otázka, jestli a případně kdy, se na danou cestu připojí Česká republika. Jsem spíše v tomto pesimista a neočekávám, že by se ČNB k takovému kroku v dohledné době odhodlala. Nejen proto, že chybí legislativní rámec, ale také proto, že chybí jednoznačná veřejná poptávka, případně zatím nerezonuje zásadní výhoda vyplývající z užití CBDC.

Použité zdroje

JANOVEC, Michal. Finanční trh a jeho stabilita. 1. vyd. Praha: Wolters Kluwer, 2023, 184 s. ISBN 978-80-7676-597-9.
BALDWIN, R.E., WYPLOSZ, CH. *Ekonomie evropské integrace*. 4. vyd. Přeložil Stanislav ŠAROCH. Praha: Grada, 2013. s. 360.
NOVÁK, M. In. České noviny, Přijetí eura není aktuálně podle ekonomů výhodné. [online] 30.12.2021.
ZAMRAZILOVÁ, E. In. České noviny, Přijetí eura není aktuálně podle ekonomů výhodné. [online] 30.12.2021.
BAKOVÁ, E. Posouzení vlivů přijetí eura v ČR. Diplomová práce, vedoucí práce BLAŽEK, J. Právnická fakulta Masarykovy Univerzity. 2021. s. 94-96.
MEANING, J.et al. *Broadening Narrow Money: Monetary Policy with a Central Bank Digital Currency* Bank of England, 2018.
Česká národní banka. *Digitální peníze centrálních bank* (výstup pracovní skupiny ČNB k problematice CBDC. 2022.
Bank for international settlements. Annual Economic Report 2021.
Bank for International Settlements. Anual Economic Report 2023.

Česká národní banka. Čím je kryta měna.

[35] Bank for International Settlements. Anual Economic Report 2023. [online] 2023. Dostupné z <https://www.bis.org/publ/arpdf/ar2023e.pdf>. s 86.

Fio banka, *Představení českého bankovního sektoru - jak se banky v ČR financují a jak hospodaří?*
PayU. Tokenizace plateb: o co se jedná a jak funguje. [online] 12.1.2024.
Panetta, F. Preparing for the euro's digital future [online]. European Central Bank, 14. 7. 2021.
Zákona č. 136/2011 Sb. o oběhu bankovek a mincí
European Central Bank. Report on a digital euro.
Česká národní banka. Kurzový mechanismus ERM II a kurzové konvergenční kritérium. Česká národní banka [online].

Návrh Nařízení Evropského parlamentu a Rady o zavedení digitálního eura ze dne 28.6.2023 (dále jen jako „návrh Nařízení"). Srov. Evropská komise. Návrh Nařízení Evropského parlamentu a Rady o zavedení digitálního eura.

Nařízení Rady (EC) č. 974/98 ze dne 3. května 1998 o zavedení eura.
Směrnice Evropského parlamentu a Rady (EU) 2015/849 ze dne 20. května 2015.

Zákon č. 370/2017 Sb. o platebním styku

Zákon č. 1/1993 Sb. Ústava České republiky

Využívanie umelej inteligencie (AI) centrálnymi bankami[1]

Use of artificial intelligence (AI) by central banks

Mgr. Ing. Maroš Katkovčin, PhD.
Právnická fakulta Univerzity Komenského v Bratislave
Katedra finančného práva

Abstrakt

Príspevok sa zaoberá analýzou súčasného stavu využívania nástrojov umelej inteligencie (AI) centrálnymi bankami, a to v rôznych oblastiach výkonu pôsobnosti centrálnych bánk, predovšetkým v oblasti výkonu monetárnej politiky a dohľadu nad finančným trhom. V príspevku je osobitne priblížený postoj Európskej centrálnej banky k využívaniu nástrojov AI. Cieľom príspevku je aj vzhľadom na existujúcu resp. očakávanú právnu reguláciu AI posúdiť potenciál využitia AI zo strany centrálnych bánk pri výkone svojej pôsobnosti, ako aj identifikovať prípadné riziká či prekážky reálneho využitia AI centrálnymi bankami.

Kľúčové slová

centrálna banka, umelá inteligencia (AI), strojové učenie, menová politika, dohľad nad finančným trhom

Abstract

The paper focuses on the analysis of the current state of use of artificial intelligence (AI) tools by central banks, namely in various areas of competences performed by central banks, primarily in monetary policy and financial market supervision. The approach of the European Central Bank towards the use of AI tools is particularly addressed in the paper. The aim of the paper is to assess the potential of the use of AI by central banks in the performance of their competences taking into consideration the existing or the expected legal regulation of AI, as well as to identify possible risks or obstacles to the real use of AI by central banks.

Keywords

central bank, artificial intelligence (AI), machine learning, monetary policy, financial market supervision

---

[1] Príspevok bol spracovaný ako výstup v rámci riešenia projektu VEGA č. 1/0212/23 s názvom *„Finančné inovácie ako determinant súčasnej a anticipovanej regulácie na finančnom trhu (výzvy a riziká)"*.

1. Úvod

Umelá inteligencia (angl. *artificial intelligence*; ďalej len „**AI**") predstavuje fenomén, ktorý zasahuje všetky sféry života, finančný sektor nevynímajúc. Poskytovanie finančných služieb v trhovo konkurenčnom prostredí je nevyhnutne spojené s potrebou zefektívňovania, zrýchľovania a zhospodárňovania procesov, ktoré smerujú k poskytnutiu finančných služieb. Trendy v reálnej ekonomike následne musia akomodovať centrálne banky, a to v oblasti monetárnej politiky, ktorej sú nositeľmi, ako aj dohľadu nad finančným trhom za predpokladu, že centrálne banky pôsobia aj ako regulátor v oblasti finančného trhu.

V tomto príspevku autor prezentuje výsledky analýzy súčasného stavu využívania AI zo strany centrálnych bánk v oblasti výkonu monetárnej politiky a dohľadu nad finančným trhom, ktoré identifikuje ako oblasti, v ktorých v súčasnom stave dochádza k najviac rozšírenému použitiu nástrojov AI zo strany centrálnych bánk, a to aj v kontexte začatia uplatňovania Nariadenia Európskeho parlamentu a Rady (EÚ) 2024/1689 z 13.6.2024, ktorým sa stanovujú harmonizované pravidlá v oblasti umelej inteligencie a ktorým sa menia nariadenia (ES) č. 300/2008, (EÚ) č. 167/2013, (EÚ) č. 168/2013, (EÚ) 2018/858, (EÚ) 2018/1139 a (EÚ) 2019/2144 a smernice 2014/90/EÚ, (EÚ) 2016/797 a (EÚ) 2020/1828 (ďalej len „**Akt o AI**"), počnúc 1.8.2024. Problematike AI a jej využívaniu zo strany centrálnych bánk sa venovali v recentných vedeckých výstupoch a štúdiách viacerí autori,[2] pričom tieto vedecké zdroje súčasne predstavujú základný okruh odbornej spisby, z ktorej autor analyticky vychádzal v tomto príspevku. Otázka využívania AI centrálnymi bankami je aktuálna nielen v najvýznamnejších menových a regulačných autoritách ako je Európska

[2] Na úrovni Skupiny Svetovej banky a Banky pre medzinárodné zúčtovanie sa problematike aplikácie AI centrálnymi bankami a osobitne AI na báze strojového učenia venuje skupina vedeckých pracovníkov, ktorí publikovali viaceré komplexné komparatívne štúdie, napr. ARUJO, D.; BRUNO, G.; MARCUCCI, J.; SCHMIDT, R.; TISSOT, B. Machine learning applications in central banking. In: IFC Bulletin [online], No. 57, 27 s. Dostupné online (cit. 15.10.2024): https://www.bis.org/ifc/publ/ifcb57_0e1_rh.pdf alebo ARUJO, D.; DOERR, S.; GAMBACORTA, L; TISSOT, B. Artificial intelligence in central banking. In: BIS Bulletin [online], No. 84, 23.1.2024, 7 s. Dostupné online (cit. 20.10.2024): https://www.bis.org/publ/bisbull84.pdf. Otázkam použitia AI centrálnymi bankami sa osobitne venovali napr. aj bulharskí autori S. Georgieva (GEORGIEVA, S. Application of Artificial Intelligence and Machine Learning in the Conduct of Monetary Policy by Central Banks. In: Economic Studies journal, Bulgarian Academy of Sciences - Economic Research Institute [online], 32 (8), s. 177 – 199. Dostupné online (cit. 20.10.2024): https://ideas.repec.org/a/bas/econst/y2023i8p177-199.html) a A. E. Grogorescu (GRIGORESCU, A. E. Artificial Intelligence in Central Banking. In: Proceedings of the International Conference on Business Excellence [online], Volume 18 (2024): Issue 1 (June 2024), 1892 – 1901. Dostupné online (cit. 20.10.2024): https://doi.org/10.2478/picbe-2024-0159). Na druhej strane asi najaktuálnejším otázkam použitia AI v praxi, t. j. v kontexte Aktu o AI, sa v oblasti výkonu dohľadu nad finančným trhom (so špeciálnym dôrazom na oblasť bankovníctva) venuje M. L. Passador v rozsiahlej (oficiálne ešte nepublikovanej) vedeckej štúdii: PASSADOR, M.L. AI Act and the ECB: Steering Financial Supervision in the EU. In: Columbia Journal of European Law [online], Volume 30, No. 2, 2025 (ešte nepublikované). 48 s. Dostupné online (cit. 20.10.2024): https://papers.ssrn.com/sol3/papers.cfm?abstract_id=4881451.

centrálna banka (ďalej len „**ECB**"),[3] ale aj napr. v združení COMESA, združujúceho vybrané členské štáty východnej a južnej Afriky, centrálne banky ktorých sú v oblasti využívania nástrojov AI pri výkone svojich kompetencií zatiaľ pomerne zdržanlivé.[4]

Autor v rámci tohto príspevku pracuje s vedeckou hypotézou, že využívanie AI pri výkone kompetencií centrálnych bánk je nevyhnutnosťou zabezpečenia efektívneho plnenia ich základných úloh. V rámci spracovania tohto príspevku boli použité predovšetkým vedecké metódy formálnej logiky a deduktívneho usudzovania, ako aj komparatívna metóda porovnania foriem AI využívaných v rámci výkonu svojich kompetencií jednotlivými centrálnymi bankami.

2. Využívanie AI centrálnymi bankami

Najrozšírenejšie formy vyžívania AI centrálnymi bankami sú založené na nástrojoch strojového učenia[5] (angl. *machine learning*),[6] ktoré sú určené na analýzu veľkých a komplexných databáz (najmä neštruktúrovaných) údajov pochádzajúcich z rôznych oblastí výkonu kompetencií centrálnych bánk. Systémy AI, ktoré sú založené na strojovom učení, súčasne predstavujú v zmysle Aktu o AI systémy AI, ktoré sú potenciálnym predmetom právnej regulácie ustanovenej Aktom o AI.[7] Grigorescu súčasne pomenúva konkrétne oblasti výkonu kompetencií centrálnych bánk, v ktorých identifikuje využívanie, ako aj ďalší priestor na rozšírenie využívania, nástrojov AI, a to monetárna politika, dohľad nad obozretným podnikaním a dohľad nad realizáciou platieb.[8] Georgieva rovnako identifikuje potenciál použitia AI centrálnymi bankami predovšetkým v oblasti monetárnej politiky, výkonu dohľadu nad finančným trhom

---

[3] Člen výkonnej rady ECB, Piero Cipollone, v rámci svojej oficiálnej reči prednesenej na konferencii v Ríme dňa 4.7.2024 označil oblasť štatistiky, ekonomických analýz, komunikácie, platobných systémov a trhových infraštruktúr za oblasti, v ktorých už teraz ECB AI využíva a aj bude využívať, s nutnosťou rešpektovať výzvy/riziká využívania AI spočívajúce predovšetkým v nevyhnutnosti zabezpečenia ochrany údajov, kybernetickej bezpečnosti a zabráneniu prílišnej závislosti na AI. In: CIPOLLONE, P. Artificial intelligence: a central bank's view. Reč člena výkonnej rady Európskej Centrálnej Banky v Ríme dňa 4.7.2024. Dostupné online (cit. 21.10.2024): https://www.ecb.europa.eu/press/key/date/2024/html/ecb.sp240704_1~e348c05894.en.html.

[4] NJOROGE, L. Role of Artificial Intelligence (AI) in Central Banking: Implications for COMESA Member Central Banks. COMESA Monetary Institute, special report, March 2024, s. 16. Dostupné online (cit. 20.10.2024): https://www.comesa.int/wp-content/uploads/2020/09/Special-Report-AI-and-Big-Data-Implication-for-Central-Banking-in-COMESA-region.pdf.

[5] Strojové učenie je podkategóriou umelej inteligencie predstavujúce metódu navrhovania postupností krokov na vyriešenie problému (algoritmov), ktoré sa optimalizujú automaticky prostredníctvom skúseností s obmedzeným alebo žiadnym ľudským zásahom. Zdroj: NBS. FinTech. Umelá inteligencia a „big data".

[6] ARUJO, D.; BRUNO, G.; MARCUCCI, J.; SCHMIDT, R.; TISSOT, B. Machine learning applications in central banking. In: IFC Bulletin [online], No. 57, s. 3. Dostupné online (cit. 15.10.2024): https://www.bis.org/ifc/publ/ifcb57_0e1_rh.pdf

[7] Článok 3 bod 1. Aktu o AI.

[8] GRIGORESCU, A. E. Artificial Intelligence in Central Banking. In: Proceedings of the International Conference on Business Excellence [online], Volume 18 (2024): Issue 1 (June 2024), s. 1899. Dostupné online (cit. 20.10.2024): https://doi.org/10.2478/picbe-2024-0159.

(tzv. SupTech),[9] komunikácie centrálnej banky či možnosti kontroly a vyšetrovania nelegálnych aktivít na finančnom trhu (napr. v oblasti AML).[10] Osobitnou aplikáciou nástrojov AI je oblasť digitálnych mien centrálnych bánk, a to s rôznou úrovňou zapojenia AI v závislosti od konkrétneho konceptu/návrhu digitálnej meny centrálnej banky.[11]

Danielsom a Uthemann formulovali 6 základných kritérií, ktoré by mala centrálna banka zvážiť pred rozhodnutím, či bude alebo nebude používať nástroje AI v konkrétnej oblasti svojej pôsobnosti:[12]

1. Dáta

   (t. j. či má nástroj AI dostatok dát na učenie a či dáta, ktoré nástroj AI bude používať na trénovanie, dostatočne odzrkadľujú zásadné faktory, ktoré sú zohľadňované pri skutočnom rozhodovaní)
2. Premenlivosť

   (t. j. či existuje pevný súbor nemenných pravidiel, ktoré musí nástroj AI dodržiavať, alebo sú pravidlá menené centrálnou bankou v reakcii na udalosti, ktoré nastanú v reálnej ekonomike)
3. Ciele

   (t. j. či nástroj AI má definovaný jasný cieľ, podľa ktorého sú aj následne hodnotené jeho činnosti, alebo je cieľ použitia nástroja AI vopred nevymedzený)
4. Samostatnosť rozhodovania (autonómia)

   (t. j. či konečné rozhodnutie je na nástroji AI alebo toto rozhodnutie na podklade výstupu nástroja AI realizuje ľudský prvok)
5. Zodpovednosť

   (t. j. či existuje možnosť pripísania zodpovednosti za prípadne spôsobenú škodu nástroju AI resp. ľudskej zložke, ktorá vytvorila či implementovala daný nástroj AI)
6. Dôsledky

---

[9] SupTech (angl. *Supervisory Technology*) predstavuje využívanie inovatívnych technológií orgánmi regulácie a dohľadu nad finančným trhom za účelom zefektívnenia a podpory výkonu dohľadu nad finančným trhom. In: ALLEN, H.J. Experimental Strategies for Regulating Fintech. In: Articles in Law Reviews & Other Academic Journals [online]. 696, 2020, s. 22. Dostupné online (cit. 22.10.2024): https://digitalcommons.wcl.american.edu/facsch_lawrev/696.

[10] GEORGIEVA, S. Application of Artificial Intelligence and Machine Learning in the Conduct of Monetary Policy by Central Banks. In: Economic Studies journal, Bulgarian Academy of Sciences - Economic Research Institute [online], 32 (8), s. 181 – 183. Dostupné online (cit. 20.10.2024): https://ideas.repec.org/a/bas/econst/y2023i8p177-199.html.

[11] The Influence of AI on Central Banks : Monetary Policies and Decision-Making Processes. InvestGlass, 24.7.2024. Dostupné online (cit. 20.10.2024): https://www.investglass.com/the-influence-of-ai-on-central-banks-monetary-policies-and-decision-making-processes/

[12] DANIELSSON, J.; UTHEMANN, A. On the use of artificial intelligence in financial regulations and the impact on financial stability. s. 30 – 31. Dostupné online (cit. 20.10.2024): https://doi.org/10.48550/arXiv.2310.11293

(t. j. či sú dôsledky prípadnej chybovosti nástroja AI malé, veľké či až katastrofické)

Na základe vyššie uvedených kritérií sa ako najefektívnejšie javí využívanie nástrojov AI v oblasti *compliance* (finančné podvody na finančnom trhu a oblasť ochrany finančného spotrebiteľa) a mikroprudenciálneho dohľadu nad finančným trhom (t. j. dohľad nad konkrétnymi finančnými inštitúciami).[13]

Vo všeobecnosti sa všetky vedecké štúdie či odborné názory na problematiku využívania AI centrálnymi bankami zhodujú na dvoch oblastiach výkonu pôsobnosti centrálnych bánk, v ktorých sa nástroje AI využívajú (prípadne by mohli využívať) najviac, a to na oblasti monetárnej politiky a oblasti výkonu dohľadu nad finančným trhom. V rámci týchto oblastí ďalej autor upriamuje pozornosť na konkrétne prípady aplikácie (tzv. *use cases*) nástrojov AI centrálnymi bankami s cieľom identifikovať najrozšírenejšie formy použitia nástrojov AI centrálnymi bankami.

2.1 Aplikácia nástrojov AI v oblasti monetárnej politiky[14]

V oblasti monetárnej politiky viaceré centrálne banky využívajú nástroje AI založené na strojovom učení za účelom získania údajov a analýzy aktuálnej cenovej hladiny či určitých ekonomických veličín dôležitých pre rozhodnutia o monetárnej politike zo strany centrálnej banky.

ECB napríklad využíva údaje dostupné na Google k hodnoteniu rôznych ekonomických indikátorov v reálnom čase (ide o tzv. vyťažovanie verejne dostupných dát a ich následnú analýzu podľa zadaných parametrov). Centrálna banka Kanady využíva nástroje založené na strojovom učení k analýze správ o monetárnej politiky za účelom zlepšenia predpovedania vývoja ekonomických veličín a identifikácie akýchkoľvek anomálií v dátových setoch. Federálny rezervný systém na základe tzv. *big data* analýzy a AI nástrojov založených na strojovom učení vytvára týždenný ekonomický index (angl. *Week Economic Index*), ktorý zahŕňa sedem týždenných indikátorov ekonomiky USA.[15]

Centrálna banka Švédska k monitorovaniu cenovej hladiny na báze AI a strojového učenia zostavuje index, ktorý denne analyzuje vývoj cien ovocia a zeleniny. Švajčiarska

---

[13] Tamže, s. 32.

[14] Spracované podľa: GEORGIEVA, S. Application of Artificial Intelligence and Machine Learning in the Conduct of Monetary Policy by Central Banks. In: Economic Studies journal, Bulgarian Academy of Sciences - Economic Research Institute [online], 32 (8), s. 198 – 199. Dostupné online (cit. 20.10.2024): https://ideas.repec.org/a/bas/econst/y2023i8p177-199.html.

[15] LEWIS, D. L.; MERTENS, K.; STOCK, J. H.; TRIVEDI, M. Measuring Real Activity Using a Weekly Economic Index. Federal Reserve Bank of New York, Staff Report No. 920, September 2020, 25 s. Dostupné online (cit. 20.10.2024): https://www.newyorkfed.org/medialibrary/media/research/staff_reports/sr920.pdf?sc_lang=en

národná banka používa špeciálny algoritmus AI na báze strojového učenia, ktorý vyhodnocuje koreláciu medzi nezávislosťou centrálnej banky a vývojom inflácie v reálnej ekonomike. Centrálna banka Nového Zélandu dokonca používa nástroj strojového učenia, ktorý v reálnom čase vytvára súbory dát, ktoré obsahujú cca. 550 makroekonomických indikátorov, a to za účelom spresnenia odhadu rastu HDP a odhadu aktuálnej fázy ekonomického cyklu.

Centrálna banka Talianska sa prostredníctvom AI zameriava na monitorovania inflačných očakávaní spotrebiteľov v reálnom čase, a to na základe textovej analýzy miliónov príspevkov na sociálnej sieti Twittter (resp. X). Centrálna banka Holandska ďalej využíva inovatívny nástroj AI, ktorého hlavným cieľom je identifikovať prípadné hrozby pre likviditu bankového systému ako opatrenie pred nadmerným vyberaním vkladov z bánk (t. j. ako signalizujúci aspekt zabráneniu tzv. nájazdu na banky). V oblasti peňažného obehu hotovostných peňazí napríklad centrálna banka Španielska využíva AI nástroj, ktorý kategorizuje bankovky ako vhodné či nevhodné do obehu vzhľadom
na ich stav opotrebenia.

2.2 Aplikácia nástrojov AI v oblasti výkonu dohľadu nad finančným trhom

Prostredníctvom nástrojov AI v oblasti výkonu dohľadu nad finančným trhom príslušné centrálne banky (orgány dohľadu) predovšetkým zbierajú, analyzujú a vyhodnocujú informácie o aktuálnych rizikách a opatreniach, ktoré finančné inštitúcie za účelom ich mitigácie či eliminácie prijímajú.

ECB v oblasti výkonu dohľadu nad finančným trhom využíva nástroj AI založený na strojovom učení, ktorého účelom je hodnotiť riziká, ktorým banky čelia, a súčasne kontrolovať, že banky sú schopné tieto riziká dostatočne zvládnuť.[16] Ďalším príkladom centrálnej banky využívajúcej nástroje AI v oblasti výkonu dohľadu nad finančným trhom je aj centrálna banka Malajzie, ktorá využíva AI nástroj k vylepšeniu oficiálnej písomnej komunikácie s komerčnými bankami, a to za účelom zefektívnenia, ako aj skvalitnenia listov, ktoré regulátor odosiela dohliadaným komerčným bankám pri výkone dohľadu.[17]

Záver

[16] GEORGIEVA, S. Application of Artificial Intelligence and Machine Learning in the Conduct of Monetary Policy by Central Banks. In: Economic Studies journal, Bulgarian Academy of Sciences - Economic Research Institute [online], 32 (8), s. 198. Dostupné online (cit. 20.10.2024): https://ideas.repec.org/a/bas/econst/y2023i8p177-199.html.

[17] TAN, J.; SHUM, C. K.; AMRI, M. A. Supervisory letter writing app: expediting letter drafting and ensuring tone consistency. In: BIS [online], Machine learning in central banking, volume 57, 2022. 14 s. Dostupné online (cit. 22.10.2024): https://www.bis.org/ifc/publ/ifcb57_25.pdf

Nástroje AI a ich využívanie je čoraz bežnejšou súčasťou výkonu kompetencií centrálnych bánk. V súčasnom stave sa v kontexte formulovanej vedeckej hypotézy v úvode tohto príspevku skutočne javí, že využívanie nástrojov AI zo strany centrálnych bánk je resp. sa stane nevyhnutnosťou k tomu, aby centrálne banky vedeli riadne plniť svoje úlohy v rámci vymedzených kompetencií, a to predovšetkým v oblasti monetárnej politiky a dohľadu nad finančným trhom.

Oblasť monetárnej politiky, v rámci ktorej dochádza k analýze verejne dostupných údajov (vrátane prípadného vyťažovania ekonomicky relevantných údajov zo sociálnych sietí) nástrojmi AI založenými na princípe strojového učenia, s cieľom predikovať reálne ekonomické veličiny k informovanejšiemu a presnejšiemu rozhodovaniu centrálnej banky, predstavuje oblasť výkonu kompetencií centrálnych bánk, v ktorej má využívanie nástrojov AI najväčšie zastúpenie a zrejme aj najväčší potenciál. Druhou identifikovanou oblasťou, v ktorej sa už v súčasnosti využívajú nástroje AI centrálnymi bankami k reálnemu výkonu činností centrálnych bánk, je oblasť výkonu dohľadu nad finančným trhom. Vo všeobecnosti je možné konštatovať, že využívanie nástrojov AI je vhodné v prípadoch, kedy jednak zadanie, ako aj pravidlá vyhodnocovania zdrojových dát sú jasné, a teda pre nástroj AI predvídateľné a verifikovateľné, pričom na druhej strane v prípade, ak sú pravidlá alebo zadania premenlivé, výhody použitia nástroja AI oproti ľudskému rozhodovaniu sa prakticky vytrácajú.[18]

Súčasne je potrebné mať na zreteli skutočnosť, že okrem potenciálnych výhod využívania nástrojov AI centrálnymi bankami, tieto so sebou prinášajú aj určité riziká či výzvy pre centrálne banky, ktoré by mali byť zásadne posudzované pri rozhodovaní centrálnej banky či, prípadne v akej miere, nástroje AI bude využívať (predovšetkým nakladanie s údajmi a ich ochrana, riziko falošného signalizovania ekonomických trendov v dôsledku nesprávneho nastavenia parametrov AI nástroja, zneužitie nástroja AI treťou osobou). Významným faktorom v tejto otázke je aj právna regulácia AI v podobe Aktu o AI a jeho prípadné rozpracovanie do ďalších právnych predpisov, ktoré môžu aj významne (pozitívne aj negatívne) ovplyvniť možnosti použitia systémov AI zo strany centrálnych bánk.

Zoznam použitej literatúry

Zborníky a časopisy:

ALLEN, H.J. Experimental Strategies for Regulating Fintech. In: Articles in Law Reviews & Other Academic Journals [online]. 696, 2020, 30 s.

[18] GRIGORESCU, A. E. Artificial Intelligence in Central Banking. In: Proceedings of the International Conference on Business Excellence [online], Volume 18 (2024): Issue 1 (June 2024), s. 1900. Dostupné online (cit. 20.10.2024): https://doi.org/10.2478/picbe-2024-0159.

ARUJO, D.; BRUNO, G.; MARCUCCI, J.; SCHMIDT, R.; TISSOT, B. Machine learning applications in central banking. In: IFC Bulletin [online], No. 57, 27 s.
ARUJO, D.; DOERR, S.; GAMBACORTA, L; TISSOT, B. Artificial intelligence in central banking. In: BIS Bulletin [online], No. 84, 23.1.2024, 7 s.
GEORGIEVA, S. Application of Artificial Intelligence and Machine Learning in the Conduct of Monetary Policy by Central Banks. In: Economic Studies journal, Bulgarian Academy of Sciences - Economic Research Institute [online], 32 (8), s. 177 – 199.
GRIGORESCU, A. E. Artificial Intelligence in Central Banking. In: Proceedings of the International Conference on Business Excellence [online], Volume 18 (2024): Issue 1 (June 2024), 1892 – 1901.
PASSADOR, M.L. AI Act and the ECB: Steering Financial Supervision in the EU. In: Columbia Journal of European Law [online], Volume 30, No. 2, 2025 (ešte nepublikované). 48 s. Dostupné online
TAN, J.; SHUM, C. K.; AMRI, M. A. Supervisory letter writing app: expediting letter drafting and ensuring tone consistency. In: BIS [online], Machine learning in central banking, volume 57, 2022. 14 s.

Internetové zdroje:

DANIELSSON, J.; UTHEMANN, A. On the use of artificial intelligence in financial regulations and the impact on financial stability. 35 s.
CIPOLLONE, P. Artificial intelligence: a central bank's view. Reč člena výkonnej rady Európskej Centrálnej Banky v Ríme dňa 4.7.2024.
JACOBS, J. How central banks are already deploying artificial intelligence. OMFIF, 6.9.2023.
LEWIS, D. L.; MERTENS, K.; STOCK, J. H.; TRIVEDI, M. Measuring Real Activity Using a Weekly Economic Index. Federal Reserve Bank of New York, Staff Report No. 920, September 2020, 25 s.
NBS. FinTech. Umelá inteligencia a „big data".
NJOROGE, L. Role of Artificial Intelligence (AI) in Central Banking: Implications for COMESA Member Central Banks. COMESA Monetary Institute, special report, 3/2024.
OZILI, P. K. Artificial intelligence in central banking: benefits and risks of AI for central banks. MPRA Paper 120151, University Library of Munich, Germany.
The Influence of AI on Central Banks : Monetary Policies and Decision-Making Processes. InvestGlass, 24.7.2024.

15 rokov eura na Slovensku a jeho ďalšie perspektívy

Ľubomír Čunderlík, Viliam Poništ (eds.)

Národná banka Slovenska a Právnická fakulta Univerzity Komenského v Bratislave 2024.
Prvé vydanie.

ISBN (tlačená verzia) 978-80-8043-262-1
ISBN (e-verzia) 978-80-8043-263-8

Made in United States
North Haven, CT
17 October 2026

20543562R00104